连接中国与世界的通途

—— 同济大学“一带一路”专题研究报告集（2016）

刘淑妍　蔡晨宇　沙卫东　主编

同济大学出版社
TONGJI UNIVERSITY PRESS

图书在版编目(CIP)数据

连接中国与世界的通途:同济大学"一带一路"专题研究报告集.2016 / 刘淑妍,蔡晨宇,沙卫东主编. -- 上海:同济大学出版社,2017.5

ISBN 978-7-5608-6866-0

Ⅰ.①连… Ⅱ.①刘… ②蔡… ③沙… Ⅲ.①"一带一路"—国际合作—研究 Ⅳ.①F125.5

中国版本图书馆 CIP 数据核字(2017)第 075996 号

连接中国与世界的通途

——同济大学"一带一路"专题研究报告集(2016)

刘淑妍 蔡晨宇 沙卫东 主编

责任编辑 丁会欣 **责任校对** 徐春莲 **封面设计** 陈益平

出版发行 同济大学出版社 www.tongjipress.com.cn

(地址:上海市四平路 1239 号 邮编:200092 电话:021-65985622)

经　　销 全国各地新华书店

印　　刷 启东市人民印刷有限公司

开　　本 787 mm×1092 mm 1/16

印　　张 19

字　　数 380 000

版　　次 2017 年 5 月第 1 版 2017 年 5 月第 1 次印刷

书　　号 ISBN 978-7-5608-6866-0

定　　价 78.00 元

序

这次《连接中国与世界的通途——同济大学“一带一路”专题研究报告集(2016)》的出版，是同济大学有关“一带一路”研究成果的又一个重要展示，我对此表示热烈祝贺！

自习近平总书记正式提出“一带一路”倡议3年多来，已经有100多个国家和国际组织积极响应支持，40多个国家和国际组织同中国签署合作协议。“一带一路”是中国决策者在国际国内形势深刻变化时期的大战略谋划，是密切结合全球视野、地区重心、国家基石的战略构想。“一带一路”战略统筹国内国际两个大局，对全面推进中华民族伟大复兴进程具有重大意义。它将有助于推进当前中国全面深化改革，促进国内对外开放，加快转型升级，构建开放型经济新体制，形成全方位对外开放新格局。它积极倡导中国参与国际竞争，在不断推动全球发展的同时，提高中国国际地位和国际影响力。习总书记在达沃斯世界经济论坛2017年年会开幕式上发表了题为《共担时代责任，共促全球发展》的主旨演讲，他明确指出：“共商合作大计，共建合作平台，共享合作成果，为解决当前世界和区域经济面临的问题寻找答案，为实现联动式发展注入新能量，让‘一带一路’建设更好造福各国人民。”这充分体现了中央对“一带一路”倡议寄予的厚望和明确的目标导向。

同济大学及时响应中央的决定，积极肩负起历史使命，依托自身优势，主动服务于国家的“一带一路”战略，把建成世界一流的综合性、国际化、研究型的大学规划和内容与服务“一带一路”战略的需要紧密地结合在一起，积极为推进我国“一带一路”国家和地区的合作作贡献。2015年1月20日，由同济大学原副校长、交通运输工程学院杨东援教授领衔，成立了包含理科、工科和文科专家团队在内的“一带一路”研究中心。中心一方面为校内不同学科的交流与合作搭建平台，另一方面结合优势学科，围绕国际关系与国家战略、城市可持续发展与管理、交通与公共基础设施建设等领域展开相关研究。学校为此专门设置研究基金，组建“一带一路”智库项目平台，支持不同学科专家和学者开展相关研究，发布研究成果。

近年来，同济大学多个学院积极行动，努力参与国家和地方“一带一路”项目实践与研究，取得了一些成果，例如：建筑与城市规划学院等参与在印尼等国的规划工作，以及在我国西藏吉隆、樟木等口岸的规划工作；交通运输工程学院在上海机场转口物流建设中的专家咨询和参与教育部科技司“十三五”规划中交通领域的“一带一路”工作；土木工程学院白云教授从事近十年的关于开通喜马拉雅通道的研究；上海国际知识产权学院推出的“一带一路”相关国家知识产权合作培训；国际文化交流学院和政治与国际关系学院共同开展的“中外学生融合国际性校园建设项目”，并在此基础上出版《来华留学生视野中的“一带一路”倡议》；政治与国际关系学院的国际与公共事务研究院团队连续举办的“一带一路与海洋强国战略研讨会”，以及与上海政法学院共同筹划的“一带一路”安全保障协同创新工作，等等。

与此同时，学校每年专门组织召开“一带一路”相关工作阶段性总结和推进研讨会，鼓励师生结合同济学科优势，深化“一带一路”建设和研究。学校积极支持和推动一些标志性成果培育，例如：以基础设施建设为导向，带动全球范围内的区域和城市合作发展；整合经济、社会和人文各方面的资源，深化“一带一路”沿线国家国情比较与安全问题研究；与联合国、世界银行、教科文组织合作，倡导区域发展的绿色转型与可持续发展战略的实施；携手政府部门和企业组织，推进区域交通和公共基础设施的公私合作模式探讨。

本人在参与组织有关“一带一路”的研究、宣传等工作中深切感到，国家在推进“一带一路”倡议中专门提出的构建“全球命运共同体”这一宏伟目标的伟大意义。我们要深入理解学习领会“一带一路”战略的新的理念、思想、境界、价值观。“命运共同体”是和平、和谐、合作；“命运共同体”也是共建、共享、共同。“命运共同体”不仅是“我们走出去”，也不仅是“请他们进来”，是要更好地把“走出去”与“请进来”结合在一起，是要更好地把开放和改革结合在一起。“命运共同体”理念的形成迫切需要更新我们的思维方式与思想观念，重新审视我们的工作方法。在推进“一带一路”战略实施时，我们习惯的东西可能不管用了，而对我们不习惯的那些东西，则需要重新思考并认真学习。我感到，在新的对外开放形势下，每一位建设者和参与者都要学会尊重、欣赏和珍惜多元文化，为世界丰富多彩的多样性而鼓与呼。

借此机会，我再次衷心感谢大力支持学校此项工作的原常务副校长陈以一教授、原副校长杨东援教授，为本报告集做了大量工作的刘淑研教授，以及所有参与“一带一路”建设和研究的同事们！我将一如既往地按照学校要求，继续聚合各方资源，组建具有一流水平的研究团队，开展跨学校、跨学科、跨领域的研究攻关，为“一带一路”研究工作提供最有力的支撑。

江　波

同济大学副校长

2017 年 4 月 19 日

目录

CONTENTS

中国产业联盟建设研究:“一带一路”视角

朱国华　韩子燕　樊新红　等①
（同济大学法学院）

【摘要】“一带一路”国家战略提出了要构建开放型经济新体制、形成全方位开放的新格局、培育国际合作竞争新优势。因而亟须推动进口和出口,推动引进来和走出去,推动工业、农业、服务业的共同发展。正是在此战略构想的实施与推进背景下,中国产业联盟的发展拥有了更多的动力,同时也为企业“走出去”提供了更多的机遇。产业联盟在发展壮大的同时,也存在着问题。全国各地围绕企业的需求组建了一批产业技术标准联盟、产业链联盟、市场研发联盟等,但大部分联盟层次不高,仍停留在共同开发市场阶段,有的联盟通过行政力量建立,整体运行效率不高。因此,产业联盟的联盟可持续发展也面临着挑战。

【关键词】产业联盟　“一带一路”　政策　法制

一、绪　论

（一）研究背景

经济全球化致使市场竞争不断加剧,顾客的需求偏好也日益多元化、多样化,产业边界、企业间竞争的时空体系也发生巨变。我国经济进入新常态,新常态意味着新变化,也意味着新机遇,在“一带一路”战略的带动下,中

① 课题组成员有朱国华、樊新红、韩子燕、叶亚男、郭中敏、孙艳伟、闫卫军、张燕春、沃田等。

低端向中高端产业转向，传统加工业向高新技术产业转移，国内市场向国外市场扩大。因此，随着市场范围扩大，新产品、新技术涌现，尤其是技术产品的研发周期、生命周期越来越短，企业要想在瞬息万变的市场环境中立于不败之地，就要不断创新，跟上技术创新的步伐保持持续的市场竞争力。然而传统的依靠企业自身单打独斗的竞争方式已无法适应新的市场，研发成本、稀缺资源、知识产权等因素都使企业在技术创新方面面临严峻的考验以及越来越大的风险。于是，以企业为中心，多企业联合创新的形式迅速发展，形成一种新的组织形式即产业联盟。产业联盟能有效整合资源、节约成本、分散风险，开展关键技术的研发、标准制定、新产品开发等，形成协同创新、优势互补、合作共赢的合作机制。

从 20 世纪 70 年代末起，产业联盟开始在美国、欧洲、日本等发达国家和地区蓬勃发展。据统计，自 1985 年以来，产业联盟组织的年增长率高达 25%。在美国最大的 1 000 家企业的收入中，16%是来自各种联盟。进入 20 世纪 90 年代以来，产业联盟在我国也初见端倪，TD-SCDMA 产业联盟、宽带联盟、WAPI 联盟、闪联等一大批高新技术领域的产业联盟日益兴起。产业联盟目前已然成为一种重要的产业组织形式，对产业发展、企业成长特别是高新技术企业的快速成长具有重要意义。

(二) 研究意义

1. 理论意义

建构一个基本理论，总结"一带一路"国家行业产业联盟建设的现状、经验问题、成因分析，借鉴西方发达国家的行业联盟、产业联盟的先进经验和规则，并就我国产业联盟如何服务"一带一路"战略，提供正式制度和非正式制度等系统的对策建议。我们建议将服务于"一带一路"的产业联盟建设作为国家战略进行制度建构，并进行从系统的战略到政策、从正式制度到非正式制度、从国际法与国内法、从联盟外部到内部的系统的组织与制度体系构造。

2. 实践意义

中国提出的"一带一路"战略是国家间和谐共生的战略，产业联盟可以通过吸引外国企业与协会加入中国产业联盟，中国的产业联盟也借此走出去并服务于“一带一路”战略,与外国企业互利共生,利于包容发展、和谐发展,利于发挥联盟亲和力、影响力和公信力,利于我国企业融入世界经济;有助于联盟建设从草创到规范起步乃至以后的跨越发展;利于联盟成员在联盟发展中学习规则、熟悉规则、运用规则,并进一步创造规则赢得话语权,有利于逐渐走向全球经营。本研究在产业联盟理论研究上具有创新价值,在“一带一路”实践以及上海世界城市建设中具有重要的创新实践价值。

(三) 文献综述

1. 战略联盟的研究

战略联盟的概念最早由美国DEC公司总裁简·霍普兰德和管理学家罗杰·奈格尔提出,是指两个或两个以上有着共同战略利益和对等经营实力的企业(或特定事业部门),为了达到共同拥有市场、共同使用资源等战略目标,通过各种协议、契约的方式而结成的优势互补、风险共担、生产要素水平式双向或多向流动的一种松散的网络组织。Hitt 等(2000)认为,建立战略联盟可以使联盟成员分担风险,分享资源,获取知识和进入其他市场的途径。全球化背景下,理论上跨国战略联盟可以使成员企业之间通过知识共享加快技术发展,通过成员企业已有渠道快速抢占当地市场,而且,战略联盟成员企业之间还可以通过契约的方式实现资源的跨国界流动,从而可以利用不同国家的资源。Parkhe(1993)认为,合作伙伴选择、伙伴企业之间相互采取战略和经济上的激励、实行股权控制是战略联盟伙伴关系成功的决定因素。易朝辉等也认为联盟失败的主要原因是伙伴动机的冲突,因此,选择合适的伙伴是联盟成功的关键,并基于资源—学习—企业成长框架分析了中国企业选择战略联盟伙伴的标准。Preet 等则认为,在战略联盟中信任才是最重要的行为要素。Peng 和 Shenkar(1997)把战略联盟的高失败率归结为联盟内部成员企业间缺乏相互信任。Cullen 等则认为,战略联盟存在的基础主要是依靠企业间的相互信任和承诺。

战略联盟理论总体涉及交易成本理论、社会网络理论、资源理论、知识与组织学习理论、博弈论、进化理论、组织间合作理论、复杂性理论、社会事业理论、合伙人交互模型、生命周期理论、组织信用与信任理论、制度理论等。

2. 产业联盟的研究

产业联盟只是企业联盟的一种形式,这种研究是在企业战略联盟理论基础上展开的,产业联盟文章多是在战略联盟理论上展开实证研究的。从行业产业角度涉及体育产业、新能源产业、轨道交通产业、房地产业、医药产业、软件外包产业、信息产业、羊绒皮革产业、移动商务产业、造纸产业、战略性新型产业、电动汽车产业、政府主导型产业等;从空间上涉及国内外,如国内京津冀等地区二次产业开发合作等。对产业联盟进行规划、运行机制、技术标准化中的政府支持、绩效评估、集成创新、组建及风险规避、自主创新能力提升路径、数据库挖掘中的伙伴选择、云计算知识共享平台、企业供应链、网络的结构分析与动态演化、协同创新中的资源投入、知识共享、转移、效果、机制等方面的研究,或者围绕关键技术或者产业共性技术、竞争战略展开研究。有的从联盟的产生、发展、运行、解体等生命周期来解释,也有从技术创新联盟、形成模式、扩散过程、治理机制和运行绩效来展开案例研究,有的还会涉及国外经验,理论研究动态文章还涉及对当前存在问题的分析、对策研究等。

关于产业技术创新战略联盟研究动态。国内对产业技术创新战略联盟的理论研究主要包括邱晓梅(2014)从产业技术创新战略联盟的支持政策,戴彬(2013)从产业技术创新联盟的风险管理,谢科苑(2013)从产业技术创新联盟的理论展开研究。国际上对专利联盟,技术标准联盟的研究已经到了比较深入的程度,甚至技术标准联盟也围绕FRAND(标准必要专利原则)原则展开。

国内外生物医药产业联盟研究动态,都是关于具体行业的产业战略联盟或者战略联盟过程的某一段、某一技术或者共性技术、某一节点、某一地区的研究,具有相当的技术性和局限性。

(四) 研究方法和技术路线

历史研究方法:历史研究法主要采用时间序列对该领域发生的理论、制度与实践进行历史回溯,以便对本课题的研究确定一个合理的起点。同时,对于历史上发生的事件也以历史的眼光冷静客观加以叙述评价以求得客观真实和历史真实的统一。"一带一路"上产业联盟的发展要发挥相关国家历史相通的优势,这也决定了历史研究法的价值。

比较研究方法:“一带一路”国家政治经济文化等差异很大,但是发展经济、产业转型升级、人民过上幸福生活的需求都是一样的。经济领域和商业领域的制度相通度高,比较研究方法确定产业联盟的比较研究项,然后展开国际和中外的理论比较研究、实证比较研究以及案例比较研究。比较研究有助于“一带一路”国家产业联盟的制度研究切近实际,切合实用。

规范研究方法:产业联盟是企业联盟的一种,是市场企业、市场拓展、企业行业自治以及国际化发展的重要的中间组织载体。在东西方都存在经典的研究范式。本课题在借鉴经典研究范式的基础上,结合“一带一路”视野中中国为主导的产业联盟方式进行规范研究,以求得研究的科学性。

实证研究方法:本课题的重心应当是实证研究方法。实证研究方法就是把“一带一路”国家的产业联盟的建设研究放到“一带一路”的实践中去,进行田野调查、法规实证以及案例实证研究,以求得研究的最大程度的真实性和实用性。案例实证研究是本课题研究的重要方法。本课题利用上海商会、协会以及世界产业联盟信息和组织高度集中的特点展开调研,依托行业协会、商会、产业联盟,对实证有相当的帮助,这也是跟上海要成长为世界城市所需要积累的遍布全世界的社会资本网络是一致的。

跨学科研究方法:产业联盟是一种很具有独特性的社会中间组织,具有与政府和企业决然不同的特征。这种特征决定了对产业联盟的研究要从政治、经济、社会、文化、生态等多方面进行研究。“一带一路”建设要实现“五通”也需要运用跨学科的方法。本课题组涉及政治学、经济学、管理学和法学等多学科人员协同研究,主持人也具有法学、经济学、历史学和政治学的多学科知识背景,适合于统筹该方面的研究。

技术路线:主要采用文献和调研的方法,依照设计好的研究提纲,对理论观点进行梳理,形成文献综述,并对现实的材料加以收集。进一步在文献综述基础上进行理论建构,研究西方国家产业联盟建设经验,并进行实践问题的归纳总结分析。同时在上海进行有关产业联盟的实证调研和案例分析。在理论和实证分析的基础上,对产业联盟建设提出相应的组织与制度对策建议,对策建议从国际组织、政府、产业联盟和企业等层面展开。

(五) 课题创新

对“一带一路”国际产业联盟建设进行理论和实证创新研究，创新提出“一带一路”产业联盟建设应当成为国家战略并为此进行相应的组织与制度配套建设。这是与上海四个中心、全球科创中心以及上海自贸区建设等战略相一致的国家战略。

二、产业联盟与“一带一路”

(一) 产业联盟的界定

1. 产业联盟的定义

产业联盟(Industrial Alliance)的研究多是在战略联盟理论及实证上开展起来的，目前没有统一的定义。战略联盟最早源于日本企业界的合资浪潮，却在美国企业界盛行，“战略联盟”的概念也率先由美国学者提出。在实践中，产业联盟作为一种以企业为核心的创新组织形式，已如雨后春笋般蓬勃发展，在推动产业技术创新、整合产业资源、促进科技成果转化等更方面发挥着重要的作用。但相对实践中发展的势头，专门的产业联盟的理论研究显得颇为不足。对产业联盟的研究主要从企业战略联盟的角度将产业联盟视为一种多边的企业战略联盟(strategic alliance)，利用企业战略联盟的理论框架进行分析；或从研发合作(R & D collaboration)的角度研究研发合作产业联盟；或从技术标准竞争的角度研究技术标准产业联盟。理论研究的成果表明，产业联盟是产业共性问题内部化的组织，是企业获取外部资源的重要手段，是企业共同学习的平台，在一定条件下可以节省研发成本、分担创新风险，有助于实现规模经济和范围经济。[①] 因此，产业联盟是企业战略联盟的一种特殊形式，具体表现在两个方面：一是产业联盟有特定的产业目标，即要解决产业共性问题；二是产业联盟成员数量较多，通常由产业中众多具有一定竞争优势的企业组成。

① 李红宇.产业联盟国际经验及启示[J].中国科技投资，2011(6)：46.

2. 产业联盟的特征

(1) 组织形式的开放性

产业联盟形成从形式上来说,是基于契约的形式联结而成,因而具有法律效力。但联盟基于各方的合作关系来说,并不像单独一个企业内部一样,通过行政方式进行管理,它是一种动态的开放体系。参与联盟的企业都拥有单独的权利,彼此依据协议内容相互制约,而非某个企业对另一个企业的控制或从属。这种通过契约性会所组成的联盟,组建过程相对简单,效率高,合作者之间关系十分松散,当外界条件发生变化,联盟不适应这种变化时,则可迅速解散。①

(2) 合作的竞争互利性

在产业联盟中,企业之间不同于纯粹在市场中企业间的竞争关系,但也不同于卡特尔式的合作关系,并且这种竞争与合作的关系是并存的。通过合作可以提高整体投资规模设置,甚至能阻止新的竞争者进入,通过合作而竞争,为竞争而合作;产业联盟是一种新型的合作关系,合作范围广泛,但是并不排除竞争,企业之间不仅是战略伙伴,同时也是潜在的竞争对手。② 总之,产业联盟将传统竞争模式由对抗性转为了协作性,使恶性竞争转向互利共赢,使企业获取长久的竞争优势。

(3) 目标的战略性

产业联盟的设立通常都有特定的产业目标。一般是为了解决具体的产业共性问题,如研究某些技术创新,设立统一的技术标准,打造创新技术产业链,建立创新的社会规则等等。因此,联盟间企业的合作更多是基于战略目标的考虑,而不仅仅是为了获得眼前或短期的利益,更是为了优化企业未来竞争环境的长远规划。

(4) 合作的平等性

成立联盟的企业一般实力相当,因为这样更易实现资源及优势的互补。由于联盟本身是个动态的、开放的、流动性强的体系,是一种松散的企业间

① 宋鸿.战略联盟的实证研究[M].上海:上海人民出版社,2013.

② 刘彦龙.中国企业战略联盟报告[R].北京:中国经济出版社,2008.

一体化的组织形式,因此企业间乃是一种平等的合作伙伴关系,不存在控制与被控制的关系,也没有隶属关系,在合作的同时保持着各自的独立性和平等地位。

3. 产业联盟的类型

产业联盟的形式、行业领域、发展阶段不尽相同,按照不同的标准有不同的分类。如按照联盟成员发起者角度不同,联盟组织可以分为:社团法人制联盟、非法人联盟、自发组织联盟三种类型;按照按联盟成员特征划分,可以分为:分散型对称、分散型不对称、集中型对称、集中型不对称联盟等类型。本文主要以合作环节不同为标准将产业联盟分为以下几种:

(1) 研发合作产业联盟

研发合作产业联盟通常是在生产和研究领域所开展的合作,主要以合作研发产业共性技术为目标。实践中最常见的乃是两家以上企业间的合作,为了解决共同的技术问题,这类联盟在微电子、生物工程、新材料等高新技术行业较为普遍,在整个创新活动过程中发挥着重要作用。参与联盟的企业利用联盟所形成的优势,降低了自身的研发成本,减少了风险,同时通过资源互补共同完成创新,共同学习,使整个技术研发周期缩短,率先获得市场先机。因此,研发合作产业联盟可以看作企业研发合作联盟的一种特殊形式,其突出特点是企业多边参与和以研发产业共性技术为目标。

(2) 技术标准产业联盟

技术标准产业联盟是以制定产业技术标准为目标的产业联盟。科学技术的创新速度使很多企业意识到传统标准组织制定标准的速度已经不能满足市场的需求,企业自身必须尽快制定新技术的规范用以迅速打开市场,而通过正式标准的制定程序,形成的标准时间则会过长。[①] 传统的标龄长,制定、修订标准慢的情况则会困扰很多企业的生产经营,甚至是阻碍了核心技术推广应用和健康发展,需要重点保护的民族品牌也很可能面临发展的尴尬局面。[②] 然而,单独一个企业由于各方面存在局限性,无法左右市场,很难

① 赵朝义.值得关注的企业联盟标准[J].世界标准信息,2008(5):22.
② 刘杰.关于标准联盟与联盟标准的探讨[J].中国标准化,2007(3):22.

独自控制标准。于是,具有共同利益追求的企业共同合作,形成标准联盟,共同制定联盟标准。这种联合制定标准的形式,一方面减少了独自研发的成本,另一方面也为技术创新缩短了时间。可以说,标准联盟承载着以标准促进企业健康良性发展的责任,联盟标准作为一种规范性文件,在提升企业产业水平,增强企业互信,及时有效应对国际间不公平反倾销,振兴民族工业等方面都将发挥越来越大的作用。①

(3) 产业链合作产业联盟

产业链合作联盟主要目标是为了完善产业链协作,形成强劲的竞争力。由于网络效应的存在,尤其是创新产品,依赖性强,不仅要获得上下游等配套的周边产品,而且配套产品也要有市场竞争力。因此,创新产品的产业链仅依靠市场机制往往无法快速形成,而产业链联盟则可通过企业间合作迅速促成产业链形成。如国内企业组建的 TD-SCDMA 产业联盟以及在上海市经济和信息化委员会、上海市科学技术委员会的支持和领导下,上海市新材料协会作为发起单位之一成立了"泛长三角新材料发展战略联盟"。产业链合作产业联盟的目标是要形成有竞争力的产业链,以与采用不同技术或不同技术标准的产业链开展竞争。

(4) 市场合作产业联盟

市场合作产业联盟以共同开发市场为战略目标,以产业中企业横向合作为特征,共同开发利用产业上下游资源。在创新过程中,通过联合采购降低产品成本,通过共享基础设施降低创新成本,通过网络互联实现需求方规模经济,最终开拓新产品市场。

(二) 产业联盟兴起的背景

1. 产业转型升级

随着互联网、新科技的发展,传统行业的市场经营模式、需求人群、市场环境已悄然发生变化,产业转型升级成为企业再次"突围"的必经之路。产业转型升级通常是指企业内部产品的升级,在引进新技术的基础上研究、改

① 刘杰,张水峰.制定联盟标准是企业争夺标准话语权的核心环节[J].中国标准导报,2008(2):18.

进及创新，是产业结构由低级转向高级以及从高能耗污染向低能耗污染的升级、粗放型向集约型的升级。"十八大"报告中也强调，要"推进经济结构战略性调整，这是加快转变经济发展方式的主攻方向"。而要加快经济发展方式转变，必须坚持推进经济结构战略性调整作为主攻方向，加紧力度培育发展知识密集型、资源消耗少、综合效益高的新兴产业，充分发挥科技引领作用，从而获得国际经济竞争主动权。正是在这样一个背景下，产业联盟有了发展的土壤。

2. *产业集群化发展*

产业联盟的产生同时也发展于产业集群化的背景下。产业集群是工业化过程中的普遍现象，这种具有群体竞争优势以及集群式发展规模效益是其他形式所无法比拟的。根据迈克尔·波特的解释，产业集群(industrial cluster)是指在既竞争又合作的特定领域，为获取新的互补技术，从互补资产及联盟中获益，降低交易成本，克服或构筑市场壁垒等，互相关联的公司(包括专业供应商)、服务供应商、知识生产机构及中介机构等其他相关机构所形成的地理集聚体。① 产业集群有这样一些特征：①地理邻近与组织邻近，即在地理上的集中是产生外部规模经济的基础，是产业集群作为一种地域经济现象存在的条件；②地理边界和产业边界的跨越性，即产业集群是作为开放系统的集群而存在的，其规模、结构形态随外部市场的变化而变化，使得集群的地理边界随之动态变化；③专业化分工与网络化，其本质就是企业内部分工的外部化或社会化，通过专业化分工与协作以获取外部经济，提高整体效率；④企业间的竞争关系，集群内部企业之间形成的关系是一种既竞争又合作的关系，以实现高效的网络化互动和合作，克服内部规模经济的劣势；⑤社会文化共性，共同的社会文化环境氛围促使集群内部形成一种互相信赖关系，减少了交易费用，减少沟通成本，企业间深度劳动分工得以执行。② 正是在产业集群这样兴起的同时，也促进了产业联盟关系的建立，促

① Porter M E. Location Competition and Economic Development: Local Clusters in A Global Economy[J]. Economic Development Quarterly, 2000(1): 52.

② 高怡冰，林平凡. 产业集群创新与升级——以广东产业集群发展为例[M]. 广州：华南理工大学出版社，2010.

进专业化生产与战略目标的达成。

3. 创新社会治理体制

党的十八届三中全会，着眼于维护最广大人民根本利益、最大限度增加和谐因素、增强社会发展活力，提出了创新社会治理体制的新观点。会议提到“经济体制改革的核心问题是处理好政府和市场的关系，使市场在资源配置中起决定性作用和更好发挥政府作用”，因此，要“着力解决市场体系不完善、政府干预过多和监管不到位问题”，让“市场在资源配置中起决定性作用”，①就必须减少政府对企业微观经济行为的过度干预，市场能办的就交给市场，把错装在政府身上的手换成市场的手；对资源的配置应当根据市场规则、市场价格、市场竞争，最终实现效益最大化和效率最优化。创新社会治理体制体现了多方参与、共同治理理念和主张，旨在发挥多元治理主体的作用，保障改善民生，化解社会矛盾，促进社会公平。创新社会治理体制，改进社会治理方式，应当遵循现代社会发展的特点和规律，以实现政府治理和社会自我调节、居民自治良性互动。产业联盟是独立于政府的组织，因此，在发挥政府以外市场主体作用，鼓励多元主体参与市场优化配置的大环境中，产业联盟在新的治理理念下逐渐发展壮大。

（三）产业联盟兴起的动因

1. 分担研发成本，减少风险

面对市场竞争，要求企业在技术、产品研究开发过程中要不断缩短时间、降低研发成本、分散研发风险。而在整个研发实施过程中，一项新产品或者新技术不仅受自身能力制约，同时还受信息不完全、消费者态度等因素的影响，需要付出高额的成本。技术越复杂，成本也越高，高风险也随之并存。因此，在快速变化的技术和市场环境中，独立前行就会面临成本上升的压力和创新失败的风险。而通过建立信任关系，相互沟通，彼此信任、共担风险的合作创新则是一种降低成本的方式。这种情况下，产业联盟成了以低成本克服新市场的最好选择。

① 中共中央十八届三中全会《关于全面深化改革若干重大问题的决定》。[EB/OL][2013-11-15]. http://news.xinhuanet.com/2013-11-15/c_118164235.htm.

2. 技术资源能力共享

企业是核心能力的组合,每个企业都拥有自己的专有知识,这种知识尤其是技术知识通常都是缄默的,难以被其他企业所获知。[①] 通过缔结联盟,创造一个便于知识分享,相互学习的宽松环境。通过人员交流、技术分享、访问参观等方式增强联盟企业间的联系,使经验性的知识惠及到联盟各方,更新企业的核心竞争力,达到企业间合作的目的。

3. 构建统一标准

标准的形成,不仅取决于市场,也取决于新技术的形成和产业化。我国拥有巨大的区域市场,但标准化体制相对滞后,传统依赖于有限的公共资源所提供的标准已供给不足,而依靠市场行为推动标准的建立,发挥市场在新技术、新领域、新兴产业中的作用将是我们标准化改革的方向。然而,单个企业自行制定标准往往会由于资本技术研发投入负重而无法单独承担,此时,具有共同利益需求的企业互相妥协达成协议共同制定标准,形成了标准联盟,实现技术资源优化配置。

4. 实现规模经济

产业联盟中企业合作创新产生的一个重要效果就是能够实现创新的规模经济。联盟中数个企业进行合作,可以解决由于单个企业在人员、资金等资源方面产生的局限性问题,避免重复投资,可以充分利用集合资源以市场机制为基础,直接使科技与经济的有效结合,促进企业发展,实现规模经济。规模经济能够有效降低市场成本,提高市场竞争力,建立产业联盟正是将同类产品的生产企业结合成为一个整体,通过有效分工,强化技术,利用环境变化营造的市场机遇,提高规模经济效益。

(四)“一带一路”视野中产业联盟的发展

党的十八届三中全会提出构建开放型经济新体制、形成全方位开放的新格局、培育国际合作竞争新优势,无论是体制还是格局在“一带一路”战略中都有充分体现。构建开放型经济体制,推动进口和出口,推动引进来和走出去,推动工业、农业、服务业的共同协调发展。

① 任荣.基于战略联盟生命周期的企业合作创新动态管理[M].北京:经济科学出版社,2009.

1. “一带一路”为产业联盟建设打造有利发展条件

①“一带一路”战略全面优化了我国的发展战略环境。“一带一路”战略有效推动了区域经济合作,促进了资源要素的优化配置,释放了沿线各国的巨大发展潜力,在互利共赢中实现共同发展繁荣;同时通过“一带一路”战略实施,能够进一步巩固和提升我国与沿线各国的经贸关系,提高贸易自由化、便利化,推动我国优势企业“走出去”开拓市场;另外,“一带一路”国家的区位优势和地缘优势推动了东中西部协调发展,有助于构建内外统筹、南北互动、东中西协调的区域发展新格局。[①] ②“一带一路”为新常态经济下产业联盟的发展提供了动力。“一带”依托国际大通道,以重点经贸产业园区为合作平台,共同打造国际经济走廊;“一路”依托重点港口城市,以通路、通航、通商为突破口,加大中国产业结构调整升级,力推优势产业发展;为出口增长提供了动能,加快了出口模式的创新。[②] ③“一带一路”推动中国企业走出去。2014 年中国首次超过日本成为亚洲最大的海外投资国和全球第三大外资提供国,但中国的海外资产结构不合理,净收益低,“走出去”仍停留在初始阶段,而“一带一路”将发挥积极作用,改善投资结构,突破资金瓶颈,有效利用积累的外汇储备,获取更高海外收益,助推企业“走出去”。④“一带一路”全面鼓励创新驱动。自改革开放以来,中国经济的发展动力,主要就是靠创新和改革驱动,这是支撑新增长动力的主要源泉。“一带一路”是新时期推动为新一轮高水平改革开放和高标准改革,是实现从投资驱动转为创新驱动所进行的战略布局。

2. 发展产业联盟创“一带一路”新格局

产业联盟是市场经济运行中企业为获取竞争优势自主做出的策略选择,选择与其他企业或组织进行合作交换、分享各自资源、信息,通过风险共担、利益共享来应对变化,尤其是技术市场的复杂性和依赖性,最终实现优势互补,获得持续竞争优势。如今,在“一带一路”战略构想实施与推进的大背景下,中国产业联盟的发展拥有了更多的动力,同时也为企业“走出去”提

① 王辉.“一带一路”:全面优化我国发展战略环境[N].中国经济时报,2015-05-25.

② 财新传媒编辑部.“一带一路”引领中国[M].北京:中国文史出版社,2015.

供了更多的机遇。该构想不仅体现着国家安全边界利益、国家战略意义,同时也体现着当代我国经济产业转型、升级,提升产业国际竞争力的迫切需求。

我国正积极推进“一带一路”战略,这一战略将东亚、东南亚、南亚、中亚、欧洲南部以及非洲东部的广大地区联系在一起,覆盖60多个国家。产业联盟“走出去”是实施“一带一路”战略的重要组成部分,更是我国探索全球经济治理新秩序、推动中国产业联盟发展转型的必由之路。凭借企业的联合,产业联盟能够在某一产业内形成较大的合力和影响力,不仅能为成员企业带来新的客户、市场和信息,也有助于成员企业专注于自身的核心业务。与企业并购等模式相比,产业联盟以较低的风险实现较大的范围的资源调配,避免了兼并收购中可能耗时数月乃至数年的整合过程,从而成为企业优势互补、扩展发展空间、提高产业或行业竞争力、实现超常规发展的重要手段。

三、产业联盟理论基础分析

产业联盟是产业转型升级发展推动的结果,同时也是在现代产业集群化、创新社会治理体制下迎来的创新方式。产业联盟成员间更强调的是合作,其突破了传统的单个企业间的竞争方式,但合作的同时,联盟成员间仍是独立、平等的,最终是为了促成“双赢”的策略选择。企业间通过这种形式能够更加广泛地选择、分享适宜的资源,从而获得比单个企业更优的效益与业绩。实践中,产业联盟是市场上企业间组织形式的最主要类型,那么为什么会以这种组织形式来解决所遇到的问题呢?以下从不同理论分析产业联盟的形成。

(一) 交易费用理论

交易费用理论主要研究经济组织及其边界问题,在战略联盟出现后,一些学者开始以交易费用经济学为基础解释战略联盟的本质及边界,形成了基于交易费用的联盟理论。该理论集中于研究组织如何在组织自己的边界囊括各种必要行为的同时,实现最小化生产费用和交易费用,认为公司由于在网络中形成专业化而获得收益,有利于降低整体费用;另外,企业间的战略网络比市场或科层组织能更有效地最小化参与企业的交易费用。[①] 因此,选择形成联盟有助于避免市场或科层组织存在的问题。

联盟是一种新兴的经济组织形式,是介于市场和企业间的又一种资源配置手段,其之所以能够发展,归根结底就在于能够节约费用,联盟是在一定条件下存在的一种具有自身优势的治理结构形式。在明确的市场交易(如供应商和客户之间的交易等)和企业内部化(如单一企业内部的资源配置等)都无法使交易费用和行政协调费用之和最小时,联盟有可能提供一种有效的替代方式;也就是说,资源配置方式不再局限于企业和市场二者之间进行转换。[②]

因此,交易费用理论为产业联盟形成提供了强有力的分析框架,在识别联盟在何情形下比内部化和市场交易效率更高方面,具有理论指导意义,是一种有效的替代性资源配置手段。

(二) 博弈理论

数学家约翰·万·纽曼和经济学家奥斯卡·摩根斯特恩的《博弈论和经济行为》一书,标志着博弈论经典理论的形成。经过几十年的发展,博弈论也成为企业进行策略选择时利益权衡的重要手段。可以说,博弈论是一门研究博弈中局中人各自所选策略的科学,通过描述局中策略对另一个局中人预期反应的影响来反映企业之间和个人之间的冲突和合作。[③]

1. "囚徒困境"的启示

根据博弈参与人的目标是否冲突,博弈被分为合作博弈与非合作博弈,其理论经常通过"囚徒困境"(prisoner's dilemma)的例子来阐述,其中有两个对策人,他们之间可以选择彼此合作或者背叛对方,两人必须在不知道对方选择结果的情况下进行选择,在各自不同选择的基础上,会有不同的结

---

① 高杲,徐飞.企业战略联盟的演化机制——基于自发型性对称破缺视角[M].上海:上海交通大学出版社,2012.

② 皮埃尔·杜尚哲,贝尔纳·加雷特.战略联盟[M].李东红,译.北京:中国人民大学出版社,2005.

③ 严清清,胡建绩.技术标准联盟及其支撑理论研究[J].研究与发展管理,2007(1):103.

果。如果其中的一方选择背叛,而另一方采取合作,那么采取背叛的一方可能会获得最大的利益,而选择彼此合作方将会失败。如果双方都选择彼此合作,则双方会得到更大的益处。但是,意识到结果结构的两个自我利益最大化的局中人,将同时采取背叛,尽管他们可以从合作中得到更好的结果,原因是当对方存在欺骗的选择机会时,没有哪个局中人会心甘情愿地冒险合作。① “囚徒的两难选择”有着广泛而深刻的意义。个人理性与集体理性的冲突,个人追求利己行为而导致的最终结局也是对所有人都不利的结局。

2. 多方合作对策的运用

博弈论中多方合作对策的提出就是建立在处理利益分配问题的基础上,当一个问题或一件事情需要多方合作来共同解决时,就有可能导致各方相互合作,以期望达到多赢及利益最大化即帕累托最优,企业之间的联盟就是为了实现共同利益最大化的有效选择。② 企业之间通过协议形成联盟,再通过联盟做出共同的行为,而企业间之所以选择合作,简单地说,就是因为联盟后所获得的利益要比不结盟利益大得多。

因此,合作性竞争即达成联盟形式是博弈企业间为追求“双赢”结果的理性选择,获得“双赢”的收益结果便是企业结成联盟的动力原因。在标准之争中,企业的间的联盟同样是为了获取合作的利益,“合作”是有利的利己战略,在不断变化的环境中,掌握先机,把握主动,才能不断提高竞争力。

(三) 竞争战略理论

“竞争”的概念和内涵,不同领域不同学者对其都有不同的理解。尤其是在经济学和管理学领域,竞争是学术界关注的焦点。最早在古典经济学时代,亚当·斯密就通过对竞争的研究,提出了自由竞争理论。其后,对竞争的研究也分化出了不同流派。在过去的几个世纪以来,经济学家们都认为企业是通过自身的能力最大化以及将企业的弱势最小化,进而以强大的实力与现有竞争者和潜在竞争者相竞争,以此来获得竞争优势的。竞争可以为顾客提供更多的产品选择,可以避免因垄断而产生的低效率,而企业之

① 卡尔潘.全球企业战略联盟:模式与案例[M].吴刚,等,译.北京:冶金工业出版社,2003.
② 陈耀.企业战略联盟的持续竞争优势研究[D].南京:南京理工大学,2003:46.

间进行合作会导致竞争的弱化。但是,随着信息技术及高科技的发展,知识经济时代已经到来,企业面临的竞争逐渐呈现出复杂多变的状态,企业的竞争规则也发生了改变。实际上,若干企业通过联盟形式联系在一起,是使联盟体之间的竞争居于个体企业竞争之上的一种新的竞争形式,与关联企业甚至和竞争对手的合作,已经成为企业进行资源共享、风险转移等来保持竞争优势的必然趋势,同时也是企业为自身持续发展保持竞争性的策略选择。

本文将侧重于运用竞争战略理论,认为企业获得竞争优势的战略主要有:成本领先战略、差异化战略、先动者优势战略。① 就标准竞争来说,标准竞争不是单纯的市场竞争,而是综合了技术、市场、政治等方面因素的复杂竞争过程,因此,诸多领先企业也一致将其作为根本性竞争战略。② 在标准竞争过程中,企业正是通过联盟形式实现企业成本和风险的分散、产品差别的最大化以及创造“先动者优势”来获取核心竞争力,赢得竞争优势的。

1. 企业间的联盟合作,可以分散竞争中企业的成本和风险

通常来说,低成本或总成本领先竞争优势是指:“一个企业生产同种或类似产品的总成本在该产业中处于相对较低的水平,使其在同等市场价格水平下能够比竞争对手获取相对高的收益或者以较低的市场价格迅速地占领市场。”③而企业通过共同投资、共担风险、共享成果等措施形成联盟,以此增强企业竞争力,相对于独资或者合资企业而言,则大大降低了风险程度。如果企业实施独占策略,则不仅要耗费大量的资金、人力、技术,而且还需要企业自身的市场影响力,这个过程成本是巨大的,并且要承担巨大的市场风险。通过建立企业标准联盟,共同制定标准,虽然暂时收益会减少,但是企业间通过互利共赢则可以分担相关的成本,降低风险。

2. 企业间的联盟合作,可以强化与最大竞争对手间的产品差别

所谓差异化竞争优势是指:“一个企业能够为顾客提供满足其特殊偏好

---

① 根据迈克尔·波特的理论,企业的竞争战略有三种:成本领先战略、差异化战略和专一化战略。阿诺德·哈克斯对此进行了补充,提出了三类新的竞争战略:最佳产品战略、客户解决方案战略和锁定战略。而这三类新的竞争战略最终体现的是创造先动优势。

② Liebowitz S J, Margolis S E. The fable of the keys[J]. Journal of Lawand Economics, 1990(4):35.

③ 陈耀.企业战略联盟的持续竞争优势研究[D].南京:南京理工大学,2003:54.

的某种独特产品或服务,从而使该企业具有区别于其竞争对手的差异性及差异化竞争优势。”[①]独特性强的产品或服务可以赢得更多顾客的信赖,使企业出售更多的产品或服务,或者再出售较少产品、服务的情况下获得更多的收益。这种独特性的产品及服务所付出的成本应当低于从特殊性能中获得的利益,从而使该企业具有差异化竞争优势。为了进一步强化这种差别和阻止其最大竞争对手的技术扩散及相应发展的市场权利,企业往往发起或加入某一标准联盟实现与其对手的抗衡,加入或成立联盟往往是企业寻求较竞争对手更为有利的竞争优势的工具。[②]

3. 企业间的联盟合作,可以创造“先动者”优势

“先动者”即指最先实施竞争行为策略的企业。采取竞争行动的企业往往会具备很多竞争优势,首先,一旦先动者竞争行动策略获得成功,就会获得超乎平均水平的回报,除非其他对手能够及时、有效地反应;其次,先动者通过建立顾客偏好有机会赢得顾客的忠诚;除此之外,如果先动者竞争行为耗费成本大且难以被模仿,成为先动者的企业就会赢得更持久的利益。[③] 在竞争中,产业联盟这一形式则有助于创造“先动者”优势。第一,企业间的联盟往往混同着结合成员企业技术优势的共同技术开发活动,因此可大大缩短技术和相关产品进入市场的时间,加快其占领市场的速度;第二,企业间的联盟有助于形成技术的扩散效应,加快其用户基础的建设,防止发展不兼容技术的厂商趁此开拓自己的“安装基地”;第三,企业间的联盟还有助于催生市场的成长,创造较高的市场需求。[④]

(四) 契约理论

产业联盟的产生是顺应了时代发展的需求,从形式上来说,是基于企业间所形成的契约关系,这种关系是受法律保护的。企业间所签订的联盟协议即构成了契约,而联盟企业依据协议制定标准,这些标准实际上是附属于企业之间共同签订的协议,属于协议的一部分。从契约法的角度而言,契约

---

① 陈耀. 企业战略联盟的持续竞争优势研究[D]. 南京:南京理工大学,2003:56.

② 谭静. 论企业标准联盟的动机[J]. 决策借鉴,2000(5):9.

③ 孟卫东. 战略管理:创建持续竞争优势[M]. 北京:科学出版社,2004.

④ 谭静. 论企业标准联盟的动机[J]. 决策借鉴,2000(5):8.

的实质是当事人之间达成一种合意。[①] 因此，契约具有"自由决定"和"自愿合意"的本质。

1. 契约自由

契约是根据双方当事人的意愿自愿达成的，一方当事人受到约束的同时，也约束着另一方。但此种互相约束必须建立在契约自由的原则之上，即当事人自主决定所形成的规律彼此间的法律关系。市场环境的瞬息万变，尤其是标准竞争中，企业有寻求标准的话语权等共同利益的集体性保护的需要，这种需要促使他们要通过一定的"外观"形式来明确进行标准合作的权利义务，这种"外观"形式便是契约。契约自由是私法中的一项重要原则，缔约与否完全听从当事人自由决定，选择缔约方的自由、决定缔约内容及其形式的自由，任何第三方包括立法者、司法者，均应当充分尊重当事人的合意。契约自由包括：①缔约自由，即企业可以自由决定是否与其他企业缔约，其他人不得非法干预；②相对人自由，即可以自由决定与哪家企业缔约；③内容自由，即双方或者多方企业可以自由决定契约的内容；④变更和废弃的自由，即企业在缔约后可以变更契约内容，甚至以后契约废弃前契约（如合意解除）；⑤方式自由，即契约的订立不以践行一定的方式为必要。[②] 企业标准联盟即是企业在进行竞争策略的选择以及利益考量后，自由、自愿联合，出于标准化过程中共同利益的维护，根据全体成员企业的缔约形成的组织。其内部所形成的契约则是制定标准最直接的权力来源。同时，依据自由意愿所达成的契约，也为企业联盟标准效力来源的合法性提供了前提。

2. 契约正义

自由是契约形成的前提，而正义则是契约内在的本质。契约正义，强调一方的给付与他方的对待给付之间是等值的，其实质反映了契约双方的平等地位。即缔约是在双方当事人权利、义务对等、地位对等的基础上进行的。如果双方当事人之间在权利、义务、地位等方面不对等，存在着强迫与被强迫、剥夺与被剥夺、服从与被服从的关系，则不可能存在自由合意的契

① 契约的概念最初源于市民社会的法律概念，英美法系多认为契约是一种"允诺"；大陆法系则认为契约更多强调的是一种"合意"。

② 王泽鉴. 债法原理[M]. 北京：北京大学出版社，2009.

约关系。① 在西方的法治观念里，正义作为一种社会德性，是不偏不倚，是最好与最坏的折中。就个人而言，正义意味着既不牺牲自己而成全他人，也不损害他人而只利于自己。② 根据自然法的解释，合乎正义的法律应该给予个人最大限度的自由。因此，作为自然法思想产物的契约自由原则是含在契约正义之中的，契约正义也维护着契约自由，通过强化弱者、弱化强者的契约自由权，从而弥补实际中存在的强弱差距，以实现平等正义。按照哈耶克自由主义法律理论来理解契约正义，可以将其理解为：“所谓契约正义乃是法律之下的正义，主要指的是缔约人依据私法规则决定采取的契约(法律)行为。或者用契约法的表述方式：当事人依私法自由订立的契约就是契约正义自身。”③所以，法律加强对契约自由的限制，其目的不是否定契约自由制度，而是使当事人双方的人格在事实上处于平等地位，实现契约正义。契约产生同意，同意提供合法性，平等的契约则表征了道德合法性。④ 联盟协议是产业联盟自愿达成的，单独企业的意志是不受任何其他企业控制，在目标达成过程中，联盟中的企业地位是平等的，权利、义务也是对等的，因此，建立在公平、公正关系上的契约则意味着联盟最终的合法性。

四、国外产业联盟发展现状分析

科技时代催生新兴产业，世界各国科技产业和综合国力之间的竞争也日趋激烈，随着经济全球化的发展，科技创新也不断取得重大突破。产业联盟是时代变化发展的产物，与新兴产业密不可分。自 20 世纪 70 年代末起，产业联盟在美国、欧洲、日本等发达国家和地区蓬勃发展。80 年代以来，发达国家产业联盟迅速发展成为企业市场竞争的重要组织形式，在联盟中的重要性日益突出，国际技术联盟的重要性也日益提高，跨国公司纷纷缔结以R&D活动为核心的联盟。⑤ 因此，各国在新兴产业战略方向都有很多共同

---

① 李步云.契约文明：法治文明的源与流[M].上海：上海人民出版社，1999.

② 王鸿鸣.契约自由与契约正义[N].学习时报，2002-3-18.

③ 孙学致.契约的正义——读《法律、立法与自由》札记[J].法制与社会发展，2006(4)：143.

④ 刘长春.正义政治哲学的视界[M].哈尔滨：黑龙江大学出版社，2010.

⑤ 吴刚，颜平.产业技术创新战略联盟的创新意义[J].绍兴文理学院学报，2011(3)：82.

的选择,根据现实需求有不同的侧重,以下对美国、欧盟、日本的产业联盟发展状况进行具体分析。

(一) 美国

美国拥有着强大的研发能力和雄厚的产业基础,尤其是在信息、新材料、生物等战略领域都遥遥领先。而产业联盟则是美国政府促进技术创新的重要政策工具,其在加强企业间合作、与政府间沟通协调、提升产业竞争力、开拓国际市场等方面发挥了重要的作用。通过政府引导、注重大学与企业间的合作等模式推动产业联盟持续健康发展。美国产业联盟研究内容通常内容较为广泛,技术前瞻性强,发展目标更多关注产业共性技术研究,同时伙伴选择也更具有针对性,组织效率较高。美国政府在不断完善产业联盟发展政策环境的同时也不断加大资金支持力度,并根据联盟不同特点和周期给予有选择的经费支持。

美国各类产业联盟经历了几个阶段的发展,20 世纪八九十年代为初期浪潮,2000 年趋于平稳。产业联盟合作形成大都源于产业危机意识,国际竞争乏力意识,或产业研究开发落后意识。由此激发相关产业主要企业之间以及与美国联邦政府有关机构之间开展合作,形成联盟。例如,1987 年,在美国政府的支持下,IBM、TI、朗讯、Digital Semiconductor、英特尔、摩托罗拉、AMD、LSILogic、美国国家半导体公司、哈里斯半导体、Rockwell、美光科技和 HP 共计 13 个主要半导体公司组建半导体技术研发合作产业联盟(SEMATECH),帮助美国半导体企业重新回到了世界第一的竞争地位。[①] 美国联邦政府主要从法律制度、经费政策等方面对企业联盟给予支持和指导的。

在法律制度方面,美国反垄断法律体系较为严格,对产业联盟的发展限制较多。但是随着经济的不断发展,企业单打独斗引起的恶性竞争互设贸易壁垒等问题不断出现,企业也开始调整竞争战略,选择包括对手在内的企业进行合作。此时,美国政府认识到企业合作创新对提高美国经济国际竞争力的重要性,于是在 1984 年通过了《国家合作研究法案》(NCRA),允许企

---

① 果植昌. 天津联盟标准发展的思考[J]. 中国标准导报,2013(4):35.

业在竞争前进行技术合作研发;1993 年又通过了《国家合作研究和生产法案》(NCRPA),实际是对前面法律进行修正并将范围扩展到生产领域;1995 年通过了《国家技术转让与促进法案》(NTTAA),要求所有的联盟政府机构使用由自愿性联盟标准机构制定的标准,从而承认了自愿性联盟的法律地位。于 2004 年又增补了《标准开发组织促进法案》(SDOAA),放松了对技术标准制定组织的反托拉斯限制。①

在经费支持政策上,美国联邦政府原则上可以向符合要求企业联盟提供经费资助,以弥补其研究开发活动投入的不足,但具体是否提供资助,也要根据一些具体因素决定。如果有些企业联盟中成员企业的规模较小,或有些还处于初创阶段,没有能力来匹配联邦政府提供的经费,在这种情况下,联邦政府也会提供经费资助,而成员企业则量力而行,各尽所能②。另外,美国联邦政府也会参与一些企业联盟的计划制订与实施,但主要是引导联盟成员企业协商制定具体研究开发计划和时间表,推动成员企业之间加强沟通。

(二) 欧盟

发展产业联盟是欧盟在经济、政治共同体后向科技共同体跨越的另一个重要的战略选择,是为了迎合欧盟企业对严峻的国际贸易形势所做出的战略部署。目前来说,欧盟的产业联盟所涉及的领域主要集中在电子航天航空、交通通信信息以及高新技术产业等领域,同时也在不断聚焦开展跨国尖端技术领域,具有跨学科、跨领域交叉等特点。

欧盟技术联盟的组建模式主要包括:①网络中心模式,即通过官、产、学、研各主题之间进行技术研发合作来推动产业技术的发展;②技术转移模式,主要是建立加速产学研合作间的知识流动与共享,促进产业技术联盟内的技术转移;③战略组合模式,主要通过成员分担研发费用、共享创新研究成果等方式强化欧盟企业间具有地缘性的合作成果。③

在法律制度方面,欧盟的竞争法律体系明确反对市场竞争者通过合作

---

① 吴志刚.全球性联盟标准成功的关键要素[J].信息技术与标准化,2013(9):48-49.

② 卫之奇.美国产业技术创新联盟的实践[J].全球科技经济瞭望,2009,24(2):9-14.

③ 李岱松,孙亮,等.产业技术联盟构建及运行管理[M].北京:科学出版社,2016.

破坏市场公平竞争。欧盟的竞争法律体系包括《欧洲经济共同体条约》的相关条款和据此制定的部长理事会和委员会的条例、指令和决定等;总体上说,欧盟竞争法律体系的监管对象主要是部分竞争性企业间的合作,企业间研发合作则不受任何限制。欧盟对企业间的研发合作采取了积极支持的态度;欧盟发起了一系列企业间合作研究项目,如欧洲信息技术研究战略计划、尤里卡计划等,促进欧盟内企业间的研发合作。[①]

(三) 日本

日本产业联盟合作的发展起源于20世纪60年代,主要表现为企业在研发环节的合作,80年代末,企业之间逐渐开始技术标准环节的合作,并且组织形式多样,既有拥有法人地位的,也有不具有法人地位的任意团体。如1976—1979年,在日本政府支持下,由政府和企业共同出资,日本电气、东芝、日立、富士通、三菱电机等5家在产业内具有举足轻重的半导体公司建立了超大规模集成电路技术研究组合,合作研发超大规模集成电路(VLSI)的生产技术,[②]在1980年帮助日本企业实现了技术赶超。日本政府对产业联盟合作的引导和扶持做法主要有法律法规制度上的完善、优惠政策的扶持、科技计划与项目方面的倾斜支持等,为企业联盟的发展创造了良好的环境。

在法律法规制度方面,日本从20世纪60年代初就开始重视对产业联盟相关立法的构建。企业进行联盟,尤其是技术合作,涉及参与者各方的权益、权利义务以及竞争的公平性等,有必要通过立法提供保障并规范其行为。早在1961年,日本就颁布了《工矿业技术研究组合法》,其后又根据实际情况对该法进行了修订,该法赋予了技术研究组合法人资格及具体行为规则,使新出现的事物能够有法可依;1993年,日本公平交易委员会出台了《关于合作研发涉及反垄断法的指针》,该法充分肯定了合作研发的必要性,同时提出了该行为可能影响公平竞争性的一些情况,以及是否触犯反垄断法的判断标准等;2005年,又出台了《关于标准化活动中形成专利联盟等涉及反垄断法的意见》,对“由众多相互竞争的事业者公开活动、共同制定规格并

① 陈小洪,马骏,等.产业联盟与创新[M].北京:经济科学出版社,2007.

② 胡剑波,安丹.产业技术创新战略联盟发展的国际经验与启示[J].工业技术经济,2004(10):126.

推广普及”的标准化活动，有可能涉及反垄断法的行为进行了界定，为规范联盟成员行为，促进公平竞争提供了保障；另外，于1998年出台的《特定非营利活动促进法》等一系列民间社团法律制度的建立及完善，也为企业联盟以多种形式存在发展提供了合法选择。[①]

在政府提供政策扶持方面，早在1948年，日本政府就制定了“工矿业技术研究补助金交付制度”，对于民间业内组织开展共同研究给予研究补助金，不仅分担了企业的研发成本压力，也提高了研发积极性。随后又相继出台了一些配套政策，如税收优惠政策，以及开放国有公共设施资助民间企业研究共用等措施，并且有配套立法保障。如1985年颁布的《共同技术研究促进法》，规定了政府应当为民间共性技术进步廉价开放国有研究设施；1988年出台的《关于产业技术研究开发体制的建立与完善等的法律》，规定了一些由单独企业难以承担的高价共用设施，可以由国家出资建设，或者国家补助、企业联合出资兴建的方式。

五、中国产业联盟发展建设存在问题及经验借鉴

(一) 中国产业联盟发展建设存在问题

近年来，我国经济环境不断发生着变化，已进入了经济发展的新常态，韧性好、潜力足、回旋空间大；并且随着经济结构调整，产业转型升级，企业单打独斗、独闯江湖的局面日渐改变，企业联合、产业协同逐步得到企业、产业的重视。企业抱团合作可以减少成本、集聚人才、拓展市场份额，最终有效整合资源提升核心竞争力。因此，全国各地产业联盟也如雨后春笋般蓬勃发展，围绕企业的需求组建了一批产业技术标准联盟、产业链联盟、市场研发联盟，等等。但大部分联盟层次不高，仍停留在共同开发市场阶段，有的联盟通过行政力量建立，整体运行效率不高，联盟可持续发展也面临着挑战。

---

① 吴松. 日本支持产业技术创新联盟的做法经验与启示[J]. 全球科技经济瞭望，2009(2)：17-18.

1. 战略目标及合作意识缺乏

目前来说,我国仍有很多企业缺乏长远的战略目标和合作意识,尤其是中小企业,过于保守,不愿意分享资源,共享利益,看不到长远的战略意义,往往停留在空泛的量化指标上,缺乏切实行动以及主动出击市场的动力和积极性。企业外部资源利用率低,企业与供应商的合作还没有形成战略伙伴等具有战略联盟性质的关系,传统的管理思想、企业机制、以我为主的山头主义思想仍然在许多企业存在,跨地区、跨国界的全球供应链为数不多。因此,企业的主要精力停留在解决当前生产经营中的短期问题,很少从长远角度考虑与外界企业建立长期合作关系。企业往往从市场经济是竞争为主的认识出发,考虑更多的是挤垮和战胜对手,谋求短期收益现象突出,并且忽略了对无形资产的维护与培育。总的来看,目前我国企业在经营过程中,还较为缺乏联盟意识。①

2. 合作伙伴选择缺乏科学机制

产业联盟的合作大多以合作项目的形式出现,未能实现长期的合作与沟通,大多数企业观念未改变,同时,由于产业联盟是一种组织形式较为松散的结构,每个企业各自企业文化不同,战略目标、经营管理方式也不尽相同。因此,在选择合作伙伴时可能会忽略一些协调与融合因素,有时过于注重企业的经济实力、研发实力,加大了构建产业联盟的组织成本。② 因此,联盟伙伴的选择应有综合科学的评估,应注重自身优势互补以及综合效应。另外,在与国外企业联盟过程中,“引进来”远远超越了“走出去”,联盟中外国投资者多以联盟形式来达到进入中国市场的便利,所进行的合作也大多停留在产品合作等初级阶段,较高阶段的技术研发联盟较少。在部分行业“以市场换技术”的中外合资联盟中,有时失去了市场却没能换来技术。

3. 缺乏合理有效联盟形式

我国实践中,产业联盟的形式以股权联盟的较多,契约联盟的较少。采取股权联盟形式可以更好的控制和参与股权联盟的经营,但是股权联盟在

---

① 刘彦龙.中国企业战略联盟报告[M].北京:中国经济出版社,2008.

② 刘林舟,武博.产业技术创新战略联盟构建原则及政策取向[J].科学与对策,2012(7):104.

一定程度上限定了合作伙伴的范围，降低了联盟整体的灵活性，增加了成本。因此，相对国外联盟组织形式来说，我国产业联盟层次较低，同时，自主研发和创新的愿望与能力不足。就参与联盟的科研机构而言，其侧重于追求研究的学术价值，缺乏合理有效的合作模式与机制，导致合作伙伴之间仍保持着相对独立的地位。因而，机会主义时有发生，产业联盟稳定性差，导致无法很好地解决联盟伙伴之间的冲突问题，也会影响产业联盟的效率和持久性。

4. 配套法律法规及政策不完善

产业联盟在协同创新发展过程中，根据产业联盟发展建设的需求，国家需要为其制定相应的政策法律，如政府扶持政策、税收优惠政策、金融政策，等等，主要目的就是为了促进联盟的协同创新发展。政策法律可以说是联盟协同创新的制度保障，法律法规的不断完善能够良好地促进产业联盟的发展。目前来说，产业联盟还没有法律地位，产业联盟只能按照行业协会或公司注册。产业联盟与行业协会的性质不同，按照行业协会注册面临若干问题：第一是地域的限制。在北京注册的行业协会必须以北京的成员为主，制约了全国企业的合作。第二是数量的限制。单一行业只能设立一家行业协会，但是可能产生多家产业联盟。第三是治理的限制。行业协会有特定的治理方式，政府主管部门承担管理责任。产业联盟是市场导向的自治机构。第四是存续时间问题。产业联盟因特定目标设立，目标完成就要解散或转型。行业协会是长期存在的组织。产业联盟按公司注册也存在问题：公司设立和运行的成本较高，成员变动手续复杂，税收负担较重。制定产业联盟管理的行政性法规，解决产业联盟的法律身份和监管问题。①

(二) 国外产业联盟制度建设启示

1. 确立产业联盟法律地位

产业联盟法律地位的缺失，会限制联盟的效力以及权威性等，不利于联盟的健康长久发展。联盟是由多家企业在标准竞争中，为了长远利益，自愿联合，形成共同研发、优势互补、利益共享、风险共担的标准制定组织。虽然

---

① 陈小洪，马骏等. 产业联盟与创新[M]. 北京：经济科学出版社，2007.

联盟成员是法人组织,而联盟本身是非法人组织,其不能承担法人组织所能承担的责任和义务,联盟的运作以具有法律约束力的联盟协议为基础。① 因此,解决产业联盟法律地位问题是制度完善的首要任务之一。根据我国目前对社会组织相关法律的规定,就产业联盟而言,行政性法规应允许产业联盟登记为“社团法人”或“事业法人”,并按照组织的性质制定相应管理办法。我国《民法通则》允许企业之间或者企业、事业单位之间组成新的经济实体,经主管机关核准登记取得法人资格。现行管理条例对设立社团法人和事业法人管制太严格,产业联盟无法登记,建议适当放松有关法人设立的管制。

2. 明确政府定位

由于市场不能自动创造出有利于产业联盟的共生环境,只有借助政府的力量与支持才可能建立。这涉及战略规划、政策指导、资金引导等。因此,在产业联盟政策取向上,必须注重政府的关键作用。政府是产业联盟创新者和推动者,目前我国产业联盟的发展很大一部分是来自政府的推动。其推动作用主要表现在,政府可以根据国家或者地区的产业战略布局以及技术需求等,选择那些有利于国家、区域经济发展的产业,甄别与重大关键共性相关的技术,在重点领域推动成立产业联盟,最终达到提高产业核心竞争力的目的。另外,政府对产业联盟的发展也具有引导作用。在联盟组建阶段,用项目引导联盟协同创新,联合攻关共性技术或关键问题;在联盟创立阶段,提供财政资金支持,以解决知识获得的外部性问题,引导联盟选择适宜自身发展的组织结构和运行机制;在联盟扩张和产业链成熟阶段,政府充分发挥组织协调功能,组织产业内优势知识创新资源并通过联盟关键企业发挥作用,保证创新资源投入,实现联盟技术的产业化。

3. 采取多种支持手段

产业联盟涉及的主体多、资源类型复杂分散,联盟组建的谈判成本和协调成本极高,因此,产业联盟建设需要多种支持手段。首先,对产业联盟的建设要进行统筹规划,组织产学研等各方面资源选择对经济社会发展助推作用大的产业为重点发展对象,协同攻关,重点突破。其次,要构筑产业联

① 晏绍庆,路欢欢.我国联盟标准的特征与趋势分析[J].中国标准化,2014(1):55-56.

盟知识资源平台。构筑资金平台,形成产学研共同投入资金格局;构筑人才平台,围绕产业发展加强人才培养、储备,通过制定优惠政策吸引海外技术人才回归;构筑信息平台,打造产业技术信息平台,专利信息平台以及企业信息平台等,利用先进信息推动信息共享。再次,实行税收优惠政策。例如,对非营利性产业联盟的税费进行减免等。最后,应构建企业信用体系。市场经济可以认为是一种契约型的经济,企业信用在经济活动中所起的作用是非常重要的。建立公正的、准确的企业信用评价体系,对于产业联盟的风险防范所起到的作用是很大的。可以从以下几个方面进行评估:①建立起一套适用于社会主义市场经济体制的道德体系;②制定统一的信誉评级标准;③建立和完善符合我国实情的信用管理体系;④注重企业信誉评级的实用性,综合各种信息对企业进行恰当的评级,真实反映企业之间的差距。

4. 优化法制环境

在我国产业联盟作为一种新生事物,出现了许多新情况、新问题,民法、物权法、合同法、知识产权法等基本法都需要对此有所调整和做出详细规范,以保证其健康发展。同时,对其法律地位、知识产权归属、运作规范等也应当予以明确。建立、完善适用于产业联盟的政策法规:①针对产业联盟整合不同地域企业资源的特点,制定出统一的、规范的具体合作事项等相关规定;②建立起鼓励、支持组建产业联盟的政策法规,为产业联盟搭建交流、合作、融资平台,让信息能够及时的进行流通,促进产业联盟的发展;③通过立法规范联盟成立、营运、解体的整个过程,防止产业内的不正当竞争。

六、"一带一路"视野中中国产业联盟制度建设的战略选择

(一)产业集群化发展策略

产业联盟是市场经济发展下组织形式创新的产物,同时也是产业集群化发展创新驱动的力量存在,集群内部和联盟内部企业间的竞争与合作共同促进了整体产业的发展与壮大。产业集群为产业联盟的发展创造了环境,同时产业联盟的建设也实现了产业集群的创新与升级。

1. 产业联盟与产业集群的共生发展

产业集群发展模式超越了一般产业范围，形成特定地理范围内多个产业相互融合，众多类型机构相互联结的共生体，并构成一种区域特色的竞争优势。在产业集群发展过程中，企业间有的逐渐形成联盟式的合作组织，以成本费用较低的企业内部交易替代费用较高的市场交易，以达到较低成本的目的。同时，联盟形式也增强了企业生产和消费的稳定性，使契约在生产、原材料供应、产品销售等方面形成一定的竞争优势，使企业获得更多市场机会和技术信息，提高效率和收益。因此，产业联盟乃是与产业集群共生发展的。在产业集群形成过程中，就要求企业间建立以合作创新为目的的创新产业联盟，适应经济全球化的发展趋势以及科技创新的资源整合配置。同时，掌握核心技术是产业集群生存发展的关键，也是产业集群转型升级的关键，联盟将一切可利用的技术资源整合在一起，以技术创新为纽带，推动产业升级为宗旨，核心企业为龙头，上下游企业互相衔接，以此共同推进产业升级和技术进步，实现资源集聚、集群创新。产业联盟可以说是把握了产业创新方向与产业集群发展相辅相成①。

2. 实现产业集群转型升级发展

产业集群如何与全球价值链相对接，如何通过创新实现产业集群升级，是产业集群发展到一定阶段需要考虑的核心问题。产业集群竞争优势增强，其主要原因是集群内部终端产品的关键技术得到突破。因此在当今世界，要通过产业集群效应形成和发展当地区域经济，推动区域经济发展，只有通过充分产业集群转型升级，完善上下游产业链，改变价值链低端的发展状态，避免因固守既得利益而逐渐使集群变成一个满足于维持现状的封闭状态。因此，应当引导、鼓励和扶持企业进一步创新，特别是通过自主创新促进共性技术的有效供给；为集群内部搭建企业交流平台，形成既竞争又合作的氛围；组织鼓励企业通过自主创新掌握产业的核心科技，通过控制核心技术提高产业集群在全球价值链的地位；培育群内企业专利意识，进一步加

① 杨继涛，刘则渊. 技术创新联盟与区域产业集群发展关系研究[J]. 科技进步与对策，2011(3)：43.

大专利的保护力度；实施品牌战略，大力发展品牌经济。[①] 最终，让更多企业纳入产业链中共同发展，共享利润空间，共享技术成果，支撑产业集群的发展形成“滚雪球效应”。

(二) 产学研合作研发策略

1. 构建产学研合作新模式

“产学研联合开发工程”最早实施是在1992年国家经贸委、国家教委和中科院共同组织的，在实践中也取得了巨大的成果，但是传统产学研合作模式已不适应经济社会的发展，存在合作松散、脱节现象，而且合作的深度、广度不够，形式化和短期性特征明显。另一方面，又由于在产(即企业)这方面的积极性、主动性、能动性调动不够，也导致产学研链条未能有效地延伸，构建产业技术创新战略联盟是解决这些问题的探索。在当今市场经济条件下，采用市场经济常用的合同契约方式，在各方自愿的基础上，建立产学研长期合作的信用和约束机制，特别是以企业(尤其是技术和装备使用的龙头企业)为主体牵头构建战略联盟，可以将“市场”这个最重要的因素转变成产学研链条的链接点，有效地激活和调动各方面的积极性。[②] 因此，产业联盟的出现为产学研合作提供了一个新的发展模式，为解决传统产学研弊端提供了新的思路。

2. 产业联盟与产学研的共生发展

通过构建产学研联盟，企业与高校在战略层次上进行合作，企业可以利用高校的科研、人才优势，解决自身的技术难题，推动技术创新，丰富人力资源的储备，从而增强企业的竞争力。政府政策环境、经济环境、信息环境、空间环境和社会规范环境等则构成了产学研共生网络的共生环境。在共生网络环境中更有益于区域创新网络，将新发明转化为商业价值的关键部门。大学提供创新人才，并参与知识创新活动；研究机构是知识创新的重要部门，金融机构和商业机构为创新活动提供金融和中介服务等各类市场支持；

---

① 高怡冰，林平凡.产业集群创新与升级——以关东产业集群发展为例[M].广州：华南理工出版社，2010.

② 吴刚，颜平.产业技术创新战略联盟的创新意义[J].绍兴文理学院学报，2011(3)：83.

政府是创新系统中的重要因素,它通过基础设施,创新促进政策等手段,提高各类主体参与创新的积极性,增强创新网络的力量。

(三) 国内联盟与国际联盟并行策略

1. 实现以群体合力参与国际竞争

争夺国际竞争中的话语权,是产业联盟建设发展的关键落脚点,加强国际交流促进国际技术创新合作,能够开拓我国产业联盟建设的视野,丰富发展经验。政府应鼓励企业与国外有关机构合作,共同开展研发合作计划,支持企业参与和成立跨国的产业联盟、与国外企业建立“动态联盟”等方式开展国际技术创新合作。同时,建立、健全法律法规,加强对跨国产业联盟的合作行为的规范,使企业在技术创新国际合作中涉及知识产权界定、交易、保护等各方面的权益得到有效保障。①

当然,在产业联盟构建过程中,不能一味强化国际产业联盟,更不能忽视国内的产业联盟,应以重点企业为核心,推进产业化联盟、市场联盟等多种形式的产业联盟建设,鼓励企业以联盟方式共同投资搭建科技资源条件平台,共同开展研发和产业化工作,政府给予相应的支持,鼓励采取产业联盟方式整合产业链资源并维护良好的产业竞争生态;构建区域企业的海外市场开拓联盟,共享信息,共担风险。

2. 从“引进来”到“走出去”

坚持“引进来”和“走出去”相结合,利用外资和对外投资并重,提高安全高效地利用两个市场、两种资源的能力,是发展产业联盟国际化的关键。开拓国内国外两个市场,将两个市场结合起来。获得国外的资源和先进技术,贯彻“走出去”战略,与跨国企业建立联盟,范围由国内扩展到国外,寻求和利用国外先进技术与科研成果,利用发达国家的人才优势和科研优势以及基础设施优势,等等。在“走出去”的过程中,我们需要明确几个主要目标:①注重科研。有意识地让国内企业接触到一些比较前沿的技术和产品,解决提升研发和技术方面的方向性问题,或市场通路问题。②引进人才。原

---

① 科技部火炬高技术产业开发中心,北京市长城企业战略研究所.中国增长极高新区产业组织创新[M].北京:清华大学出版社,2007.

来我们重视的是招商引资，现在要把这个“资”换成“智”。通过一些优厚的待遇将一些国际人才吸“引进来”。③输出人才。可以组织一些企业家、官员、社会精英人士到海外接受比较高端的培训，使“智”双向流动起来。[①]

总之，在贯彻“走出去”战略时，应充分利用我国广阔市场对于国外跨国企业的吸引力，遵循技贸结合和以市场换技术原则，以市场和项目为筹码，加快国外跨国公司向我国企业进行技术转让的步伐，同时开展双方企业的高层次技术合作，促进我国企业产品的升级换代和技术水平的提高。我国企业经过一段时期的技术进步积累后，与发达国家企业缔结技术联盟时，逐步实现联盟内在研究开发和生产等方面的技术双向流动。变联盟内我国企业的依附地位为核心成员地位，变以国内市场为目标为以国际市场为目标。[②]

(四) 产业政策法及反垄断法协调规制策略

1. 产业政策法律化

政府制定一些产业联盟相关的政策，实质上是对经济活动的适当干预，在充分尊重市场机制的前提下，弥补市场的一些缺陷。将产业政策法律化，付诸法律的表现形式并非“立法万能论”的宣扬，而是全面依法治国的必然要求，它的立法目的就是“为了国民经济的健康发展”。[③] 首先，将促进经济发展的一些方针原则上升为法律形式，能够规范并保障政府制定实施产业政策的行为。产业政策是一种政府政策，也是政府的干预或调控行为，在此领域实行法治就直接表现为政府要依法制定和执行产业政策，要受法律的约束，这突出地体现了法治的民主实质和要求；如果政府制定和执行产业政策的行为不受法治原则的制约，这种产业政策就可能变成行政专权，增加其任意性，会产生严重的后果[④]。因此，政策的法律化意义重大。其次，产业政策法律化可以使政策不再是笼统的、宣示性的倡导，而是

① 李克. 转型升级中国企业怎么办？[M]. 北京：新华出版社，2014.

② 刘彦龙. 中国企业战略联盟报告[M]. 北京：中国经济出版社，2008.

③ 齐虹丽. 国家经济安全与产业政策立法——加入 WTO 给中国产业带来的冲击与日本经验的启示[J]. 云南财贸学院学报，2003(8)：76.

④ 王先林. 产业政策法初论[J]. 中国法学，2003(3)：113.

转化为具有法律属性,明确权利义务的行为规则,不仅提高了政策的可操作性,也提升了效力阶层,更具权威性。因此,构建产业联盟标准相关的促进型立法、规范,加大政府的扶持力度,可以更好地鼓励、引导产业联盟健康发展。

2. 反垄断法的完善

古典经济学家亚当·斯密有句很经典论述:同行人很少聚会,但是他们会谈不是策划出一个对付公众的阴谋就是炮制出一个掩人耳目提高物价的计划。因此,在产业联盟形成过程中相互竞争的企业就有关信息交流、协商,这种竞争者聚集起来采取积极行动制定某项技术方案,行为本身就会触动反垄断的神经。虽然,企业联合的行为本身并不违法,但是当一个或者多个企业被排除在联盟之外,则可能会出现限制技术创新,进而限制竞争的情况发生。尤其当合作的项目设计专利时,形成专利联盟,如果专利联盟的专利交叉许可行为损害了实际或者潜在的竞争者在价格、分配市场和顾客的机制时,它就会对竞争产生严重的阻碍作用。此外,当专利联盟由于在专利许可条件、联盟成员的技术研究和开发领域等做出不合理的限制,而实质性地限制了特定产品或技术市场的竞争时,也有可能构成联合限制竞争行为①。我国《反垄断法》距今实施了近七年,反垄断的执法力度也从无到有、从小到大逐渐加强,监管部门主动性越来越强。近年来的执法调查覆盖了国有企业、民营企业、外资企业、境外企业、行业协会等市场相关主体,例如,液晶面板价格垄断案,茅台、五粮液公司纵向价格垄断案,多美滋、美赞臣、惠氏等乳粉企业纵向价格垄断案,等等,有效维护了市场公平竞争秩序,增进了消费者福利。② 但是,从法律制度上的构建以及研究角度来说,针对产业联盟垄断的问题,无论是从立法还是执法上,我们还需要进一步完善。加强对专利联盟反垄断规制研究,通过立法合理阻止专利联盟在国内市场上的知识产权垄断具有重要意义。

---

① 李玉剑. 专利联盟:战略联盟研究的新领域[M]. 上海:复旦大学出版社,2006.

② 中国社会科学网. 法治蓝皮书:反垄断执法体制走向完善[N]. 2015-03-18.

参考文献

[1] 谈萧. 中国“走出去”发展战略[M]. 北京:中国社会科学出版社,2003.
[2] 黄浩明. 社会组织走出去:国际化发展战略与路径研究[M]. 北京:对外经贸大学出版社,2015.
[3] 邱晓梅. 产业技术创新战略联盟的支持政策研究[M],北京:知识产权出版社,2014.
[4] 谢科苑. 产业技术创新战略联盟理论与实践[M]. 北京:知识产权出版社,2013.
[5] 戴彬. 产业技术创新战略联盟风险管理研究[M]. 北京:社会科学文献出版社,2013.
[6] 赵莹莹. “一带一路”大战略下民间组织如何“走出去”[N]. 人民政协报,2015-5-5(10).
[7] 许永权,等. 关于“一带一路”建设中企业“走出去”与开展公共外交的思考[J]. 公共外交季刊,2014(7).
[8] 夏立平. 论共生系统理论视阈的“一带一路”建设[J]. 同济大学学报(社会科学版),2015(4).
[9] 刘建珍. 民间组织如何助力“一带一路”[J]. 中华环境,2015(5).
[10] 杨立侃. 商会应成“一带一路”建设生力军[N]. 中华工商时报,2015-7-3(05).
[11] 胡昊,王栋. 推动中国民间组织积极参与“一带一路”建设[J]. 公共外表季刊,2014(7).
[12] 曾楚君,林丹明. 对企业建立战略联盟的理论解释[J]. 科研管理,2004(2).
[13] 易朝晖,夏清华. 中国联盟伙伴选择标准[J]. 科学学与科学技术管理,2007(12).
[14] 蔡蓓. 国际展览产业联盟运营模式研究[D]. 上海:上海师范大学,2011.
[15] 柴珺. 国内外医药产业联盟研究综述[J]. 产业观察,2012(11).
[16] 孟梓涵,等. 基于产业联盟的高新技术产业自主创新能力提升路径研究[J]. 科技与管理,2014(2).
[17] 张伟溪. 基于数据挖掘的 IT 产业联盟供应链伙伴选择的研究[D]. 哈尔滨:哈尔滨理工大学,2015.
[18] 张云辉. 基于云计算的 IT 产业联盟知识共享平台研究[D]. 哈尔滨:哈尔滨理工大学,2015.
[19] 温渊. 内蒙古羊绒企业供应链产业联盟战略研究[J]. 内蒙古科技与经济,2007(13).
[20] 张丹云. 皮革产业联盟标准的创新和实践[J]. 中国皮革,2013(11).
[21] 金菲. 我国新能源汽车产业联盟发展研究[D]. 武汉:华中科技大学,2011.
[22] 焦媛媛,等. 物联网产业联盟网络结构分析及动态演化研究[J]. 科技进步与对策,2014(14).

[23] 王磊. 以产业联盟促进京津冀地区第二产业合作开发的战略研究[D]. 天津:天津工业大学,2007.

[24] 徐天紫. 云环境下 IT 产业联盟知识共享机制研究[D]. 哈尔滨:哈尔滨理工大学,2015.

[25] 杨雨佳. 云环境下 IT 产业联盟知识转移与知识共享评价研究[D]. 哈尔滨:哈尔滨理工大学,2015.

[26] 章璠. 造纸产业联盟标准的研究和实践[J]. 江苏造纸,2004(9).

[27] 张敬文,等. 战略性新兴产业联盟网络企业间知识共享策略研究[J]. 宏观经济研究,2014(2).

[28] 苏素,等. 政府主导型产业共性技术 R & D 合作组织研究[J]. 科技进步与对策,2014(14).

[29] 刘红霞. 组织理论视角的产业联盟特征研究[J]. 商场现代化,2010(2).

[30] 周杰. 战略联盟中的信任问题研究综述[J]. 科技管理研究,2009(9).

[31] 张丹. TD-SCDMA 产业联盟的竞争战略研究[D]. 上海:上海交通大学,2007.

[32] 艾俊. 北京新能源汽车产业联盟规划研究[J]. 北京汽车,2011(4).

[33] 李国武,李玲玲. 产业技术创新战略联盟研究综述[J]. 科技进步与对策,2012(11).

[34] PREETSA MASAAKIK ARVNDS: Trust and Performance in Cross-border Marketing Partnerships: A Behavior Approach[J]. Journal of International Business Studies. 1996, 27(5).

[35] CULLEN J B, JOHNSON J L, SAKANO T. Success Through Commitment and Trust: the Soft Side of Strategic Alliance Management[J]. Journal of World Business[J]. 2000, 35(3).

[36] 关于推动产业技术创新战略联盟构建的指导意见. 2009 年国科发政(2008)770 号. 国家科技部网.

[37] 推动共建丝绸之路经济带和 21 世纪海上丝绸之路的愿景与行动. 2015 年 3 月,国家商务部网站.

[38] 关于依托黄金水道推动长江经济带发展的指导意见. 新华网,2014 年 9 月 25 日.

[39] 朱国华. 行业协会信用制度研究[M]. 上海:同济大学出版社,2014.

[40] 朱国华. 社会资本在知识服务产业发展中的作用:以律师业为例[M]. 上海:同济大学出版社,2013.

[41] 朱国华. 从金融危机读解经济法总论[M]. 上海:同济大学出版社,2013.

[42] 朱国华. 行业协会信用能力的法律制度研究[R]. 中国国家社会科学基金结项报告,2011.
[43] 朱国华. 高新技术产业化的专利、标准与人才战略[M]. 北京:化工出版社,2010.
[44] 朱国华. 上海律师业发展战略[M]. 北京:法律出版社,2010.
[45] 朱国华. 上海律师事务所管理模式研究[M]. 北京:法律出版社,2005.
[46] 朱国华. 上海温州行业协会信用制度发展调研及比较分析[J]. 民间法论丛(第四卷),山东大学出版社,2005.
[47] 朱国华,樊新红. 新常态下行业协会商会和中小企业的新机遇[J]. 中国工商,2014(12).
[48] 朱国华,等. 行业协会信用担保制度研究[J]. 天府新论,2014(5).
[49] 朱国华,熊晔. 行业协会的经济法主体地位研究[M]//徐家良. 中国第三部门研究(第 2 卷). 上海:上海交通大学出版社,2012.
[50] 朱国华,胡正婷. 行业协会信用评估制度[M]//经济法学家(第九卷). 北京:北京大学出版社,2012.
[51] 涂燕,朱国华. 关于行业协会与在职知识产权专业人才社会培养的思考[J]. 消费导刊,2009(10):138-139.
[52] 涂燕,朱国华. 试论行业协会在专利联盟中的作用[J]. 消费导刊,2009(11):137-138.
[53] 朱国华,谢兰. 我国《反垄断法》对行业协会的规制及其完善[J]. 复旦产业经济评论,2009(4).
[54] 朱国华. 经济鉴证类行业协会及其比较优势[J]. 价格理论与实践,2008(5).
[55] 朱国华,等. 中小企业品牌建设离不开行业协会[J]. 重庆工学院学报(社会科学),2008(7).
[56] 朱国华,等. 行业协会、公共利益与行政公益诉讼[J]. 政法论坛,2008(2).
[57] 朱国华. 补救市场失灵的外部楔入物——上海经济鉴证类行业协会的发展与差距[N]. 社会科学报,2008-1-10(2).
[58] 朱国华. 行业协会与国际经济法[J]. 美中法律评论,2006(5).
[59] 朱国华. 论行业协会利益冲突规范[J]. 人口与经济,2005 年特刊.
[60] 朱国华. 上海、温州行业协会信用制度调研分析[M]//吴志攀. 经济法学家. 北京:北京大学出版社,2004.
[61] 朱国华. 行业协会信用:社会诚信体系的重要支柱[N]. 文汇报,2013-11-4(11).

中国“21世纪海上丝绸之路”倡议与东盟“亚太经济一体化”战略：冲突与合作

王丽琴
（同济大学政治与国际关系学院）

【摘要】 中国提出的“21世纪海上丝绸之路”的倡议和东盟目前正在执行的“亚太经济一体化”战略，都强调东盟在其中战略上的关键地位。中国和东盟双方、两个倡议和战略之间都存在对主导权的争夺，存在安全互信的冲突。这是不可避免的。但是，双方之间和两个倡议和战略之间又存在“硬设施”和“软设施”两个互联互通方面合作的可能。本文特别以中国和印尼之间两个重要港口城市——上海和雅加达为例，认为双方在“硬设施”港口基础建设方面上的互联互通以及双方在航运制度、港口信息交换等“软设施”上互联互通，将会为中国“一带一路”倡议的具体实施找到一个可靠的抓手，并为东盟“亚太经济一体化”战略的执行奠定基石。

【关键词】 中国　东盟　冲突　合作　港口城市

2011年11月，东盟提出要与中国、日本、韩国、澳大利亚、新西兰和印度在10+6的合作框架内共同建设“地区全面经济合作伙伴关系(RCEP)”，以推动其“亚太地区经济一体化”战略的实施。2013年10月，习近平主席在出访东盟国家时，首先在印度尼西亚提出了共同建设“21世纪海上丝绸之路”的倡议。由此，中国以前所未有的主导姿态、以不同于东盟主张的地区化方式，参与了亚太地区经济一体化进程。这对东盟在亚太地区经济一体化的主导地位产生一定影响，也与东盟主张的地区主义的地区建设方式有所区别。在此基础上，中国的“海上丝绸之路”建设和东盟的“亚太经济一体化”战略如何发挥更多的互补作用而不是相互竞争，成为目前国内外学者特别是中国和东盟学者热切关心的问题。本文旨在通过分析中国“21世纪海上丝绸之路”与东盟“亚太经济一体化”战略两大策略之间可能的冲突与合作，试图挖掘中国和东盟共同实现政策预期目标的合作路径。

一、文献综述

顺应东盟和中国先后倡议的推动亚太地区经济合作的战略，国内外学者对中国“21世纪海上丝绸之路”倡议和东盟的“亚太经济一体化”战略进行了逐步深入的研究。就研究内容上看，中外学者初步探讨了中国-东盟合作建设“21世纪海上丝绸之路”的合作路径、东盟成员国与中国地方政府在共同建设“21世纪海上丝绸之路”中的合作方式、中国与东盟合作建设“21世纪海上丝绸之路”的问题分析等三个议题。

（一）合作路径

有学者主要站在经贸合作的视角，提出中国与东盟各国间贸易便利化合作是扩大21世纪海上丝绸之路沿线各国相互贸易与经济增长的关键途径，对21世纪海上丝绸之路建设有重要意义(毛艳华、杨思维，2015)。有学者着重强调中国与东盟加强油气合作，是21世纪海上丝绸之路建设和开发的重要内容，油气资源是双方合作的一大契合点(罗佐县等，2015)。也有学者把历史传统和文化交融视为中国-东盟共建海上丝绸之路的显著推动力量(金荣，2014)。在有的学者的研究中，基于更宏观的国际贸易体系和区域公共产品视角，强调了要加强建设和改进亚洲生产网络，并提出了合作框架(Yishuang Yang, 2015)，值得关注的是，其认为中国在与各国共同建设21世纪海上丝绸之路中应担当积极建设者，提供更多区域公共产品、参与更多国际机制建设、创造和平稳定环境，但是中国永远不会成为海上丝绸之路的控制者。

此类文献将“共商共享共建”的“一带一路原则”以及中国的和平外交思想把握得极其到位，在学术问题攻坚创新的同时也在传递着正确客观的国家思想战略,只可惜究其合作本质,学者们在合作路径探讨的同时,却没有更深入思考在中国与东盟合作背后,中国“21世纪海上丝绸之路”建设与东盟“亚太经济一体化”发展究竟何者占据主导权,而这也正是本研究希望试图深入解决的一大问题,而不仅是停留在双方的合作路径表面。

(二)合作方式

1. 东盟成员国的视角

印尼大学国际关系学者、印尼总统专属中文翻译Jona Widhagdo Putri在接受中国采访团采访时表示,在“一带一路”的战略背景下,印尼希望发挥“海洋支点”的作用,此外,两国间的人文交流、社会交流也正在加强。她还透露,印尼国家旅游部正在推动中国与印尼之间的旅游交流,希望到2020年往来两国之间的游客可以达到2 000万人次,对推进“21世纪海上丝绸之路”建设有积极贡献(2015)。国内有学者认为,泰国和马来西亚由于历史、文化与地理因素,应成为在海上丝绸之路合作中“海上驿站”建设的重点,不仅能将海上丝绸之路的建设落到实处,更能形成一种良好的示范效应推进中国与沿线国家的深入合作(陈晓律、叶璐,2015)。中国社科院亚太研究所的周方治教授则更深入阐明,泰国具有灵活性的外交协调传统,泰国社会具有较高的包容性和适应性,泰国经济与中国存在较强的互补性,强调中泰关系在中国与东盟合作中起着“战略支点”作用(2014)。还有研究者认为,缅甸拥有重要的地理位置,是丝绸之路的中心节点(Nan Lwin, 2016)。

关于东盟成员国与中国在共同建设“21世纪海上丝绸之路”的合作中,专家学者们对各东盟成员国发挥的作用和贡献各有千秋,虽然国内外文献关于泰国、印尼等部分成员国的成果探究较明显,但各国都有各自的特色和区位优势,尚不能作出何者为“最”的定论,但前人的观点和结论给了我们一定的重点研究方向,也给我们提供了以东盟各成员国为切入点进行深入具体的研究的视角。

2. 中国地方政府的视角

有学者通过详尽史实和具体数据阐明广东在“海上丝绸之路”建设中占有极重要的地位,是中国海上对外开放的前沿和窗口,广东与东盟的合作在不断升级,东盟是广东省的最主要贸易伙伴,由东盟十国组成的南洋航线是广东省建设"海上丝绸之路"的基础和主攻方向,指出广东省在双方经贸合作方面具有明确的导向性(肖奎喜、王硕,2014)。福建省外事办公室主任宋克宁在接受中新社记者专访时表示:"福建当前应以建设21世纪海上丝绸之路为重点,突出东盟十国这一区域。"对此,厦门大学东南亚研究中心的吴崇伯教授也在研究中强调,福建是历史上海上丝绸之路的起点,海洋渔业、闽籍侨商丰富的人脉资源、国际商业网络的优势都有利于深化与东盟在各个层面的经济合作,具有"不可比拟的优势"(2014)。也有学者从旅游线路开发、旅游招商引资、旅游合作机制视角论证广西与东盟在共同建设新丝绸之路背景下的合作发展,并全面进行了优劣势分析(覃小华、甘永萍,2014)。

从现有的文献来看,学者们在这方面所作的研究不仅数量庞大而且涵盖面也很丰富,也给本研究一定的理论支持和启示,以地方政府层面自下而上的研究方式也有利于研究和思考的推进。但在这些着眼于探讨双方合作的众多文献中,却少有对中国"21世纪海上丝绸之路"与东盟"亚太经济一体化"战略之间实践方式的联系与区别的进一步思考,因此本研究准备更为深入分析二者在作用方面的互补或竞争,这正是本研究的一大价值所在。

(三) 问题分析

1. 障碍分析

目前的诸多文献对中国"21世纪海上丝绸之路"的建设合作中所面临的各种障碍有比较深的讨论,不仅限于中国与东盟的合作障碍。有学者总结了中国与东盟国家在内的海上丝绸之路沿线国之间贸易不平衡、制度化水平不高、容易受政治与安全关系影响、联结性困难等共七大难题(Peng Liu,2015),其对合作机制障碍的整体思考和所得结论都可谓全面,尤其是详尽细致的数据资料对比加深了作者的论证力和逻辑性,这也是本研究应学习效仿之处,但该文只是在一个较宏观的层面分析合作机制的问题,且数据是针对中国与南亚国家,没有东盟国家的详细数据情况,因而这正是本研究的努力方向。此外,许多学者还聚焦在中国东盟国家的外交摩擦上,中国现代国际关系研究院海洋战略研究所副所长楼春豪指出,中国与东盟成员国越南、菲律宾、马来西亚、文莱、印度尼西亚在南海争端会冲击海上丝绸之路的建设,而且这些东盟成员国家的内部矛盾也会构成客观风险(2014)。也有学者对中国潜在的世界主导雄心下与美国、俄罗斯、欧盟等存在的利益冲突表示担忧（Werner Fasslabend，2015），虽然这位澳大利亚学者对于中国面临的各方挑战所作的论述很深刻，但其将中国的21世界海上丝绸之路战略看作是“a political marketing concept for world dominance”，明显有不妥之处，因而在进行问题分析时必然会带有一定的错误认识和悲观见解。

2. 路径选择

外交学院外交系的苏浩教授在接受中新网采访时表示，虽然在海洋安全问题上中国和东盟个别国家还存在一些问题，但这些问题实际上是技术层面的东西，中国和东盟国家关系的主流是友好、合作和发展。中国和东盟之间要从“量的关系”提升，实现“质的深化”，首先是把整个地区从宏观角度融为一体，中国和东盟融为一体实现区域合作一体化，需要在一些重要方面建立互联互通关系，这互联互通就要把中国和东盟紧密的联系在一起（2013）。苏教授的这一宏观层面的“大融合”观点无疑是极具建设性的，但无论从学术还是实践来看，要推进这一步都是不易的，且涉及的主权限度未明确，“技术层面”的难题也还未克服。中国社科院亚太研究院院长李向阳指出，海上丝绸之路合作机制与现行区域合作机制并行不悖，与其他地区相比，中国和东盟之间已有的合作水平是最高的，双方的合作一方面要在原有的自贸区协定框架内进一步提升贸易投资自由化的水平，另一方面要超越传统的自贸区协定的范围，扩展到互联互通、海上合作、金融合作、安全、人员与文化交流等领域（2014）。也有学者从中国的新丝绸之路战略、美国主导的TPP协议和东盟倡导的RCEP协定三者的关系角度进行研究，提出了三方拥有的巨大经济合作机遇和可能性（Min Ye，2015），但仍存在很大的不确定性。

可见，专家学者们为中国和东盟共同建设“21世纪海上丝绸之路”的议题中从多角度思考深化拓展的道路，在为我们提供研究思路的同时，也带给我们批判性思考，现有文献所提出的建议良方，有的操作性不高，有的未处理好实践顺序问题，忽略了对更先待解决的矛盾的思考。但这一领域的研究还较年轻，很多观点和结论尚需时间来检验，本研究的一大现实意义也在于希望借助理论研究和实践调查，从而提出较可行的政策建议，已有文献在一定程度上能拓宽思维路径,从而寻找研究改进的视角。

从现有的相关中英文研究文献来看,历时两年多的研究历程,在中国与东盟共同建设“21世纪海上丝绸之路”的议题上已形成了初步的认同,并已在合作机制探讨中取得了不小成果。而纵观前人研究结果,本研究所定位的中国“21世纪海上丝绸之路”建设与东盟“亚太经济一体化”战略之间的关联问题,仍具有很大的研究空间,尤其在二者主导权归属问题上,目前学术界还没有权威的文献资料予以论证说明。本研究试图在总结前人结论和经验的基础上,通过实践调查等方法,对此问题加以深入分析,并提出政策思考。

二、中国“21世纪海上丝绸之路”倡议与东盟“亚太经济一体化”战略的冲突

中国“21世纪海上丝绸之路”倡议与东盟“亚太经济一体化”战略之间的冲突,主要体现在两个方面。一个是双方之间的主导权之争,这不仅指的是中国和东盟的主导权之争,还指的是这两个倡议和战略之间的主导权之争;另一个是双方之间的安全互信的冲突。

(一) 主导权的冲突

2012年11月20日,在柬埔寨金边举行的东亚领导人系列会议期间,东盟十国与中国、日本、韩国、印度、澳大利亚、新西兰的领导人,共同发布《启动〈区域全面经济伙伴关系协定〉(RCEP)谈判的联合声明》,表示要在10+6框架内正式启动这一覆盖16个的经济体的自贸区建设进程。中国表示支持并积极参与。时隔不到一年,中国国家主席习近平在2013年10月访问东盟国家时,在印尼国会发表讲话,正式提出中国愿同东盟国家一道共同建设“21世纪海上丝绸之路”的倡议。这给东盟各国领导人和东盟各国人民带来许多困惑,他们对海上丝绸之路建设与RCEP建设两者优先权归属的问题心存困惑,对中国和东盟双方主导权归属的问题也有疑惑。

其实,自1997年7月亚洲金融危机之后,东亚地区的经济一体化有了实质性突破和进展。梳理这些进展中中国的主张和实践,我们可以得出以下几种认识:

首先，中国支持东盟在东亚/亚太地区经济一体化和RCEP框架内的主导地位。实际上，自1997年第一届中国-东盟领导人非正式会议开始，中国的国家领导人几乎在历届中国-东盟领导人会议上发表的讲话中，都反复、清楚指出中国在东亚不谋求特殊地位、不谋求霸权，中国支持东盟在东亚经济一体化机制和进程中发挥积极的（江泽民，1997）、重要的（朱镕基，2000）、更大的（朱镕基，2001）、主要的（温家宝，2003），甚至是主导的（朱镕基，2002；温家宝，2004，2005，2011；李克强 2014）作用。除了向东盟示好，中国这样做的原因有两个：一方面，中国避免了争夺东亚/亚太地区经济一体化主导权的尴尬；另一方面，中国也阻止了其他行为体如日本等参与竞争主导权。依据这样的逻辑，可以推断，中国提出21世纪海上丝绸之路建设的倡议并不会影响东盟主导RCEP框架内的亚太地区经济一体化进程。相反，中国21世纪海上丝绸之路的建设还需要东盟各成员国的大力支持。

其次，东盟必须尊重中国在1997年亚洲金融危机到2008年全球经济危机这十年中在很大程度上主导了东亚经济一体化的事实。自由制度主义者认为，一个行为体的主导权大致取决于它的议题发起的能力、议程设定的能力和它所做出的让步。在过去十年中，中国首倡了与东盟自由贸易区的建立，提议了东北亚三国中日韩之间的自贸区建设，还提议进行了覆盖整个东亚经济体的东亚自贸区建设的可行性研究；在这些自贸区的研究和建设过程当中设定贸易自由化和便利化、投资便利化等相关议题并持续推动；在自贸区的建设过程中对东盟的六个老成员国和四个新成员国分别做出不同程度的经济让步。比如在中国-东盟自贸区建设中，中国给予当时还不是WTO成员国的东盟新成员国以最惠国待遇，中国允许东盟老成员国列出降税的例外产品清单，2008年经济危机之后，中国计划募集100亿美元用于中国-东盟投资合作基金以帮助东盟各国走出危机等。中国在实践中主导了东亚经济一体化进程和中国支持东盟的主导地位这两点看上去像悖论，然而东盟在领导能力方面和经济实力方面的欠缺并不能支撑它宣称的主导地位；而中国不称霸的外交原则在某种程度上也妨碍了它走上舞台扮演主导的角色。所以，有人认为在整个东亚经济一体化过程中领导地位是缺失的。这不完全对，但有道理。

再次,东盟还必须尊重中国将继续主导 21 世纪海上丝绸之路建设的趋势,但是这并不会影响东盟和其他各国在 RCEP 框架内推动亚太地区经济一体化的进程。21 世纪海上丝绸之路建设和 RCEP 建设都是通往亚太经济一体化的道路。不过前者在 2015 年 3 月发布的《推动共建丝绸之路经济带和 21 世纪海上丝绸之路的愿景与行动》中更强调市场的作用,将市场作为 21 世纪海上丝绸之路建设的驱动力;而后者则更加强调政府或国家的作用,将政府或国家协调达成条约作为 RCEP 建设的驱动力。如果说前者选择了地区化的道路,那么后者更倾向于地区主义的道路。这两条道路都是通往经济一体化目标的可选路径,两者完全可以并行不悖,共同完成经济一体化的目标。只不过中国在 21 世纪海上丝绸之路建设中主动向西看,他的视线越过了东盟和亚太,落在中东、中东欧和非洲等目标上。

最后,东盟必须认识到它在中国贸易政策上的优先地位正在下降的可能。中国外交历来强调周边外交,东盟又是中国的友好邻国,由此可见东盟在中国外交政策上的分量。中国自 2001 年加入世贸组织后,把贸易政策的重心也转移到东亚地区和双边合作,更加强调与东盟的经贸合作。这也是之前东亚经济一体化得以迅速推动的原因。然而,随着中国 2013 年 10 月提出共建 21 世纪海上丝绸之路的倡议,显然中国的目光已经越过东盟,落在中东、欧洲和非洲等目标上。这并没有否定东盟在中国战略中的特殊地位。

有鉴于以上四点认识,中国必须在以下几方面做出努力:第一,在推动 21 世纪海上丝绸之路建设的同时,积极参与东盟主导的 RCEP 建设,以达成亚太经济一体化的目标。第二,在主导海上丝绸之路建设的同时,不挑战东盟主导 RCEP 的进程。如可能,更应该通过海上丝绸之路建设为东盟主导的 RCEP 进程添砖加瓦。第三,比以往更加强调东盟在中国外交政策和贸易政策中的特殊地位,以求在 21 世纪海上丝绸之路建设中赢得东盟支持和合作。

(二) 安全互信的冲突

东盟主导的“区域全面经济伙伴关系”建设力求通过“10+6”合作框架推动亚太地区经济一体化进程,中国对东盟在区域合作中的积极主导地位向来表示支持拥护;此外,中国倡议的“21 世纪海上丝绸之路”目标向南拓展联动东盟,最终扩展到欧、非、拉美。毋庸置疑,东盟在中国21世纪海上丝绸之路建设中处于优先战略地位,中国-东盟命运共同体也和东盟共同体及东亚共同体息息相关。然而,在追求与沿线国家良好经贸合作的道路上,有诸多现实问题及潜在忧患都对各方合作及两大战略带来了挑战,其中不可忽视的一大问题便是中国与其他亚太国家存在的安全互信隐忧,正如现实主义所认为的,国家的主要目标是自身安全,正确分析并妥善处理中国与沿线国家间安全风险问题,既是确保中国21世纪海上丝绸之路建设平稳推进的基础,也是加快实现东亚地区经济一体化的催化剂。

首先,东盟和其他亚太国家都应当正确认识中国的和平崛起及战略政策,不能偏听偏信西方的“中国海上威胁论”。中国近年来航母技术的发展和海上力量的增强有目共睹,西方媒体借机热炒“中国海上威胁论”和“珍珠链战略”等威胁论调,难免使得亚太国家对中国这一区域内大国的崛起心生畏惧,也易对中国“21世纪海上丝绸之路”战略造成曲解,不仅给东盟国家带来困惑,也使其他亚太国家有所顾虑,尤以印度为甚。对于正在崛起中的印度而言,向来渴望在亚太有主导地区事务的能力,而又担忧中国的强盛及21世纪海上丝绸之路建设可能对印度洋范围造成的潜在威胁,打出了“季风计划”这一张制衡牌,从客观和战略上分析这都是对中国外交战略歪曲以及政治安全互信缺乏的体现。事实上,中国在处理与亚太国家关系时一贯坚持和平外交政策,恪守“睦邻、安邻、富邻”的周边外交方针,秉持和平合作、开放包容、互学互鉴、互利共赢的理念,努力与周边国家共建21世纪海上丝绸之路,也尽力推动区域经济一体化进程,为地区经济繁荣和安全建设持续贡献。习近平主席也多次强调“中国不认同‘国强必霸’的逻辑”,客观上中国也从未做出任何称霸或威胁亚太国家的行为,无论是在外交政策还是对外活动中,中国所传递的只有和平与共赢的信号。21世纪海上丝绸之路建设和RCEP战略有巨大的利益交点与合作潜力,但如若东盟国家与其他亚太国家不能客观正确把握中国传递的和平信号而心存顾虑甚至曲解真意,那么双方在战略合作上将遭遇阻碍。

其次,东盟应正视且理性对待部分东盟国家与中国的领土主权争端,但不应将此问题“东盟化”。中国与东盟合作关系的实质性突破绕不开领土争端的议题,南海作为中国21世纪海上丝绸之路建设向南辐射的首要必经区域,南海问题的妥善解决与否可以说直接决定了东盟国家与中方合作的态度和双方战略的对接成效。中国秉承着"搁置争议,共同开发"的方针维系与越南、菲律宾、马来西亚、文莱、印度尼西亚在南海问题中的关系,彼此的经济合作也在尽力缩小这一争端的负面影响,但近年来部分东盟国家尤其是越南、菲律宾借着美国的力量试图将该问题上升到整个东盟层面,即所谓将其"东盟化",这势必对中国与东盟的合作带来阻碍,也加剧彼此互信危机。尽管自2012年东盟外长就南海问题发表了"六项原则"声明,2016年2月东盟轮值主席国老挝外交部长通伦也重申了和平解决争端承诺,但南海格局始终是牵动大部分东盟国家神经的重点问题,且诸如"中南建事件"等摩擦频频,美国势力的介入,东盟内部的态度也有微妙变化,无疑是中国与东盟国家在21世纪海上丝绸之路合作中的一大忧患。

最后,中国应借21世纪海上丝绸之路的契机既宣示主权坚定立场又传播合作共赢理念。中国21世纪海上丝绸之路建设与东盟主导下的RCEP建设在客观上是可以并行不悖且相辅相成推进的,但前提是中国既要打消亚太各国的"零和思维",还要与西方国家打好"舆论战";此外,中国在合作共建中不能退缩主权立场,但这不是刚硬的刻意施压,而是利用软实力在加强合作互信的同时争取东盟各国的普遍支持和认同,借经济联合的有机动力尽早商谈签署睦邻友好合作条约,在《东南亚友好合作条约》、《南海各方行为宣言》的友好框架下将安全风险降到最低。21世纪海上丝绸之路倡议与RCEP建设的对接也需要解决中国与日本、印度等亚太国家的矛盾,虽然完美的解决方案无法一蹴而就,但我国应以同样的思维应对,放眼亚太地区的整体战略发展诉求,在主权的限度范围内最大程度争取各国的政治互信与经济合作。

由此,我国需要在这条共建之路上努力坚持以下几点:

第一,中国在对东盟和其他亚太国家倡导"21世纪海上丝绸之路"中要更注重本国合作共赢思想的传递与解释,同时通过官方立场和国际媒介对西方的舆论威胁进行积极且友善的反击,并做好主动宣传工作,搬开政治安全互信危机的绊脚石。

第二，在坚持现行“双轨思想”和平处理与周边国家领土争端的同时，在国际法律机制和合作框架内，努力借助21世纪海上丝绸之路的契机加快相关公约的签署，这也是实现亚太一体化之路必须攻克的一环。

总体而言，中国倡议的“21世纪海上丝绸之路”和东盟主导的区域全面经济伙伴关系建设，是有很大对接空间和合作前景的，正如我国外交部长王毅在2015年博鳌亚洲论坛中所强调的，要筑牢政治安全互信基础，让中国-东盟关系走得更稳更远，这需要中国和东盟以及亚太国家的共同理解、支持和投入，坚持各国共商、共享、共建的原则，实现共存、共荣、共赢的亚太平稳发展局势，从而让21世纪海丝之路与RCEP双轮驱动，成为带动亚太繁荣的双翼。

三、中国“21世纪海上丝绸之路”倡议与东盟“亚太经济一体化”战略的合作

中国倡议的“21世纪海上丝绸之路”和东盟主导下的区域全面经济伙伴关系建设，两大战略尽管存在着一定的冲突和风险，但是二者的对接既是中国和东盟以及其他亚太各国所期盼的共同利益之所在，在客观上也有着巨大的合作性和互补性。中国与东盟国家之间要想加快战略对接并取得实质突破，加强彼此互联互通的意义不言而喻。中共十八届三中全会在《中共中央关于全面深化改革若干重大问题的决定》中明确指出，要“加快同周边国家和区域基础设施互联互通建设，推进丝绸之路经济带、海上丝绸之路建设”；李克强总理也曾在中国-东盟领导人会议中屡次强调了中国与东盟之间加强互联互通的重要性，并指出是贸易投资自由流动的前提；习近平主席在2014年加强互联互通伙伴关系对话会中提出，亚太各国要高度重视并共同建设“基础设施、规章制度、人员交流”三位一体的互联互通。可见，在加强彼此互联互通过程中，既要考虑“硬设施”建设，也要加强“软设施”互通。本文现从这两个层次分别予以浅析，提出对双方合作和战略对接的思考。

（一）“硬设施”互联互通

首先，根据亚洲开发银行的统计和预测，2010年至2020年亚洲的基础

设施支出缺口为8.2万亿美元,严重阻碍了众多基础设施建设薄弱的东盟国家的发展,更是亚太经济一体化的绊脚石,而中国21世纪海上丝绸之路建设不仅为东盟国家的基础设施建设注入资本、能源、技术动力,也进一步加强中国与东盟间基础设施互联互通,为双方深入合作搭建了有利平台,为亚太区域经济一体化突破物质瓶颈贡献力量。显然,当前东盟国家总体经济发展水平落后,自身基建能力严重不足,印度等亚太国家也有巨大需求,亚洲基础设施投资银行、丝路基金作为丝路建设的重要资金支撑,不仅为众多亚太国家提供了巨大的基建支持,而且拉近了彼此的互联合作,缓和了亚太经济一体化过程中遇到的硬设施滞后的矛盾。此外,除了地方版丝路基金,民间资本私募"海上丝路银行"也在广泛兴起,这都为中国与亚太国家的"硬设施"互联互通提供了坚强后盾。顺着该逻辑,在加强对外基建互联互通中,如何更大限度发挥各类企业的作为,自下而上凝聚,而不是仅仅倾注于政府间合作,这也是拉近中国和东盟距离、对接中国21世纪海上丝绸之路和亚太经济一体化战略的一个突破口。

其次,加强交通基础设施互联互通对中国与东盟国家共建21世纪海上丝绸之路起着疏通经脉的作用。西方学者也论证了交通基础设施对国际区域经济一体化的重要意义(Kristian Behrens, 2011),因此中国21世纪海上丝绸之路建设,在带动与亚太各国的交通基础设施互联互通的同时,无疑对亚太经济一体化进程起着助推作用。而相比于"丝绸之路经济带"的陆上交通设施建设如兴建铁路网、经济走廊,海上丝绸之路建设在航运互联方面显得相对滞后。虽然我国各沿海城市在港口、航道等建设方面显示了极大的积极性,但东盟国家整体的航运交通基础设施水平落后,缺乏符合国际水平的港口和设备,且与我国目前的联通程度还不够高,这还体现在各国间航运规则与标准的不协调。中国应借21世纪海上丝绸之路建设的契机,加强对东盟国家的航运基建支持,使交通互联互通成为搭起彼此合作的桥梁,也是实现两大战略对接的基础。

再次,中国21世纪海上丝绸之路建设提供了与东盟国家能源互通的契机,应在合作框架内将东盟及各亚太国家纳入海洋资源合作。这使中国向东盟国家输出过剩产能的同时也通过东盟国家维持油气资源供应,而能源互联互通还应放眼于海洋能源的合作开发上,形成各国间的海洋能源共同利益链,也有助于缓和中国与部分亚太国家间的海域争端矛盾。正如马来西亚前总理巴达维在2015年博鳌亚洲论坛能源、资源与可持续发展会议时所说的,"21世纪海上丝绸之路"具有促进马来西亚、东盟和中国之间能源研究战略合作潜力,将为本区域国家再生能源发展合作、制定立法及监管框架提供良好机遇。就这一点而言,21世纪海上丝绸之路在推动区域能源经济联合方面是有积极意义的。传统能源与新兴能源企业在其中应发挥积极的作用,也有利于该领域的转型升级,政府在调动能源企业积极性的同时,也要加强对能源安全和环保的重视,这同样也可作为中国与东盟各国合作的重点和利益基点。能源互联互通带动的不仅是各国间经贸的活力,从长远看更是战略上的对话,21世纪海上丝绸之路恰能在此意义上为东盟及其他亚太国家搭建深层次合作对话的利益平台。

最后,要加强建设"智能基础设施"的互联互通,深化中国与东盟国家的信息网络互通水平。当前东盟国家的通信网络基础设施水平也相当滞后,尤其是印尼、老挝、柬埔寨、缅甸和越南5国的电信业比较落后,连固定电话和移动电话的普及率都处于较低水平(商务部国际贸易经济合作研究院,2014),加强广泛而便捷的中国与东盟国家信息网络互联互通,进而编织一张覆盖整个亚太地区的高技术支撑的物联网,为21世纪海上丝绸之路的外向发展插上翅膀,也为区域经济合作铺平道路,很可能是未来亚太地区实现经济一体化的一条路径。中国与东盟所倡议的"中国-东盟信息港",正是建立在空间技术层面,运用互联网思维构建的信息枢纽,可极大促进中国与东盟各国以及东盟内部在商贸、投资、信息等多方面的联通,利用新兴合作平台突破传统合作障碍,加速区域整合和经济一体化。而构建这样一张智能信息网络,不仅要在网络基站、设备支持、科技研发方面有巨大投入,还需要深层次的技术互动,离不开"软设施"的提升。

(二)"软设施"互联互通

首先,在中国与东盟加强建设基础设施互通的同时,必须突破相关的政策制度瓶颈。近年来,中国与东盟高层领导人的频繁互通往来,极大地促进了双方政治友好发展,也签订了诸多合作协议,但在另一些领域仍面临着重大政策制度的制约。首要突破口就在于海上交通合作力度的实质性进展，各国间航运规则与标准的不协调、海关合作力度不够、海上船只运输信息透明度待加强，这些都应成为中国与东盟国家通过政策协商而尽早落实到统一合作中的迫切问题。这不仅影响21世纪海上丝绸之路的畅通安全，也是实现中国与东盟融合发展大格局的一大重点。笔者认为，中国与东盟于早年签订的《中国-东盟海运协定》不仅本身存在缺陷(如缺乏仲裁制度)，也不能完全适应放眼整个亚太地区乃至为整条海上丝绸之路保驾护航的现实问题和未来风险，双方应在中国-东盟海事磋商机制的引领下，先针对海上丝绸之路线路正式制定"中国-东盟海上交通合作战略规划"，出台更全面的海上合作协定，着重就海上合作、标准统一、信息共享等，建立更高层次的互联互通，促进海上贸易便利化，在加紧海上"硬件"建设的同时促进"软件"配置，适时将其他亚太国家共同纳入该合作框架，双管齐下，打通一条连接中国与东盟及整个亚太区域的"海上交通命运线"，这必将成为推动区域经济一体化的催化剂。

其次，抓住21世纪海上丝绸之路建设机遇，加强中国与东盟跨境电子商务发展，开辟中国与东盟贸易互通新路径。在加速信息技术设施基础建设的同时，电子平台的价值不应只局限于信息沟通，还应大力拓展电子商贸的互联合作，尤其是让各国间不同规模的民间企业的活力充分涌流，让企业真正走出去，自下而上构筑更多元、稳定的商贸互通形式，这也是降低贸易成本、促进贸易便利化的有效途径。当前，大部分东盟国家面临要弥补相关硬设施基建不足的问题，中国与东盟也要加速信息港建设的步伐。此外还都缺乏官方层面统一全面的规章、机制来确保双方企业的跨境电子商务互通发展、物流保障、利益协调、争端解决等，政企必须合力共建，才能打造一条真正意义上跨越边境障碍的新海上丝绸之路，这也是未来亚太区域经贸深入融合发展的一种新思维，具有很高的实现可能性及巨大前景。不过，我国与多数东盟国家的产业、贸易结构和出口市场极其相似，导致激烈竞争，尤其是泰、马、菲、印(尼)同我国的竞争性反而大于互补性(陈文慧，2009)，所以关键在于加速产业升级、产品优化、企业转型，注重彼此互通合作，把竞争矛盾转化为互补优势、互利共赢，进而共同拓展亚太及欧美市场，凝聚更强大的亚太商贸合力。

再次，要进一步加强中国与东盟的金融服务水平，并努力促成区域货币联盟的形成。21世纪海上丝绸之路建设的关键一环，需要中国与东盟国家的金融合作与货币流通，双方已有中国-东盟自贸区的良好基础，还有各大银行的境外投资合作，人民币也已成为亚太地区与中国间最常用支付货币，但其局限还是显而易见的，自由兑换受限，缺乏统一汇率，管制力度不足。要实现深入的金融服务合作，更大程度上消除资本流通限制，使得各大要素跨越边境畅通流动，则需要谋求中国与东盟国家在金融货币合作中的更高层次的互信，最理想的莫过于在亚太范围成立“欧元区式”的区域货币联盟，实现经济一体化质的飞越。鉴于东盟国家本身的经济实力有限，眼下也不具备像欧盟那样建立货币联盟的能力，那就先从加速亚太地区金融市场一体化开始，一方面降低、消除彼此金融领域的壁垒，实现汇率、资本的高度对接；另一方面，在区域整体层面协商制度更趋同化、有抗风险性、不失灵活性的金融制度，合力改善内外部金融环境，在21世纪海上丝绸之路建设中顺势而为铺平金融深化合作道路，为日后亚太区域货币一体化及经济一体化的实现奠定基础。

最后，21世纪海上丝绸之路的建设及亚太的区域融合需举各界之力促进民心互通。中国驻东盟使团团长、同济大学兼职教授徐步博士在演讲中强调，中国与东盟共建21世纪海上丝绸之路过程中，要加强互联互通，而其中民心相通是关键。海上丝绸之路见证了我国与东盟国家悠久的文化交流历史和友好邦交，彼此相互渗透影响，当代各国文化交流也不断互通往来，如中国-东盟博览会搭建的经贸人文互动平台，极大地促进了民心相通。在这一进程中，除了政府层面的努力外，还需要传媒界的积极搭线，尤其是向东盟国家传播正确的海上丝绸之路战略观、塑造友好国家形象，消除东盟国家和民众的“中华霸权”曲解，也要向菲律宾、越南等部分争端国家传递合作为主的和平信号。同时，当前中国与东盟的文化交流活动多集中在我国广西壮族自治区，实则还未在全国和东盟范围深入推广，所以还需加大力度推动学界的相关学术思想互动、青年学生的交流往来、尖端科技人才的技术互助等，并将此上升到国家人文战略加以资金扶持、政策鼓励，也利于文化产业链的发展，开辟21世纪海上丝绸之路的文化交流，以“情”促“商”，以“商”维“情”，在此意义上的区域经济一体化是成本最低亦最高效牢固的。

中国与东盟在两大战略的合作道路上确实有不少客观与主观的阻碍，但彼此不仅并行不悖，反而是机遇重重且有高度的利益目标协调性，加强互联互通是实现双方深入合作和战略对接的关键一环，汇聚各方智慧和力量，“软硬件”同步提升，虽复杂不易但前景光明。

四、以港口城市合作为例的案例研究

2013年9月3日，李克强总理在参加第十届中国-东盟博览会和中国-东盟商务与投资峰会的时候指出，要建立中国-东盟港口城市合作网络，以推动“中国-东盟海洋伙伴关系”发展。2015年3月28日，由国家发展改革委、外交部和商务部联合发布的《推动共建丝绸之路经济带和21世纪海上丝绸之路的愿景与行动》，指出21世纪海上丝绸之路应该以重点港口为节点，共同建设通畅安全高效的运输大通道。上海作为中国第一大港，应采取积极措施，参与港口合作网络建设。东南亚是海上丝绸之路的重要枢纽，印尼一直以来是东盟经济一体化的精神领袖，雅加达港更是东南亚最大港口之一，因此，开设上海-雅加达港口城市合作论坛有其重要的战略前瞻意义。

(一) 意义

第一，从中国国家层面来讲，开设上海-雅加达港口城市合作论坛，有利于中国国家层面推行21世纪海上丝绸之路倡议的具体实施。自中国国家主席习近平在2013年首次提出中国要同周边国家开始建设21世纪海上丝绸之路的倡议开始，中国政府层面还尚未找到一个得力的抓手，用以具体落实21世纪海上丝绸之路的建设，而上海-雅加达港口城市合作论坛有利于中国从国家层面推动21世纪海上丝绸之路的具体落实和实施。

第二，从中国-东盟双边层面来讲，开设上海-雅加达港口城市合作论坛有助于发展中国和印尼的双边海洋合作，有助于落实习近平主席2013年在印度尼西亚提出的发展中国-东盟的海洋合作伙伴关系。自20世纪六七十年代东盟经济一体化开始，印尼一直作为东盟的精神领袖，为东盟发展成为一个统一的（虽然还是松散的）行为体做出了巨大的贡献。如果中国在发展与东盟的海洋合作伙伴关系时，选择印尼作为第一个合作对象，选择推动上海和印尼雅加达港口的合作，那肯定能取得东盟整体的认可，长期来看还可以持久推进中国和整个东盟的海洋合作伙伴关系的深化。

第三，从东亚地区层面来讲，设立上海-雅加达港口城市合作论坛，有利于抵消日本针对中国在东南亚港口货运行业的负面影响。2016 年 3 月 31 日，日本政府宣布有意对印尼政府交通部贷款 24.9 亿美元用于巴提姆班(Patimban)深海港的兴建和扩建。贷款额占整个巴提姆班深海港项目资金总额的 80%，贷款期将会持续 40 年。如果开展上海-雅加达两个港口城市之间的合作，有利于中国对东南亚港口基础设施建设投资的主导权。

（二）步骤

上海-雅加达港口城市合作论坛的开设，应该提倡学、产、官三者合一的方式：“始于学”，以上海社科界的研究为合作论坛提供智力支持；“继以产”，以港口合作、货运公司合作等行业企业合作作为其合作论坛的重点；“终于官”，倡导上海港和雅加达港的合作以及上海市和雅加达省的合作，进一步推动港口城市合作论坛。

首先，上海社科界应该开展上海参与 21 世纪海上丝绸之路建设战略的相关研究。同济大学“一带一路”智库已经在着手准备这方面的研究工作，也得到了上海市哲学社会科学规划办和上海市委宣传部的大力支持。他们中的部分研究员正在参与申请这方面课题的上海市哲学社会科学项目，部分研究成员已经将上海和东南亚港口的基础设施建设和港口货运贸易作为研究重点。上海市社科界的其他部门也可以动员起来，参与这方面的相关研究，从而为上海-雅加达港口城市合作论坛的开设奠定智力基础。

其次，总部设于上海，与东南亚港口有密切业务联系的基础设施投资企业和货运企业，应加大与雅加达相关企业伙伴的合作力度。应集中发挥这类基础设施投资企业，如中海集团等在雅加达投资和合作的力度，这些企业之前在雅加达港口建设中有良好的投资合作的基础，如果设立上海-雅加达港口城市合作论坛，这些企业可以这个在基础上再次深入雅加达港口建设的力度和程度。还应该集中发挥总部设于上海、与东南亚港口有密切业务联系的企业，如上海海华轮船有限公司和上海锦江航运(集团)有限公司等的作用。据 Alphaliner 统计，东南亚各港口中，经这两大公司操作的货运量居东亚前列，但是合作的港口往往是胡志明港、曼谷港和林查班港等，这些企业与雅加达港口合作的力度仍有待加强。上海从事港口投资建设的企业和货运的企业加强与雅加达伙伴的合作，是上海-雅加达港口城市合作论坛的实质内容。这有利于在中国和东盟的经济合作中，更多凸显企业的作用和地区化的成分，从而平衡过去政府发挥的主导作用和地区主义的成分。

最后，推动上海港和雅加达港管理部门之间以及上海市政府和雅加达省政府之间的合作。政府间的合作一直以来都是中国和东盟经济合作的主要形式，是中国和东盟参与东亚经济一体化的主要方式。那么在推动中国-东盟海洋伙伴关系建设的过程中，地方政府和次级地方管理部门的作用也是不可忽视的。如果可以签署地方政府之间的相关合作协议，这将再一次凸显中国和东盟经济合作过程中一直体现出来的政府的作用和地区主义的成分。港口管理方合作的内容，可放在上海港和雅加达港互联互通的软设施建设上来，比如尝试协调统一的航运规则与标准、加强双方的海关合作、增强船只运输的信息透明度，等等。这将为全面深入推进中国-东盟海洋伙伴关系提供蓝本参考。

(三) 有利条件

一方面，上海-雅加达港口城市合作论坛的开设，将会获得我国驻东盟使团和我国外交部的大力支持。中国驻东盟使团团长、同济大学兼职教授徐步博士在 2016 年 3 月访问同济大学的时候，曾初步提出中国和雅加达之间合作的想法，并明确表明将全力推动这一想法变成现实。上海-雅加达港口城市合作论坛只不过是这种想法的进一步具象和深化而已。因此，可以预见这一港口合作论坛将会得到我国驻东盟使团和我国外交部的大力支持。

另一方面，上海-雅加达港口城市合作论坛的开设，将会得到中国-东盟海上合作基金的大力支持。中国-东盟海上合作基金自从 2011 年开始设立，斥资 30 亿元人民币，用于推动双方在海洋科研与环保、互联互通、航行安全与搜救，以及打击海上跨国犯罪等领域的合作。目前第一批和第二批项目已经立项。可以看出，这些项目中申请的中央部委多、省级地方政府少；政府项目多、企业项目少；港口合作项目更是少之又少。如果开设上海-雅加达港口城市合作论坛，相信中国-东盟海上合作基金可以成为一个潜在的资金来源。

（四）挑战

开设上海-雅加达港口城市合作论坛也面临着内外部的挑战。从内部因素来讲，中国和东盟之间，航运规则与标准的不协调、海关合作力度不够、海上船只运输信息透明度尚有待加强。中国与东盟于早年签订的《中国-东盟海运协定》不仅本身存在缺陷（如缺乏仲裁制度），也不能完全适应为整条海上丝绸之路保驾护航的现实问题和未来风险的发生，这些都成为中国和印尼加强港口合作的瓶颈；从外部因素来讲，日本政府一直努力保持在东南亚的影响力，日本的企业也积极参与东南亚各国包括印尼高铁等基础设施建设的竞标，在历史上和传统上已经形成的日本对东盟各国的影响和东南亚各国对日本的依赖短期内都很难消除，这是中国和东盟之间开展经济合作的外部挑战，也将是影响上海-雅加达港口城市合作论坛开设的外部因素。

总之，设立上海-雅加达港口城市合作论坛，有利于上海国际航运中心地位的奠定和推进，有利于上海本地的经济建设；也有利于改善雅加达港自1997年亚洲金融危机以来的颓势，也有利于雅加达本地的经济建设。除此以外，上海-雅加达港口城市合作论坛会成为中国-东盟港口网络建设的先例，更会成为中国建设21世纪海上丝绸之路的重要抓手，是进一步推动中国和东盟海洋合作和打造中国-东盟自由贸易区升级版的一个重要途径。

五、结　论

本研究重点关注的问题，是中国“海上丝绸之路”倡议和东盟“亚太经济一体化”战略之间的关联研究。主要探讨了三方面的问题：第一，中国“海上丝绸之路”倡议和东盟“亚太经济一体化”战略之间中国和东盟的主导权归属问题;第二,中国“海上丝绸之路”倡议和东盟“亚太经济一体化”战略之间的冲突问题;第三,中国“海上丝绸之路”倡议和东盟“亚太经济一体化”战略之间的合作及路径。

关于主导权之争,首先,中国支持东盟在东亚/亚太地区经济一体化和RCEP框架内的主导地位。其次,东盟必须尊重中国在1997年亚洲金融危机到2008全球经济危机这十年中在很大程度上主导了东亚经济一体化的事实。再次,东盟还必须尊重中国将继续主导21世纪海上丝绸之路建设的趋势,但是这并不会影响东盟和其他各国在RCEP框架内推动亚太地区经济一体化的进程。最后,东盟需要认识到它在中国贸易政策上的优先地位正在下降的可能。

关于中国“海上丝绸之路”倡议和东盟“亚太经济一体化”战略之间的冲突问题,除了主导权之争,还涉及中国和东盟之间双方的安全互信问题。针对这个问题,首先,东盟和其他亚太国家都应当正确认识中国的和平崛起及战略政策,不能偏听偏信西方的“中国海上威胁论”。其次,东盟应正视且理性对待部分东盟国家与中国的领土主权争端,但不应将此问题“东盟化”。最后,中国应借21世纪海上丝绸之路的契机既宣示主权坚定立场,又传播合作共赢的理念。

中国和东盟之间、中国“海上丝绸之路”倡议和东盟“亚太经济一体化”战略之间的合作前景充满惊喜。以港口城市合作为例,如果上海作为中国第一大港能够和包括雅加达港在内的东南亚港口建立合作关系,不仅在“硬设施”上互联互通,更能在双方航运制度、港口信息交换等“软设施”上互联互通的话,将会为中国“一带一路”倡议的具体实施找到一个可靠的抓手。

但是这涉及东南亚国家港口信息等方面的国家安全问题,这个问题会让中国这个大国在跟东南亚小国合作的时候,给东南亚小国带来特别的压力和警觉。所以针对这个问题,不能操之过急。有力地推动中国的基础设施行业的企业先走出去,到东南亚港口投资,建立企业间互信、行业间互信、民间互信,然后才能有较好的合作前景。

参考文献

[1] 吕余生. 深化中国-东盟合作——共同建设21世纪海上丝绸之路[J]. 学术论坛，2013,36(12):29-35.

[2] 21st Century Maritime Silk Road to benefit ASEAN: experts[N]. The Philippine Star, 2014-11-13.

[3] Justyna Szczudlik-Tatar. China's New Silk Road Diplomacy[J]. PISM Policy Paper, 2013(34):82.

[4] Scott Kennedy, David A. Parker. Building China's "One Belt, One Road"[N]. Center for Strategic and International Studies(CSIS), 2015-4-3.

[5] 毛艳华，杨思维. 21世纪海上丝绸之路贸易便利化合作与能力建设[J]. 国际经济探索，2015,31(4):34.

[6] 罗佐县，杨国丰，卢雪梅，谭云冬. 中国与东盟油气合作的现状及前景探析——兼论油气合作在共建海上丝绸之路中的地位[J]. 西南石油大学学报(社会科学版)，2015,17(1):2-3.

[7] 金荣. 浅析中国-东盟文化交流在21世纪海上丝绸之路的影响及前景[J]. 广西社会主义学院学报，2014,25(5):73-77.

[8] Yishuang Yang. The Theoretical and Practical Frameworks of "Maritime Silk Road": Orientation, Production Networks and Cooperation Mechanisms[C]//Annual Report on the Development of the Indian Ocean Region. Social Sciences Academic Press and Springer Science+Business Media Singapore 2016 R. Wang and C. Zhu (eds.), Current Chinese Economic Report Series, 2015, pp. 129-149.

[9] 陈晓律，叶璐. 中国构建海上丝绸之路的两个节点——马来西亚与泰国[J]. 南京政治学院学报，2015,31(1):74-75.

[10] 周方冶. 中泰关系——东盟合作中的战略支点作用——基于21世纪海上丝绸之路的分析视角[J]. 南洋问题研究，2014(3):20-22.

[11] 肖奎喜，王硕. 加强广东—东盟经济合作——共建21世纪“海上丝绸之路”[C]//海上丝绸之路建设与琼粤两省合作发展——第三届中国(海南·广东)改革创新论坛论文集. 中国学术期刊电子杂志出版社，2014:76-87.

[12] 吴崇伯. 融入国家21世纪海上丝绸之路战略的优势与对策论析——以福建为例[J]. 华侨大学学报(哲学社会科学版)，2014(4):9-10.

[13] 覃小华，甘永萍. 新丝绸之路建设背景下广西与东盟旅游合作发展研究[J]. 东南亚纵横，2014(8)：10-12.

[14] Peng Liu. Building of Cooperative Regime for 21st-Century Maritime Silk Road [C]//Annual Report on the Development of the Indian Ocean Region. Social Sciences Academic Press and Springer Science＋Business Media Singapore 2016 R. Wang and C. Zhu (eds.), Current Chinese Economic Report Series, 2015, pp. 151-173.

[15] 楼春豪. 21 世纪海上丝绸之路的风险与挑战[J]. 印度洋经济体研究，2014(05)：11-15.

[16] Werner Fasslabend. The Silk Road: A Political Marketing Concept for World Dominance[J]. European View, 2015(14)：293-302.

[17] 李向阳. 论海上丝绸之路的多元化合作机制[J]. 世界经济与政治，2014(11)：7-17.

[18] Min Ye. China and Competing Cooperation in Asia-Pacific: TPP, RCEP, and the New Silk Road[J]. Asian Security, 2015, 11(3)：206-224.

"一带一路"战略研究:国际体系结构变化视角

王传兴

(同济大学政治与国际关系学院)

【摘要】 国际政治中的权力来源是多维度的——既包括物质性实力也包括制度和理念,国际体系结构因而呈实力结构、制度结构和理念结构三个维度。本文从国际体系结构变化——大国对外战略调整或制定不可或缺的重要依据——视角,分析"一带一路"倡议的酝酿、规划、提出、推进和实施。在"一带一路"倡议的推进和实施过程中,虽然国际体系结构变化是其根源,但是反过来也可能成为其制约因素。为此,需要在"一带一路"倡议推进和实施过程中,提倡合作共赢、加强双多边制度建设,从而推动现存国际体系理念结构的变化。结果,"一带一路"倡议推进实施过程中所导致的现存国际体系制度结构和理念结构变化,最终将反过来推动现存国际体系实力结构发生变化。

【关键词】 "一带一路" 国际体系结构 维度

一、绪 论

绪论部分对本课题的研究现状、研究方法和研究内容进行简略介绍。

(一) 研究现状

"一带一路"倡议正式提出距今只不过短短三年不到的时间,但是国内外的相关研究却如火如荼。表现在三个方面。第一,研究机构纷纷成立。在国内,几乎所有的重要大学和研究机构都开始成立相关的研究机构,甚至连全国高校“一带一路”智库联盟都成立了，可谓神速。第二，研究团队纷纷组建。在研究团队组建过程中，鉴于“一带一路”倡议所涵盖内容的广泛性，因此在团队组建时强调跨学科的必要性。第三，研究成果纷纷出版。王义桅2015年4月出版的《“一带一路”：机遇与挑战》一书，是从国际关系角度进行研究“一带一路”的首部著作；2016年1月，胡键出版的《一带一路：战略构想及其实践研究》一书是最近一本从国际关系角度研究“一带一路”的著作。当然，在此期间，还有从其他视角来探讨“一带一路”倡议更加基础的普及性作品出版，例如中国现代国际关系研究院2015年9月所著的《“一带一路”读本》一书、杨善民2015年9月主编的《“一带一路”环球行动报告(2015)》一书、林坤达2015年9月撰写的《〈一带一路与中国国际关系〉研究报告》(美国卡特中心中国项目-西安交通大学和平与发展研究所《研究报告》(刘亚伟主编，朱颖副主编)，第一卷第二期)、2015年9月，中国人民大学重阳金融研究院主编的《“一带一路”：国际贸易支点城市研究》等。[①]

综观以上研究成果，其共同性特点有两个。其一，内容多为对“一带一路”的介绍，实证案例研究比较缺乏；其二，从国际关系角度看，这些研究成果大都采用了比较宽泛的国际关系视角，而没有将某一具体视角作为分析工具，从而对“一带一路”倡议的实施和推进进行较为深入的研究。倒是“一带一路”倡议提出前的一些著作，如高柏的《高铁与中国21世纪大战略》一书，不经意间与“一带一路”倡议的某些方面相契合，而且由于集中于某一一体的研究，因此反而比较切题，并且深入。另外，有些在“一带一路”倡议提出后发表的作品，看似要“与时俱进”地与“一带一路”倡议沾边，但明显看得出是著作者多年潜心研究的成果，因而这种“契合”下的成果，更多是厚重，如吴宏伟主编的《新丝路与中亚：中亚民族传统社会结构与传统文化》一书

---

① 王义桅.“一带一路”：机遇与挑战[M].北京：人民出版社，2015；胡键.一带一路：战略构想及其实践研究[M].北京：时事出版社，2016；中国现代国际关系研究院.“一带一路”读本[M].北京：时事出版社，2015；杨善民.“一带一路”环球行动报告(2015)[R].北京：社会科学文献出版社，2015；林坤达.《一带一路与中国国际关系》研究报告[R].西安：美国卡特中心中国项目-西安交通大学和平与发展研究所，2015；中国人民大学重阳金融研究院.“一带一路”：国际贸易支点城市研究[M].北京：中信出版集团，2015.

即是这样的例子。①

(二) 研究方法

本课题的研究,源起于"一带一路"倡议地提出和实施推进。如果把"一带一路"倡议看作是中国一项长远的国家对外发展战略的话,那么这一战略将注定受到各种因素的影响。换言之,国家对外战略受到包括国际环境在内的各种内外因素影响,而国际体系结构则是国际环境的集中体现。因此,在影响国家对外战略调整的国际环境因素方面,国际体系结构(变化)成为至关重要的因素之一。国际体系结构变化首先是实力结构的变化,由此引发国际体系制度结构变化,并进而导致国际体系理念结构变化。建立在这样的理解基础之上,本课题采用国际政治中的国际体系结构变化理论,作为课题研究的分析工具。

就当代国际体系结构变化而言,首先是实力结构是否正在/或已经发生根本性变化。这种变化首先受制于体系内大国的政治、经济和军事实力,以及与此相关的科学技术创新能力。由此观之,作为中国对外战略组成部分的"一带一路"倡议,正是基于国际体系实力结构正在发生根本性变化这一判断——"五百年未有之大变局"——而制定的。基于此,中国无论在国际体系制度结构还是国际体系理念结构方面,都采取了相关的战略性举措,其中"一带一路"倡议即是这些举措的具体体现。

(三) 研究内容

除了绪论和结语部分外,本研究报告的主体部分由三部分组成。本研究报告首先将对国际体系结构维度进行理论建构,认为国际体系中的权力类型(或者说国际体系中行为体的权力来源)包括三个方面,即实力、制度和理念;相应地,国际体系权力结构呈现出三个维度,即实力结构维度、制度结构维度和理念解构维度。在理论建构的基础上,本研究报告接下来对当代国际体系结构变化与"一带一路"倡议提出之间的关系进行了探究,认为正是由于当代国际体系结构正在发生根本性变化的过程之中,因此,"一带一

① 高柏,等.高铁与中国21世纪大战略[M].北京:社会科学文献出版社,2012;吴宏伟.新丝路与中亚:中亚民族传统社会结构与传统文化[M].北京:社会科学文献出版社,2015.

路”倡议的提出及其推进和具体实施，也是对这一变化中的现实所做的相应反映；当然，在“一带一路”倡议推进和具体实施过程中，绝不仅仅只有被动性应对，而是有配套的主动性措施。本研究报告主体部分的第三部分，是考察国际体系结构变化对“一带一路”倡议的影响，认为这种影响反映在两个方面：一方面，当代国际体系结构变化是“一带一路”倡议提出的国际环境根源；另一方面，当代国际体系结构变化至今为止的不彻底性——即当代国际体系结构依然处于根本性变化过程之中，也会反过来制约“一带一路”倡议的推进和具体实施。当代国际体系结构变化对“一带一路”倡议的双重性影响，在这一部分的七个小案例中得到了具体验证。最后，在本研究报告的结语部分，笔者除了对整个研究报告进行归纳之外，还试图以此“一带一路”倡议案例，来说明国际体系结构变化对于国家对外战略的制约性影响；反过来说，(大国)国家对外战略调整也将对国际体系结构变化起到推进作用。

二、国际体系结构及其变化

(一) 权力及其类型

“在各知识领域各自为政的分裂状况，或许恰恰是我们所处时代的反映；而当大家都在使用同一(权力)概念却是以令人诧异的各种不同方式来使用此概念时，这种分裂状况就显得更加突出。”①

在国际政治中，最为人熟知的是罗伯特·达尔(Robert Dahl)1957年提出权力即支配权(power over)的概念，即“*A* 使 *a* 做其本不会做之事”。② 二战后，人们目睹了“权力要素、权力使用，以及权力成就的急剧变化。权力本质变化值得人们更加注意的一个方面，就是权力的不可捉摸。”③肇始于战后对权力概念的质疑——由“权力要素、权力运用、和权力成就的急剧变化”，

---

① Peter Morris. Power: A Philosophical Analysis [M]. (second edition), Manchester University Press, 2002. ppxii-xiii.

② Robert A. Dahl. The Concept of Power[J]. Behavioral Science, 1957, 2(3): 204.

③ Stanley Hoffmann. Notes on the Elusiveness of Modern Power[J]. International Journal, 1957(30):183.

衍生出权力不可捉摸性的观点，进而探索对权力概念进行多样化的不同定义。当然，许多权力的分析者在以下三个根本方面还是存在着一致的看法：第一，（他们）一致认为，应该将权力看作是二者/或以上之间的关系，而非看作是任何其中一方的特点；第二，（他们）一致认为，权力的基础是多种多样的；第三，（他们）一致认为，权力是一种范围、分量、领域和成本各异的多维度现象。①

在当代国际政治由国家间政治向全球政治演进的过程中，对（新）现实主义权力概念的批判，是这些新的“非传统”权力概念之间存在的一大共性。现实主义认为，“国际体系的结构指国际体系中物质权力的分配格局”，②这种观点显然是不全面的，因为对国际政治中的权力分析，也“必须考虑社会结构和社会过程如何造成行为体界定并追求自己利益和理想的不同社会实力”。③ 在国际政治中，行为体不仅通过拥有物质实力而拥有权力，而且通过对国际制度的控制和对主流理念的塑造而拥有权力。换言之，除物质实力之外，行为体权力基础——即权力来源——还应包括对非/或半物质国际制度的支配，以及对非物质理念的塑造。

有关权力来源并非单一物质实力维度的主张，尼尔森·波尔斯比（Nelson W. Polsby, 1960）提出了有关权力不限于物质资源的多元主义观点，④彼得·巴克拉克和莫顿·S·巴拉兹（Peter Bachrach, Morton S. Baratz, 1962）提出了存在两个不同权力维度的观点，即决策性权力（power of decision-making）维度和非决策性权力（power of nondecision-making）维度。⑤ 此后，

① David Baldwin. Paradoxes of Power[M]. Basil Blackwell Inc., 1989: 3.

② 秦亚青.权力政治与结构选择——现实主义与新现实主义的评析[M]//秦亚青.权力·制度·文化:国际关系理论与方法研究文集.北京大学出版社,2008:40.

③ Michael Barnet and Ramond Duvall. Power in International Politics[J]. International Organization, 2005, 59(1): 42.

④ 波尔斯比认为，在社区决策过程中可使用的资源包括金钱和信用；控制工作岗位；控制他人的信息；社会地位；知识和专长；受欢迎度、受人尊重和魅力；合法性、合宪性和合乎职权；种族团结；以及投票权利。参见 Nelson W. Polsby. How to Study Community Power: the Pluralist Alternative [J]. The Journal of Politics, 1960(22): 483.

⑤ Peter Bachrach, Morton S. Baratz. Tow Faces of Power[J]. American Political Science Review, 1962, 56(4): 952.

斯蒂文·卢克斯(Steven Luckes)、[①]米歇尔·福柯(Michel Foucalt)、[②]等丰富了权力的非单一物质来源这种观点。约瑟夫·奈(Joseph Nye)则对非物质性来源的软权力进行了系统论述。[③]

对权力来源不限于物质维度最有力的论述,是斯特法诺·古奇尼(Stefano Guzzini)提出的结构性权力三维度观点,即权力作为关系概念——间接的制度性权力权力作为倾向性概念——非有意的权力、以及权力作为结构/主体间性的概念——客观赋予的权力。此外还有规范性权力观点、[④]国际政治中权力类型四维度划分观点[⑤]等等。

(二) 权力类型与国际体系结构维度

鉴于权力(来源)的三维度特点——国际体系中行为体权力(来源)存在三个不同维度,即实力(capability)维度、制度(institutional)维度和理念(ideational)维度,国际体系(权力)结构因而也存在三个维度。它们分别是实力结构维度、制度结构维度和理念结构维度。

实力是物质性的,制度是非/或半物质性的,理念是非物质性的。我们知道,一方面,现实主义关于权力是"国家使用物质资源使他国做其本不会做之事"的概念可谓过犹不及;另一方面,自由主义却没有强调其本应强调的东西——"制度如何塑造行为体讨价还价的优势、使不对称性固化、建立以他人为代价而却有利于某些人改变的决定因素";建构主义"也几乎不认

---

① Steven Luckes. Power: A Radical View by Steven Luckes[J]. Crossroads, 6(2), https://www.academia.edu/4699786/Review.Power_A_Radical_View_by_Steven_Lukes, 2016 年 12 月 22 日.

② Moya K. Mason. Foucault and His Panopticon, http://www.moyak.com/papers/michel-foucault-power.html. 相关的详细论述,可参见 Michel Foucalt. Power/Knowledge Selected Interviews and Other Writings 1972—1977[M], Pantheon Books, 1980.

③ Joseph Nye. Soft Power: The Means to Success in World Politics[M]. Public Affairs, 2004.

④ Ian Manners. Normative Power Europe: A Contradiction in Terms? [J]. Journal of Common Market Studies, 2002, 40(2): 235-258. 曼纳斯有关规范性权力的论述,还可参见 Ian Manners. Normative Power Europe Reconsidered: Beyond the Crossroads[J]. Journal of European Public Policy, 2006, 13(2): 182-199;以及 Ian Manners. The Concept of Normative Power in World Politics[M]. Danish Institute for International Studies, 2009.

⑤ Michael Barnet and Ramond Duvall. Power in International Politics[J]. International Organization, 2005, 59(1): 42-43.

为规范结构本身是受权力界定和影响的，或者说他们几乎不认为构成性影响也是权力的表达形式"。①

在对国际体系变迁中权力的构建进行分析时，我们需要超越现实主义传统的物质实力（结构）观，从而将非/或半物质制度（安排）观以及理念（分布）观纳入视野之中。之所以要如此，是因为对国际政治中权力的讨论，既要考虑"某些行为体如何、为何以及何时对它行为体'拥有权力'"，②也要考虑"那些使行为体不/能够塑造自己命运和未来的持久的全球生活结构和过程。"③这三个不同维度相互之间存在着辩证的关系。具体表现为：一方面，物质性实力（结构）是根本性的权力基础（结构），是非/或半物质性制度（安排）和非物质性理念（分布）的支撑；另一方面，非物质性理念（分布）是深层次的核心结构，它规定了物质性实力（结构）的性质和特点。

在对国际体系权力结构（变化）的分析中，这三个维度缺一不可，因为相互交织在一起的这三者之间关系是辩证的。作为物质性权力结构的实力结构，它决定具体的非/或半物质性制度（安排）的形成过程和最终状态，而非物质性理念（分布）则具体体现在制度（安排）之中；制度（安排）虽然是由实力（结构）决定的，但其合法性乃建立在理念（分布）的基础上；理念（分布）则决定实力（结构）的有效程度和制度（安排）的正当性。总而言之，国际体系权力结构的三个维度之间，表现为一种正相关性关系，它们之间既互为前提、又互为结果。

（三）国际体系结构变化及其影响

第二次世界大战后建立的当代国际体系，无论是在实力结构维度方面，还是在制度结构维度方面或理念结构维度方面，其最突出的特点是美国/西方支配，就像《生活》(*Life*)杂志出版商亨利·鲁斯(Henry Luce)1941 年热情洋溢地讴歌"美国世纪"所显示的那样。在许多方面他都是对的；美国是

---

① 详细论述参见 Michael Barnet and Ramond Duvall. Power in International Politics[J]. International Organization，2005，59(1)：40-41.

② Michael Barnet and Ramond Duvall. Power in International Politics[J]. International Organization，2005，59(1)：41.

③ Michael Barnet and Ramond Duvall. Power in International Politics[J]. International Organization，2005，59(1)：41.

决定第二次世界大战后果,以及塑造第二次世界大战后的世界(秩序)的关键角色。[①] 例如,美国一国占世界 GDP 总量的比例高达 25%,即便到 2010 年也高达 23.6%;基于以自身在当代国际体系实力结构中的支配地位,美国着手设计并建立了第二次世界大战后的国际制度,其中最重要的制度性安排包括政治安全领域的联合国、军事领域的北大西洋公约组织(由美国人出任北约盟军司令)、货币金融领域的国际货币基金组织(美国在其中拥有超过 15%可否决任何重大决议的投票权;"双挂钩"政策——美元与黄金和世界其他主要货币之间的"双挂钩";有欧洲人担任国际货币基金总裁)和世界银行(前身为国际复兴开发银行;由美国人担任世行行长)、贸易领域的关税及贸易总协定(后演变为现存的世界贸易组织;GATT 包含歧视性条款,其中包括反对那些与西方国家拥有不同社会经济制度国家的歧视性条款)。

理念包括四种类型:意识形态或共有的信仰体系、规范性(或原则性)信仰、因果信仰、政策处方。[②] 作为物质性权力结构的实力结构,它决定具体的非物质性制度结构的形成过程和最终状态,而非物质性观念结构则具体体现在制度结构之中;制度结构虽然是由实力结构决定的,但其合法性乃建立在观念结构的基础上;观念结构则决定实力结构的有效程度和制度结构的正当性。在国际体系变迁中,一方面,实力结构最易发生变化,其次是制度结构变化,最后是观念结构变化;另一方面,观念结构持续时间最长,制度结构次之,实力结构最短。第二次世界大战期间/和之后的上述一系列制度性安排之所以能够付诸实施,从理念结构看,是因为美国"说服许多国家领导人参加到新自由世界秩序中来的能力,有赖于那些领导人对美国以及美国有意愿保证其安全的信任"。[③] 这种实力结构、制度结构和理念结构三者相互之间的辩证关系,再明显不过地在此得到了体现:首先,无论是美国有说服他国参加到新世界秩序中来的能力,还是有意愿保证他国安全的能力,都

① Thomas D. Lairson, David Skidmore. International Political Economy: the Struggle for Power and Wealth[M]. Peking University, 2004: 95.

② Robert Jackson and Georg Sørensen. Introduction to International Relations: Theories and Approaches[M]. Oxford University Press, 2007: 167.

③ homas D. Lairson, David Skidmore. International Political Economy: the Struggle for Power and Wealth[M]. Peking University, 2004: 78.

是以美国实力为基础的，从而决定了新世界秩序的过程和结果；其次，新世界秩序——其载体是第二次世界大战期间/和之后一系列的国际制度安排——从根本上来说，乃是以美国为主的当代西方主流观念（价值）——自由主义——的体现；最后，自由主义观念规定了战后建立在美国/西方实力基础上的全球性/区域性制度安排的合法性。

具体而言，纵观整个冷战时期，在塑造国际体系实力结构、制度结构和理念结构上，美苏两国都进行了不遗余力的殊死斗争。在实力结构方面，由于在20世纪50—70年代战略能力“侧重于国家执行军事战略、尤其是核战略的能力”，①因此当时的战略核武器基本为美苏两国所拥有这一事实，最能够体现战前与战后国际体系实力结构的变化；在制度结构和理念结构方面，如果说第二次世界大战前像德国这样的法西斯力量、苏联这样的社会主义力量、以及美国这样的西方新贵崛起导致一战后以国联——其建立的指导观念是西方的自由民主思想——为代表的国际体系制度性安排分崩离析，那么第二次世界大战结束之后的斗争焦点，则是对战时由美国总统罗斯福主导的有关战后世界秩序——一系列的制度性安排——设计的支持与否或另起炉灶。毋庸置疑，罗斯福有关战后国际体系制度性安排的指导理念，是基于美国所信奉的西方自由民主思想，而这与苏联的主流理念——共产主义意识形态是其集中体现——格格不入。基于此，战后国际体系权力——实力、制度和理念——结构形成过程中美苏之间全面性竞争关系的现实，势必导致战后美国国家安全战略发生质的变化。

冷战的结束意味着国际体系权力结构的全面变化。时任美国总统乔治.H.W.布什即认为，美国有“极佳机遇”来将“冷战时期美国领导的‘自由世界’扩大为美国要领导‘整个世界’”；弗兰西斯·福山(Francis Fukuyama)则于1989年在美国保守派刊物《国家利益》上提出了风靡一时的“历史终结论”——历史的发展只有市场经济和西方民主政治一条途径。回望冷战结束后的两个十年，今天人们已经有充足的理由来对冷战后的国际体系权力结构塑造进行更充分、更客观的讨论。从实力结构看，由于21世纪的战略能

① 杨毅.浅析美国国家安全战略报告[J].国际展望，2010(4)：83.

力在横向上已"不再局限于相对比较狭窄的军事领域",在纵向上已延伸为"更为立体、多元的国家安全以及国家整体发展层次",[①]因此冷战后国际体系实力结构的塑造,远远不是美国一家能够完成的。例如,早在2004年,美国弗吉尼亚大学政治学系教授布兰特利·沃马克(Brantly Womack)就指出,美国在政治、安全、军事、经济和媒体等方面都存在诸多局限。[②] 也有中国学者在2005年指出:"美国越是倾向于依靠其军事优势来构建和维持它的新世界秩序,就越是暴露出其在全球政治经济主导地位和影响力不断下降的客观事实。"[③]从制度结构看,二战后建立的制度结构并没有实质性的变化,冷战结束后的制度结构变化,更多地表现为对现存制度结构的调适[④]而非另起炉灶——尤其是在2008年金融危机发生之后。因此,总体上维持现存国际体系制度结构是符合美国的国家安全战略利益的。从理念结构看,冷战结束以来的观念建构/冲突表现为:"自由世界"扩大论、历史终结论、以美国为首的西方世界与伊斯兰世界的观念冲突、"北京共识"对以自由主义为理念基础的"华盛顿共识"的构成挑战、[⑤]基于人权理念人道主义干预与基于主权原则的不干涉内政之争等。

---

① 杨毅.浅析美国国家安全战略报告[J].国际展望,2010(4):85.

② 布兰特利·沃马克.美国实力的现实与局限[J].吉林大学社会科学学报,2004(1):26-30.

③ 孙建杭.重新认识美国的优势地位——写在伊拉克战争结束两周年之际[J].理论前沿,2005(11):28.

④ 例如,万国华在1999年指出:"从法律机制上看,(IMF)主要存在宗旨范围过窄和条款过软、IMF行动干预权与成员国金融主权有待协调、IMF与区域或全球性货币合作有待加强、决策机制存在缺陷以及透明度不高和缺乏对对冲基金监管等五大问题。"万国华.从亚洲金融危机看IMF法律机制亟待改革的几个重要问题[J].南开学报(哲社版).1999(2):9.李本在2010年指出:"全球性的金融危机折射国际货币基金组织的危机,不公平的份额制和投票权制是其陷入困境的肇端。只有IMF真正实质性改革其份额制和投票权制,IMF才堪承负稳定国际金融秩序的重任。"李本.国际货币基金组织份额制改革与中国的进路分析[J].法学论坛.2010(2):86.

⑤ 例如,熊玠在2009年指出:2008年在美国引发的金融海啸,其诸多启示可以帮助我们更深层地了解国际关系(特别是金融市场治理)的运作与理论。譬如,为何尽管有国际货币基金组织与《巴塞尔协议》之设立,却并未能防止另一次世界经济危机的重演。作者在探讨金融海啸爆发的原因时,除了分析常规未能预见的变量以外,还论及西方经济学家与政府领导人过分信赖自由经济有其自我调节之本事,因而忽视了监管之重要性。如果自由经济没有适当监管,那么它就会沦为放任经济,以至最后失控。相反,中国的改革开放模式在中国经济发展的进程中却能取得惊人成效,其原因就在于利用市场的同时也发挥了生产与潜在的积极性,并兼顾监管与宏观调控之作用。因此,西方(包括美国与欧洲)已有人号召西方今后应学习政府干预经济的"中国模式"。熊玠.金融海啸对国际关系理论的启示——兼论对中美关系的新认识[J].世界经济与政治.2009(10):59.

但无论如何，进入21世纪以来、尤其是2008年爆发国际金融危机以来，如果不是根本性的变化，现存国际体系（结构）也至少是正经历持续而深刻的变化。变化首先发生在国际体系实力结构方面。根据世界银行2012年的数据，由于“新兴国家”或金砖国家占有世界GDP的五分之一，以及拥有世界50%的人口，因此有助于他们在平衡与世界最富裕国家的权力关系中起到关键作用，尤其是通过20国集团来做到这一点。[①] 而在2014年，世界上前两大经济体——美国和中国——所占世界GDP的份额分别为22.2%和13.4%。另外一个说明当代国际体系实力结构变化的例子是中日两国在亚洲基础设施——尤其是高铁——建设方面的地位变化，这令人禁不住想起19世纪末英法两国在铁路建设方面的地位变化。[②] 随之而来的是国际体系制度结构的变化——日本神户大学有位名叫蓑原俊洋（Tosh Minohara）的学者认为，东亚地区出现了地缘战略朝新地区秩序的变化、他甚至描绘了一个可能出现的中国治下的世界（Pax Sinica）。这些变化反映了中国在多条战线加快步伐平衡地区秩序、并最终平衡全球秩序的努力，途径是经由和平外交来建立像金砖国家、“一带一路”这样的合作平台，以及亚洲倡议建立像亚洲基础设施投资银行、丝路基金、金砖国家开发银行之类的新经济治理结构。随着国际体系实力结构和制度结构正在或已经发生变化，国际体系理念结构也在发生变化。这种变化表现在两个方面：一方面，像中国这样的新兴国家有意愿推出一系列新概念，如有别于西方话语世界中“国际社会”概念的“人类命运共同体”理念；另一方面，像斯坦福大学弗朗西斯·福山教授这样的西方精英人士则在担心，由于存在国家、法治和政府责任制度之间的关系失衡，或者更具体地说，由于美国法治正面临导致政府治理失效的拘泥

---

① See Rosana Pinheiro-Machado. China, the BRICS and the G20: New Configurations of Power in the International System[M]//Catrina Schläger, Chen Dongxiao. China and the G20. Shanghai People's Publishing House, 2015: 269.

② Geoffrey L. Herrera. Technology and International Transformation: the railroad, the atom bomb, and the politics of technological change[M]. State University of New York Press, 2006: 63-65.

于法律细节的危险，美国可能正在发生政治衰败。①

三、当代国际体系结构变化与"一带一路"倡议的提出

(一) "一带一路"倡议的提出和内涵

在"一带一路"倡议提出之前，中国国内曾出现过有关"西进"倡议还是"南进"倡议的争论。引用最为广泛的观点是北京大学学者王辑思教授的"西进论"。面对美国的亚太再平衡政策，王辑思教授在2012年初提出中国可采取"西进"战略的倡议。② 与此同时，包括前海军少将杨毅在内的其他学者则主张中国应在稳住其他三面的基础上向南拓展，因而可理解为集中关注"南进"的战略倡议。③ 由此观之，这是"一带一路"倡议的雏形。

"一带一路"倡议的提出，直接原因是2008年爆发的金融(经济)危机，因为从总体上来说，这场危机标志着西方与非西方之间尤其是美国与中国之间世界经济关系的再平衡。这一危机意味着，中国自从1980年代采取改革开放政策以来，以劳动密集型和出口导向为特点的经济发展模式不再能够持续。原因在于，一方面，作为中国最大的海外市场，美国不再能够维持其先前的消费模式，其结果是美国将放弃以中国生产、美国消费的生产-消费模式；事实上，奥巴马政府也已开始采取"再工业化"政策，尽管其效果至今依然不明显。另一方面，由于自20世纪80年代以来累积的资本和生产产能过剩、房地产过热也已成为中国经济的一大麻烦。从这种意义上说，中国提出"一带一路"倡议因而是可以理解的。④

2013年习近平总书记访问哈萨克斯坦与印尼时提出了"一带一路"的战

① 曾几何时，福山教授在冷战结束之际曾是一位"历史终结"论者，相关观点见 Francis Fukuyama. The End of History? [J]. The National Interest. 1989; Francis Fukuyama. The End of History and the Last Man[M]. Free Press, 1992.

② 王缉思."西进"，中国地缘战略的再平衡[EB/OL].[2012-10-17]. http://opinion.huanqiu.com/opinion_world/2012-10/3193760.html.

③ 港媒.中国大战略选择有分歧面临南进与西进之争[EB/OL].[2012-11-05]. http://club.china.com/data/thread/1011/2748/87/77/7_1.html.

④ 林坤达.一带一路与中国国际关系[R].美国卡特中心中国项目——西安交通大学和平与发展研究所，2015，1(2)：5.

略构想,在此之后受到了国家各阶层不同程度的重视,在现今的国家战略中具有重要的作用。“一带一路”即“丝绸之路经济带”和“21世纪海上丝绸之路”,具体而言,包括五方面的内容:“政策沟通、贸易畅通、设施联通、资金融通、民心相通”;其目标是建成三个“共同体”——亚洲命运共同体、亚洲利益共同体和亚洲责任共同体。“一带一路”贯穿欧亚大陆,俄罗斯、东欧、中亚均为“一带一路”沿线国家和地区,是“一带一路”倡议得以具体落实的关键性因素。具体内容如下。

第一,政策沟通是共建“一带一路”的重要保证。“一带一路”建设与国内建设最大的不同之处是,每个国家在相关问题上都可能有不同政策,甚至技术标准、质量标准等各异。这就首先要通过沟通,达成相关项目的政策共识。在沟通中,既要利用好积极因素,又要设法化解消极因素,以便形成合作的最大公约数,求同存异,为项目建设开启绿灯。

第二,设施联通是共建“一带一路”优先领域。这里所说的设施指的是基础设施建设,不仅指交通设施,还包括油气管道、输电网、跨境光缆建设等,但重点是交通设施建设。俗话说:“要致富,先修路”或者“先修路,后致富”。因为“一带一路”沿线国家在交通设施领域普遍欠发达,并且高山、沙漠、河流不时阻隔交通,给货物和人员交流带来不便。

第三,贸易畅通是共建“一带一路”的重点内容。近年来,中国与沿线国家之间的贸易有了长足发展,但各种贸易壁垒仍不便于扩大交往。因此,需要使贸易、投资和人员往来便利化,加强信息交换、海关、认证等方面的合作来拓宽贸易和投资。

第四,资金融通是共建“一带一路”的重要支撑。“一带一路”建设需要上千亿甚至上万亿美元的资金,任何一国都无力承担这样的巨额费用,只能通过市场运作来筹集资金。一方面,要充分发挥设立的丝路基金的作用;另一方面,要充分发挥各国融资的作用。此外,还要充分发挥各国民间资本进入,引导商业股权投资基金和社会资金参与共建“一带一路”。各国可通过本币互换等方式来降低成本。

第五,民心相通是“一带一路”建设的社会根基。不言而喻,跨越各国的“世纪工程”若能获得沿线国家民众的广泛支持,将会顺利得多,反之,则寸步难行。所以,必须通过传承和弘扬古"丝绸之路"友好精神,开展广泛的人文交流,加强媒体合作、旅游合作等多种方式,来增进彼此合作和理解,以共同推进"一带一路"建设。①

由此,进而打造三个共同体:即坚持共同发展的大方向,结成亚洲利益共同体;构建融合发展的大格局,形成亚洲命运共同体;维护和平发展的大环境,打造亚洲责任共同体。

(二)当代国际体系结构变化及其影响评估

西方世界曾普遍认为,冷战的结束意味着世界将朝西方进一步支配、非西方进一步从属,美国进一步称霸、他国进一步趋从的"历史终结"方向发展。但随着国际体系结构在21世纪发生重大变化,国际体系开始呈现出西方与非西方之间关系回归平衡的特点。

具体而言,国际体系中西方与非西方之间关系回归平衡,体现在国际体系结构的三个维度上。

第一,国际体系结构的实力维度。由于冷战后非西方世界的群体性崛起,过去数百年里,西方世界与非西方世界在国际体系结构中的实力对比,正由原先完全失衡的西方处于优势的状态,开始出现二者间关系趋于回归平衡的变化。例如,西方世界与非西方世界在全球经济中的占比,已经开始朝1800年的状态回归。

第二,国际体系结构中的制度维度。随着国际体系结构在实力维度上西方与非西方间关系回归平衡,国际体系中无论是议程设置还是制度建设/倡议,也从原先完全由西方(尤其是第二次世界大战后的美国)主导,开始出现西方世界与非西方世界各自/或共同提出/参与制度建设/倡议的变化。例如,G20参与的普遍性和合法性,都是G7/G8不能望其项背的。

第三,国际体系结构中的理念维度。随着以上两个维度的变化,开始出现新自由主义——国际体系结构中一家独大的西方理念——遭受检视、并与非西方世界理念以及西方世界的非主流理念竞存的变化。例如,相较于

① "一带一路"内涵丰厚、意义深远[EB/OL].[2015-3-29].新华网,http://news.xinhuanet.com/world/2015-03/29/c_127632204.htm.

蕴含排他性的“国际社会”理念,以包容性为特点的人类命运共同体理念正为世界上越来越多的人所理解和接受。

正是在这样的背景下,中国推出了一系列新倡议和新理念。在国际体系中,中国与西方之间因此出现了一个双向、双重调适过程。以下分别对这两个方面进行讨论。在双向调适过程的第一阶段,面对西方国家提出的种种质疑——“中国是个威胁?”“中国是个负责任的大国?”“中国是负责任的利益相关者?”中国作出的往往是被动式、反应式的回应,认为自己依然是一个“发展中国家”,还有“数千万人生活在世界贫困线之下”。在双向调适过程的第二阶段,面对中国主动提出改革现有国际经济治理结构、面对以中国为代表的新兴国家要求在全球治理中起到更大作用、面对中国开始大规模向非洲投资以促进当地经济发展,西方国家开始将打破现状的“修正主义国家”“新殖民主义者”等帽子扣到中国头上。

这一调适过程有上述两个虽然明显不同却密切相关的阶段构成。从中我们可以发现,在第一个阶段中,中国需要成为适应者;相反,在第二阶段中,则需要西方付出更多努力成为适应者。目前看来,作为对国际体系结构变化的回应,中国的角色调适比较成功;相反,作为整体的西方,其角色调适则存在问题。例如,西方并没有对“一带一路”倡议或建立亚洲基础设施投资银行倡议作出整体的积极回应,而是“分裂”为两个不同群体,即欧洲国家普遍作出了积极反应,而美国和日本则不然。要而言之,如果说欧洲国家与中国基本上进行了正面的双向调适,那么美国和日本与中国进行的双向调适,则明显是消极的。

以上分析表明,中国与欧洲之间、中国与美日之间的双向调适存在明显温差。双方之间双向调适的顺利与否,究其根源,需要从心理和现实政治这一双重调适角度来进行解释。

我们先来看中国的情况。从心理角度看,作为主体的西方以及与之相对的非西方——其中也包括中国,他们一直以来都认为西方是当然的议程设定者、问题的制造者和解决者。曾几何时,随着当代国际体系结构发生重大变化,以及中国在其中地位的变化,世人开始把征询的目光投射到中国身上,以期求得解决问题之道。但是,我们并没有从心理上做好准备。因此,面对人们要求中国在全球治理结构中发挥应有作用时,我们才会不时出现欲迎还拒的心态。随着国际体系结构发生进一步变化,中国也在不断积累心理自信,从而拥有了一种舍我其谁的胸怀。“一带一路”倡议就是在这样的背景下提出的。从现实政治角度看,中国之所以在调适过程的第一阶段作出被动反应,乃是冷战结束之际国际体系结构完全由西方主导使然;而在第二阶段,国际体系结构出现的重大变化,中国具备了主动提出“一带一路”倡议的国际环境。如此,中国在与西方的双向调适过程中,发生了由被动到主动的质变。

接下来我们再来看西方的情况。西方与中国的双向调适顺利与否,也存在心理根源和现实政治根源。从心理方面看,西方一开始的心态是居高临下的,认为在“我”主导的现有国际体系结构中,中国应做的、能做的,理应只有配合。但国际体系结构的进一步变化,使得西方在与中国的双向调适过程中开始出现心理赤字,由此开始强化其防范中国、打压中国的心理。当然,在这方面,西方国家中的美日与欧洲国家之间存在一定心理温差。这在二者对建立亚投行和“一带一路”倡议的不同反应上表现得淋漓尽致。而二者之间的这种心理温差,又是源于现实政治。第二次世界大战结束以来,如果说欧洲国家更多是朝着成为现存国际体系中规范性权力的目标发展,那么美国作为第二次世界大战后的战胜国、尤其是冷战后的最大赢家,它最在意的乃是自己在现有/或变化中的国际体系结构中所处的顶端位置是否受到影响。日本的问题则是要固守自己在东亚区域国际体系结构中的顶端位置。这就是美日两国对“一带一路”倡议、建立亚投行等持拒斥立场的最终根源。

(三)“一带一路”倡议提出背景的国际体系结构变化分析

“一带一路”战略实施必然与世界局势的大环境紧密相依,因此我们重点分析和评估当今世界大势的基本特点及其战略影响。第一,和平与发展依然是当今世界的主题。冷战结束以来,虽然体系霸权国美国穷兵黩武,但历史经验、现实政治、全球化深化等诸因素,使得世界和平与发展成为当今世界的不二选择主题。第二,世界继续朝多极化方向发展。伴随着冷战的结束,两极国际体系终结。在冷战结束至2000年代之初,世界虽呈单极独霸局面,但多极化步伐并未停止;2008年金融危机的爆发,使得国际体系多极化步伐加快。第三,世界权力正发生相对有利于非西方世界的变化。冷战结束以来,世界政治中予人印象最深刻的发展,是以中国为代表的非西方国家群体性崛起。由此导致西方世界在国际体系中的长期支配地位相对下降,以及非西方世界开始摆脱在国际体系中的从属地位。第四,国际体系正经历从发生重大变化到根本变化的过程。这种变化在三个维度上由浅入深展开:首先是国际体系实力结构上的变化,其次是国际体系制度结,最后才是观念结构的变化。

"一带一路"倡议是一项中国的中长期国家对外战略。换言之,中国国家对外战略在过去几年因此发生了较大程度的调整(充实、完善、转换)[①]。我们知道,国家对外战略受到包括国际环境在内的各种内外因素的影响,其中包括国家利益,国家实力,国际环境(如时代特征、国际格局、国际秩序和国际机制、地缘关系),国家战略文化和安全观等因素。在外部因素中,由于国际体系结构(变化)是国际环境的集中体现,因此,在影响国家对外战略调整的国际环境因素方面,国际体系结构成为需考虑的至关重要因素之一。

如上文所言,国际体系结构变化首先是实力结构的变化,由此引发制度结构(国际体系制度性安排)变化,进而导致国际体系理念结构变化(国际体系理念分布)。后两者的发生有赖于前者发生根本性变化,却是国际体系结构根本性变化的具体表现。

就实力结构变化中的经济因素变化而言,众所周知,国际关系中经济图景变化的影响决不仅限于经济本身。换言之,经济领域中所发生的变化,归根结底将对大国之间的地缘政治关系产生影响。2008年金融危机以来,由此导致美国在亚洲采取激烈措施来应对中国经济的崛起,其中包括在地缘政治领域中采取重返亚太/亚太再平衡战略、在南海采取次地区安全化措施、在地缘经济领域中采取TPP战略等。

作为应对,中国在国际体系制度结构和国际体系理念结构方面采取了相应措施,其中包括习近平在2014年亚信峰会前提出"亚洲是亚洲人的亚

① 有关战略调整的内容,参见杨毅.国家安全战略理论[R].北京:时事出版社,2008:227-260.

洲"观念、2016 年成立亚洲基础设施投资银行(AIIB)、2013 年提出并在随后推出"一带一路"倡议、建立人类命运共同体。

四、当代国际体系结构变化与"一带一路"倡议

从国际体系结构变化的角度观察,"一带一路"倡议具有复杂性的特点。一方面,由于国际体系结构正在发生变化,因此,经由"一带一路"倡议,中国将有机会和能力制定自设的发展议程,并使之付诸实施;另一方面,变化中的国际体系结构也可能成为中国实施"一带一路"倡议的障碍。我们不妨从以下七个方面来对此加以分析,可以发现其中所体现出的复杂性和二重性。①

(一) 国际体系结构变化与"一带一路"沿线国家基础设施建设

通过"一带一路"倡议,在国家基础设施建设过程中,沿线国家无论贫富,都将得到实质性的实惠和帮助。对于沿线基础设施条件差的国家来说,参与到"一带一路"倡议之中,将有助于他们的基础设施建设;对于沿线富裕国家来说,参与到"一带一路"倡议之中将得到长期性投资机会。但是,问题的复杂性在于,由于基础设施乃是具有战略价值的资产,因此中国需要花大力气来获得参与者的理解和支持。另一方面,更大的挑战也正是源于国际体系结构变化。因为国际体系结构变化,也即"一带一路"倡议提出的根源,也有可能导致沿线国家的战略迟疑。

例如,由于中印两国都试图加强与印度洋上的小岛国家之间的经济、贸易、基础设施建设项目与安全合作,因此出现了两国之间潜在的地缘政治竞争。加之印度与中国西部边疆省份相连,领土边界纷争多年未取得实质性进展,国境线划分迟迟未决,安全忧虑与政治猜疑相伴而存。其中缺乏政治互信的一个直接表现,是孟中印缅经济走廊(即 BCIM 倡议)的缓慢进展,该经济合作构想最早在 20 世纪末基于云南的战略意义被提出,2013 年中印联

① 说明:本报告第四部分(一)中有关印度、(二)中有关美国、(二)中有关俄罗斯应对"一带一路"倡议的例子,部分引用了同济大学政治与国际关系学院主要大国对"一带一路"倡议反应调研团队中张淏、张安妮、郭文静、张艳丽等人所写调研报告内容。——本研究报告作者注。

合声明特别提出要共同建设该走廊，但至今从未真正签署过政府间合作协议；甚至在2014年莫迪访美后，印美在共同声明中强调要“将经济合作的重点放在基础设施建设和资本市场方面”，并协商重启印美CEO论坛①。这显示印度似乎对美国的“新丝绸之路”计划更加偏爱。

（二）国际体系结构变化与“一带一路”倡议参与者

通过“一带一路”倡议，中国试图吸引那些（潜在的）利益攸关方——尤其是包括美国和日本在内的发达国家——参与其中。显而易见，这些国家的参与将带来“多赢”的效果，包括这些发达国家在内，因为他们可以因获得投资机会而获利。但是，国际体系结构变化，即“一带一路”倡议提出的根源，也有可能会成为发达国家——尤其是美国和日本——战略迟疑的根源。由于这些国家在现存国际体系中是巨大的既得利益者，例如在全球性国际金融制度安排（例如IMF）和区域性国际金融制度安排（如亚洲开发银行）中，因此他们都对像亚洲基础设施投资银行这样的新区域性/全球性金融制度安排持怀疑甚至反对态度。

具体而言，美国的世界霸主地位长期以来是以强大的军事实力为后盾，以“三金”——美金、黄金、黑金（石油）——为支撑。其中美金乃是实现美国金融霸权的主要手段。换言之，对于美国这个大部分工作人员所从事工作岗位都与金融相关的国家来说，与其他国家相比比较，凸显出其更多的是一个金融类的“空心产业”国家，其“实体产业”很多都已经外移到发展中国家。而美元这一自布雷顿森林体系以来对美国经济起到支撑作用的工具，对美国来说可谓至关重要。在美国看来，近年来，包括“一带一路”在内由中国提出来的种种制度性安排倡议，都是对现存国际制度安排和美国“金融霸权梦”的挑战。美国认为，“一带一路”的实现势必加强中国与周边国家之间的关系，并且中国庞大的资金也对这些周边国家有着强烈的诱惑力；随着中国与“一带一路”沿线国家经济上的联系加强，产生地缘政治影响只是时间问题，而非可能性问题。对此，美国有着实实在在的紧迫感。

---

① Joint Statement during the Visit of Prime Minister (Narendra Modi) to USA, [BE/OL]. [2014-9-30]. http://wenku.baidu.com/link?url=Ogj_AWz9CPoDmiqj9JdRYSdEQTqbcmTqcAoZ4JztudCBPWmi-tgMZrYk8BuxOem3pUd6LShJIkbfHefDcrIOkVu67hBCK-sxuMKLfhlzNuu.

(三) 国际体系结构变化与“一带一路”倡议方中国的国家安全

通过“一带一路”倡议,中国试图改善海上安全环境和毗邻中亚的内陆安全环境。但与此同时,有些国家出于地缘政治考虑会对此不是很理解。由此,人们发现过去数年中美国在中国南海的安全化行为不断升级。因此,国际体系结构变化,也即“一带一路”倡议提出的根源,也会成为美国和日本与中国之间,以及某种程度上甚至有可能成为俄罗斯与中国之间进行战略竞争的根源。

历史地看,自冷战结束以来,俄罗斯对外战略发生过两次重大调整,前一次是20世纪90年代之前总体上朝西方“看”的发展战略调整。后一次是进入21世纪以来的俄罗斯“新亚太”战略,从而逐渐将俄罗斯国家发展战略转向亚太地区。后一次调整的原因在于:亚太地区不仅经济发展潜力巨大、经济发展迅速,而且亚太地区政治相对稳定。中国提出的“一带一路”倡议,其战略部署及其推进绕不开俄罗斯,因为俄罗斯处于新丝绸之路经济带北线的核心地带,是连接东西方的纽带。在“丝绸之路经济带”提出后,俄罗斯对中国“一带一路”战略构想的态度发生了不同等级的变化,总体上经历了从质疑到小心谨慎接受再到肯定和支持的过程。① 究其原因,乃是因为此前美国在提出“新丝绸之路计划”时怀有强烈的地缘政治目的,企图通过这项计划把中亚和南高加索拉向欧美一方,并且把中国和俄罗斯挤出中亚。因此,《俄罗斯与中国》杂志主编 B. 别列日内赫(B. Бережных)才会质疑道:“又一个‘丝绸之路’,也是反对俄罗斯的吗?”②虽然通过中国对俄罗斯进行大量增信释疑的工作,并使得俄罗斯认识到,出于国家战略利益的综合考量,在充分理解“一带一路”内涵的基础上,俄罗斯必须加强与中国的合作,实现在东亚以及相关地区的合作共赢的战略目标。结果,当2014年5月俄罗斯总统普京访华时,与中国国家主席习近平签署了《中华人民共和国与俄罗斯联邦关于全面战略协作伙伴关系新阶段的联合声明》,其中明确宣布俄

---

① 展妍男.俄罗斯学界对中国“丝绸之路经济带”构想的认知和评论[J].俄罗斯学刊,2015(4):84-91.

② Бережных В. Место России в Великом шелковом пути, http://www.ruchina.org/china-article/china/340.html. 5.05.2016.

罗斯支持"一带一路"建设。双方并有意愿作出努力,共同推进"一带一路"与"欧亚联盟"之间的对接。俄罗斯希望双方在互利共赢基础上,通过平等合作和政治经济往来,保存自己在中亚地区的影响力。①

(四) 国际体系结构变化与"一带一路"沿线区域主义发展

通过"一带一路"倡议,中国试图进一步推动亚洲区域主义的发展。在过去的20年里,虽然历史问题和现实海洋争端导致了东亚安全困境进一步激化,从而使得东亚区域主义只能"瘸腿"踉跄前行,但经济区域主义(如东盟+3、东北亚自由贸易协定)还是在迅速发展,其中中国的作用日益重要。但2008年金融危机后,奥巴马行政当局日益对中国采取地缘经济竞争的举措,其中最典型的就是排他性(或者说排除中国)的跨太平洋伙伴关系(TPP)谈判。由此观之,当前处于变化中的国际体系结构,也即"一带一路"倡议提出的根源,也可能阻碍东亚区域主义的进一步发展。

以越南为例,2015年初越南国家社会科学院设立的"一带一路"专项研究课题主持人冯氏蕙,在提交给6月11日在北京举行的"一带一路与亚洲合作共赢"国际研讨会论文中提出:中国实现"一带一路"战略除了需要面对来自国内的挑战外,还有来自国外的挑战,包括沿线国家发展水平存在差距因而可能引致的各种障碍,未得到美国、日本和印度等大国的认可,与一些国家在海洋和陆地边界上存在领土主权争议,受到恐怖主义、宗教极端势力的威胁和干扰等。现任中国研究所副所长黄世英博士则认为,如果不涉及领土主权问题,越南才有可能参与。虽然上述学者对"一带一路"倡议持相对谨慎积极的态度,而更多的越南学者和民众则对此并不了解,甚至有人持抵制观点。越南某著名国际问题专家就把"一带一路"倡议与中国的"海洋强国梦"联系起来,说这些都是中国的"霸权梦"。②

(五) 国际体系结构变化与"一带一路"倡议方(中国)海陆发展平衡

通过"一带一路"倡议,中国试图使沿海地区与内陆地区的发展保持平

① 张琳娜.俄罗斯智库评价"一带一路"战略[EB/OL].[2015-5-25].http://www.rmlt.com.cn/2015/0525/388056.shtml.

② 相关内容参见潘金娥.越南以疑虑眼光审视"一带一路"[J].社会观察,2015(12):16-17.

衡。但正如罗伯特·杰维斯(Robert Jervis)所认为的那样,从客观上来说,体系影响总是充满着复杂性[①]的,更不用说还有其他国家对“一带一路”倡议的主观评价也会有很大不同。结果,当前处于变化中的国际体系结构,也即“一带一路”倡议提出的根源,也可能带来始料不及的后果。例如,亚洲内陆地区人口构成的实质性变化。这表现在两个方面:一种担心是,通过“一带一路”建设,中国向中亚或者远东地区实现人口扩张;另一种担心则是,由于通过“一带一路”建设,沿线国家基础设施得到完善,实现与中国对接,因此像 2015 年发生在欧洲的难民潮,有可能会调转方向涌向中国新疆地区,从而导致人口构成的急剧变化。由于可能移入新疆的国际人口多可能来自中亚乃至中东地区,因此有可能给新疆地区的安全和稳定环境带来挑战。原因在于,这些可能移入的人口多为穆斯林,他们在文化宗教上与新疆地区的穆斯林族裔相同或相近。

(六) 国际体系结构变化与围绕“一带一路”的国际制度创新

通过“一带一路”倡议,中国试图建立起到补充作用的国际制度。当前变化中的国际体系结构,使得现存国际体系制度安排面临调适的压力。由此,不同国家对中国倡议的新国际制度建立(安排)反应不一,积极反应者包括英国在内的不少西方国家;消极反应者主要是美国和日本,他们认为亚洲基础设施投资银行是对亚洲开发银行和世界银行的威胁。结果,当前处于变化中的国际体系结构,也即“一带一路”倡议提出的根源,也可能成为抵制国际制度创新的根源。

以日本为例,针对 2014 年 11 月中国国家主席习近平在 APEC 会议上正式提出建设“一带一路”的构思,日本当时虽然主流媒体和政经杂志也分别做了报道和相关评论,但是总体在日本社会并没有成为热门话题。究其原因,第一,日本这两年关注的国际经济话题以是否参加美国主导的 TTP 为主,TTP 的加入对日本各个行业的影响深远而且是迫在眉睫的利益攸关话题。第二,相对“一带一路”的整体构思而言,对是否参加中国的亚投行的

① Robert Jervis. System Effects: Complexity in Political and Social Life[M]. Princeton University Pres, 1998.

决策更牵动日本朝野的神经。亚投行 AIIB 比起一带一路更受关注。中国的“一带一路”和亚投行被认为是中国主导的作为挑战美国主导的贸易圈 TTP 和金融秩序 IMF、ADB 的构思,在日美安保体制下,日本政界和舆论更倾向于冷处理。具体表现为,第一,政府和媒体的唱衰。总体上,日本政府和媒体对“一带一路”持怀疑态度的观点和评论,主要以唱衰为主,其中论调可分政治和技术层面。在政治层面强调国际地缘政治上的风险,从技术和经济效果上分析持怀疑态度。第二,企业界的观望和期待矛盾心理。相对政府和媒体的冷处理,产业界和经济团体虽然没有大规模动向,不过也开始关注和采取比较务实的态度。首先,对和中国的自贸区谈判和亚投行的态度,产业界一致保持和中国交换信息。而对“一带一路”的计划,基本上目前持观望态度,不贸然参与但乐观其成,并积极收集信息寻找日本企业的参与余地。①

(七) 国际体系结构变化与围绕“一带一路”的理念(创新)合法性

通过“一带一路”倡议,中国试图使得有别于西方的理念合法化。

变化中的国际体系理念结构,为有别于西方的叙述话语合法化铺平了道路。虽然中国模式的叙述首先源自西方——这也意味着西方在这方面的强大能力,但是这也使得西方在理念结构变化上对中国保持警惕,因为理念结构变化对国际体系转型有着根本性的影响。因此,当前处于变化中的国际体系结构,也即“一带一路”倡议提出的根源,也可能成为非西方世界使自身“叙述合法化”努力的障碍。在世界政治中,二元叙述是一种社会生活中的普遍性存在。无论从纵向的时间维度还是从横向的空间维度而言,有史以来,无论何处,二元叙述都是一种普遍性的客观存在。由于在人们的心目中都存有“对全部最美好的事物的追求”的思想,普世性意义叙述因而毫无疑问是一种普遍性的客观存在。以来自不同社会群体的甲和乙两位叙述者来说,他们二者在叙述的过程中,都会情不自禁地认为,自己的叙述所代表的,才是真正具有普世性意义的“人的完美理想”——这种现象是普遍性的

① 洪诗鸿. 日本对“一带一路”的反应[EB/OL]. [2015-12-27]. http://pit.ifeng.com/a/20151227/46850823_0.shtml.

客观存在。但另一方面,由于“我们能够(或者应该能够)从文化上将本地人与路过的旅者区分开来的想法依然是一个重要的目标——而这并不是一种仅仅局限于学术界的想法,”[①]因此他者性意义叙述同样也是一种普遍性的客观存在。特定条件下所形成的特定社会群体的叙述,从根本上来说,一开始都是他者性意义叙述。仍以来自不同社会群体的甲和乙两位叙述者为例,来自一群体的甲和来自另一群体的乙,他们在进行叙述时,总是以各自的“生活方式”进行着自己的叙述,因而他们的叙述毫无疑问首先都是一种他者性意义叙述。由此观之,任何一种叙述似乎有可能同时既可以是普世性意义叙述,也可以是他者性意义叙述,就像迈克尔·沃尔泽(Michael Walzer)在谈论道德时曾经说过的那样:“我要支持政治的差异性,而与此同时要对某种类型的普世主义进行描述和辩护。”[②][③]

五、结　语

以上研究表明,国际体系结构变化,为中国与“一带一路”沿线国家之间的合作既提供了机遇,又带来了挑战。

存在的合作机遇表现在两个方面。

第一是合作基础。其中包括三个方面:其一,中国与沿线国家之间的政治和经济关系。由于中国坚持和平与发展的对外战略,因此不仅同沿线国家之间建立了相互信任的政治关系,而且同他们建立了广泛的经济和贸易联系。其二,中国提出“一带一路”倡议的物质基础。改革开放以来,中国积累了相对雄厚的物质基础;在此基础上,中国适时提出了包含“五通”内容的“一带一路”倡议。其三,“一带一路”倡议反映了中国与沿线国家之间的相

① Julie Reeves. Culture and International Relations: narratives, natives and tourists[M]. Routledge, 2004: 11.

② Michael Walzer. Thick And Thin: moral argument at home and abroad[M]. University of Notre Dame Press, 2007: x.

③ 说明:本报告第四部分(一)中有关印度、(二)中有关美国、(二)中有关俄罗斯应对“一带一路”倡议的例子,部分引用了同济大学政治与国际关系学院主要大国对“一带一路”倡议反应调研团队中张淏、张安妮、郭文静、张艳丽等人所写调研报告内容。——本研究报告作者注。

互需求。处于“新常态”下的中国经济，可以通过“一带一路”倡议有效推进中国的“走出去”战略；而沿线国家则可通过不同程度、不同角度参与“一带一路”倡议，或实现投资和贸易增长、或加快自己的基础设施建设。

第二是合作进展。其中包括三个方面：其一，中国对“一带一路”倡议的推进。自 2014 年“一带一路”倡议提出以来，中国无论是在政治层面还是经济层面，都在大力推进“一带一路”倡议的实施。其二，沿线国家对“一带一路”倡议的反应。中国提出的“一带一路”沿线国家达 65 个。这一数字本身既说明了沿线国家对此倡议的积极反应和期待。其三，“一带一路”倡议的实际进展。作为一项宏观战略，“一带一路”倡议目前已由“倡议”阶段进入实施阶段，具体表现为中国与沿线国家之间正在开展的多层次、多领域合作项目。

带来的挑战表现在三个方面。第一是地缘政治挑战。虽然“一带一路”倡议是一项经济议程，但在政治世界中，经济倡议（战略）最终必然会对政治产生影响。由此，“一带一路”倡议（潜在）的地缘政治影响，不仅是区域性的、甚至有可能是全球性的。第二是制度性挑战。如果“一带一路”倡议得以顺利推进，其首先带来的是国际体系中有形物质性实力变化，由此必然影响到国际体系现有（区域的乃至全球的）制度安排。第三是理念性挑战。随着“一带一路”倡议导致的物质性实力结构和非/半物质性制度结构变化，无形的非物质性（区域的乃至全球的）理念分布也将受到影响。

为了抓住合作机遇和应对上述挑战，从国际体系结构变化视角看，中国首先需加强做的工作，是推动中国与“一带一路”沿线国家之间的双多边制度安排。当今时代正经历五百年未有之大变局，既有国际秩序正经历重大乃至根本性变化，从而使现存国际秩序中的既有（双多边）制度面临重组和更新。由此可以说，“一带一路”倡议中天然就包含了双多边制度建设议程。而这些制度建设，又是与国内的相关制度创新息息相关的。因此，在“一带一路”软环境建设的顶层设计中，必须把双多边制度建设考虑在内。

双多边制度安排主要包括制度建设和应对挑战两个方面。

首先，在“一带一路”倡议推进中推动双多边制度建设。在“一带一路”倡议推进过程中，制度建设内容包括三个方面：其一，国内制度创新。很难想象国际制度建设的推动国,在缺乏国内制度创新的前提下,有能力去推进国际双多边制度建设。其二,国际双边制度建设。在全球化时代,创新性国内制度可首先外化于国际双边制度建设之中。其三,国际多边制度建设。相较于国际双边制度建设,国际多边制度难度更大、也更复杂。原因是不言而喻的,即在国际制度建设中,涉及方越多,利益关联越复杂,因而难度会更大。

其次,“一带一路”倡议推进中的双多边制度建设挑战。虽然现存国际体系正经历重大变化,但根本变化还有待发生。这一现实注定了“一带一路”的倡议推进面临双多边制度建设的巨大挑战。

当然,以上双多边制度建设议程,是在国际体系实力结构变化的基础上提出的。同样地,双多边制度建设的成功推进,势必将对现有国际体系理念结构的变化产生重大影响。

参考文献

[1] 王义桅. 一带一路”:机遇与挑战[M]. 北京:人民出版社,2015.

[2] 胡键. 一带一路:战略构想及其实践研究[M]. 北京:时事出版社,2016.

[3] 中国现代国际关系研究院. “一带一路”读本[M]. 北京:时事出版社,2015.

[4] 杨善民. “一带一路”环球行动报告(2015)[R]. 北京:社会科学文献出版社,2015.

[5] 林坤达. 一带一路与中国国际关系》研究报告[R]. 西安:美国卡特中心中国项目-西安交通大学和平与发展研究所,2015,1(2).

[6] 中国人民大学重阳金融研究院. “一带一路”:国际贸易支点城市研究[M]. 北京:中信出版集团,2015.

[7] 高柏等. 高铁与中国21世纪大战略[M]. 北京:社会科学文献出版社,2012.

[8] 吴宏伟. 新丝路与中亚:中亚民族传统社会结构与传统文化[M]. 北京:社会科学文献出版社,2015.

[9] Rosana Pinheiro-Machado. China, the BRICS and the G20: New Configurations of Power in the International System[M]//Catrina Schläger, Chen Dongxiao. China and the G20. Shanghai People's Publishing House, 2015.

[10] “一带一路”内涵丰厚、意义深远[EB/OL]. [2015-3-29]. 新华网, http://news.xinhuanet.com/world/2015-03/29/c_127632204.htm.

[11] 展妍男. 俄罗斯学界对中国"丝绸之路经济带"构想的认知和评论[J]. 俄罗斯学刊,2015(4):84-91.

[12] 张琳娜. 俄罗斯智库评价"一带一路"战略[EB/OL]. [2015-05-25]. http://www.rmlt.com.cn/2015/0525/388056.shtml.

[13] 潘金娥. 越南以疑虑眼光审视"一带一路"[J]. 社会观察,2015(12):16-17.

[14] 洪诗鸿. 日本对"一带一路"的反应[EB/OL]. [2015-12-27]. 凤凰国际智库,http://pit.ifeng.com/a/20151227/46850823_0.shtml.

[15] Peter Morris. Power: A Philosophical Analysis[M]. (second edition), Manchester University Press, 2002.

[16] 秦亚青. 权力政治与结构选择——现实主义与新现实主义的评析[M]//秦亚青. 权力·制度·文化:国际关系理论与方法研究文集. 北京:北京大学出版社,2008:40.

[17] Thomas D. Lairson, David Skidmore. International Political Economy: the Struggle for Power and Wealth[M]. Peking University, 2004.

[18] Robert Jackson and Georg Sørensen. Introduction to International Relations: theories and approaches[M]. Oxford University Press, 2007.

[19] 杨毅. 浅析美国国家安全战略报告[J]. 国际展望,2010(4):18-22.

[20] 布兰特利·沃马克. 美国实力的现实与局限[J]. 吉林大学社会科学学报,2004(1):26-30.

[21] 孙建杭. 重新认识美国的优势地位——写在伊拉克战争结束两周年之际[J]. 理论前沿,2005(11):28.

[22] 杨毅. 国家安全战略理论[M]. 北京:时事出版社,2008.

[23] Joint Statement during the Visit of Prime Minister (Narendra Modi) to USA, [EB/OL]. [2014-9-30] http://wenku.baidu.com/link? url=Ogj_AWz9CPoDmiqj9JdRYSdEQTqbcmTqcAoZ4JztudCBPWmi-tgMZrYk8BuxOem3pUd6LShJIkbfHefDcrIOkVu67hBCK-sxuMKLfhlzNuu.

“一带一路”背景下中国与中东欧16国合作的长效化研究

杨 烨[1] 宋黎磊[2] 蒋一澄[3] 吕 蕊[4] 胡丽燕[5]

(1. 2. 3. 4. 同济大学政治与国际关系学院 5. 同济大学马克思主义学院)

【摘要】 本项目研究“一带一路”背景下中国与中东欧16国(“16+1”)合作的特征与长效化评析,“16+1合作”在建立和发展过程中具有明显特征:在中国的主导和推动下实现,同时也得到中东欧国家积极参与;在中国与中东欧16国发展双边关系的基础上设计和共同操作的多层次的多边关系的一种外交尝试;在建立初期无固定的长期设定,但是,其具体会晤、会议、论坛等合作方式都具有持续性,其长效化可以预期及得以持续。“16+1”合作经验对“一带一路”建设有如下借鉴。(1)两者之间存在密切的联系。诸多的相同点体现出“16+1合作”将被整合入“一带一路”这个更广阔的合作平台中。(2)“16+1合作”的持续性发展将面临诸多挑战。价值观差异导致中东欧国家对中国存在一定疑虑;欧洲国家对“16+1”合作的意图表示担心。(3)如何具体实现“16+1合作”与“一带一路”倡议的有效对接,关注两者之间的仿效性。

【关键词】 “一带一路” “16+1”合作 多层次多边合作方式的持续性

一、中国与中东欧国家合作机制的特征与长效化评析

2011年,温家宝在访问布达佩斯并参加首届中国和中东欧国家经贸论坛时提出,中国和中东欧国家应加强在贸易、投资、基础设施建设、金融合作

及人文交流等领域的合作。由此，“16+1”合作机制形成。在中国的主导和推动之下，中东欧国家积极参与，几年运作之后，中国与中东欧国家“16+1合作”机制取得了丰硕的发展成就。

(一)“16+1”合作机制目前所取得的主要发展成就

2012年，中国和中东欧国家领导人在波兰首都华沙举行了首轮会晤，温家宝总理正式提出“16+1合作”机制，宣布了12项合作举措。中方介绍了推进“100亿美元专项贷款”、设立“5亿美元中国-中东欧投资合作基金”、向中东欧国家派遣“贸易投资促进团”、组建“中国-中东欧交通网络建设专家咨询委员会”和中国企业与中东欧各国合建“经济技术园区”等举措的工作设想，公布了“中国-中东欧国家关系研究基金”实施方案。

“16+1合作”机制建立以来，取得了诸多成就。在贸易领域，2014年双方进出口总额首次突破600亿美元大关，中方从中东欧国家进口快速增长，增幅达38.9%。2003年至今，中国对中东欧国家投资从不足1亿美元增至50亿美元，中东欧国家对我国的投资由4.2亿美元增至12亿美元。

在金融合作方面，中方设立了100亿美元的专项贷款，涉及科技、教育、能源、基础设施建设和金融领域。截至2015年6月末，工商银行、中国银行在波兰设立2家分行，中国银行在匈牙利设有1家子行1家分行。中东欧16国银行尚未在华设立机构。银监会与波兰、匈牙利、捷克、立陶宛等国监管机构分别签署了谅解备忘录。

在基础设施建设合作领域取得的成就颇为引人注目，一批桥梁、电站、高速公路项目进展顺利。2011年“渝新欧”铁路正式通车，全长11 179公里。2012年“汉新欧”铁路通车，2013年4月成都至波兰第二大城市罗兹的“蓉欧快铁”开通。2013年7月郑州至德国的“郑新欧”货运班列开通。2013年11月，中国、匈牙利与塞尔维亚宣布将合作建设匈塞铁路，2015年12月23日，匈塞铁路项目塞尔维亚段正式启动。首个利用中方优惠贷款实施的塞尔维亚贝尔格莱德跨多瑙河大桥项目已于2014年12月在李克强总理访塞期间竣工通车，塞尔维亚科斯托拉茨电站的一期项目大修也已经完工，二期项目签署贷款协议。塞尔维亚E763高速公路、马其顿两段高速公路以及首个使用中国-中东欧合作机制100亿美元专项贷款额度的波黑斯坦纳里火电站项目都已经开工建设。此外，葛洲坝公司通过国际招标中标波黑大型火电站建设项目、华电集团拿下罗马尼亚罗维纳里燃煤发电站项目，而中国广核集团(中广核)2015 年 11 月 9 日作为罗马尼亚有关当局“选定投资者”同罗方就切尔纳沃德核电站 3、4 号机组项目开发建设和运营签署了备忘录。

在政治合作领域，2012 年以来，中国与中东欧 16 国举行了四次国家领导人会晤，相继发表《布加勒斯特纲要》《贝尔格莱德纲要》和《苏州纲要》。中国与中东欧国家领导人的定期会晤增强了战略互信，确保了经贸、金融、基础设施建设合作的成功。2013 年 9 月，中国-中东欧国家合作秘书处正式成立，并且建立起中东欧国家协调员机制(协调员主要由中东欧国家驻华大使担任)。2015 年 11 月 24 日，在中国苏州举行的第四次领导人会晤中，“16＋1合作”机制被媒体称为“香饽饽”，不同国家的领导人争相希望主办中国-中东欧合作框架下的各领域会议论坛。还有区域外的国家也希望加入这一机制。这充分展现出“16＋1 合作”机制的活力、动力和向心力。

在取得上述成就的同时，也应该看到中国与中东欧国家的合作也存在着部分困难。比如，就中国通向中东欧国家的物流通道来说，部分中东欧国家各干线配套基础设施建设落后，标准不统一，车站、仓储、通信、供水及后勤保障系统都不健全，铁路复线率、电气化率等占铁路营业里程的比重与世界先进水平相比有较大差距，在一定程度上阻碍了中国与中东欧货物运输、储存、搬运等过程的机制化和自动化水平的提升。这应该成为今后中国与中东欧国家着力解决的重点。

(二) “16＋1 合作”机制建立和发展中的基本特征

“16＋1 合作”机制在创建和发展过程中，也体现出一些明显的特征，主要表现在下述三点。首先，“16＋1 合作”机制的创建是在中国的主导和推动下实现的，同时也得到了诸多中东欧国家的积极参与。其次，“16＋1 合作”机制是在中国与中东欧 16 国发展双边关系的基础上，设计和共同操作的多层次的多边关系的一种尝试。最后，“16＋1 合作”机制在建立初期尚无固定的长期设定，但是，其具体会晤、会议、论坛等合作方式都具有持续性，尤其是在 2015 年 12 月达成的《中期发展规划》更是表明，“16＋1 合作”机制的长效化可以预期。

1. "16＋1合作"机制：由中国主导和推动，中东欧国家积极参与

欧债危机后，中国以中东欧16国作为重要的合作对象，并主动提出"16＋1合作"设想，主要考虑以下几个重要因素：①中国与中东欧16国的传统友谊是中国深入推进中欧关系的重要途径；②欧债危机冲击下，中东欧是中国顺利进入欧盟市场的重要桥头堡；③中东欧转型国家与中国经济结构转变及经济发展形成明显互补性；④既是中国与中东欧16国发展双边关系的一种形式，也是中国与欧盟合作深化发展的组成部分。

中国与中东欧国家多层次多边合作机制的形成及其运作过程中，充分体现出一个特征，即中国在"16＋1合作"机制中的主导和推动作用。这一特征具体表现在以下几点：①中国有创意地提出双方会晤、会议和论坛等合作方式的相关倡议；②中国在推进过程中的具体议程和操作方式的设计，主动与中东欧国家进行沟通与协商；③每一次重要会晤、会议和论坛，中国与中东欧国家共同努力，积极争取活动的成功举办。其中，中国的主导和推动作用，最有代表性地体现在中国与中东欧国家领导人会晤机制上。

中国-中东欧国家领导人会晤机制，17国领导人会晤每年举行一次，就双方加深合作的基本纲领奠定基调，为其他各类合作方式与合作路径提供设定与方案。第一次会晤：2012年4月，首次中国-中东欧国家领导人会晤在波兰华沙举行。在这次会晤中，温家宝总理宣布了促进与中东欧国家友好合作的12项举措，包括机制建设、经贸关系、投资合作、人文交流和学术研究五大方面。其中，设立总额100亿美元的专项贷款；中国-中东欧投资合作基金、中国与中东欧国家关系研究基金成为合作亮点。中国开启了与中东欧16国机制化合作的新篇章，中东欧16国的概念也由此正式形成。第二次会晤：2013年11月，中国-中东欧国家领导人会晤在罗马尼亚布加勒斯特举行。李克强总理出席会晤并提出"三大原则"和六点建议。发表《中国-中东欧国家合作布加勒斯特纲要》。中国-中东欧国家每年举行领导人会晤，梳理合作成果，规划合作方向。第三次会晤：2014年12月第三次中国-中东欧国家领导人会晤在塞尔维亚贝尔格莱德举行。这次会晤中，李克强总理代言中国装备、中国制造，介绍中国优势，推进双方合作。形成文件《中国-中东欧国家合作贝尔格莱德纲要》，从9个领域列出未来一年中国-中东欧合作

的计划。第四次会晤:2015 年 11 月,中国-中东欧国家领导人会晤在中国苏州举行。这是首次在中国举办中国-中东欧国家领导人会晤。这一次会晤,中国-中东欧国家领导人会晤不仅总结了"16+1 合作"机制的发展经验,并对今后的进一步推进做了展望,具有明确的主导性作用。会晤通过的《中国-中东欧国家合作中期规划》明确了 2015 年至 2020 年的工作方向和重点,推动"16+1 合作"提质增效。规划还指出,"16+1 合作"将努力推动重要的国别和区域项目。"16+1 合作"不替代现有双边合作机制或平台,二者相互补充、相互促进,加快提升中国同 16 国的双边关系水平和规模。

"16+1 合作"机制并不是中国单方面的愿望,在中国发出倡议并努力推动相关措施的同时,得到了中东欧国家的迅速回应和积极参与。确实,中国对中东欧地区的介入最初曾引起外部的忧虑。中国与中东欧 16 国的频繁交往引起与中东欧关系密切的利益相关方的忧虑,主要是美国和欧盟。欧盟的疑虑很大,欧盟机构以及部分成员国猜测中国试图"分裂欧洲"。特别是德国,中东欧国家已经与德国经济形成供应链,德国对中国的介入十分敏感和警惕。那么,中东欧 16 国为何接受"16+1 合作"? 主要源自以下几个因素。首先,国际金融危机与欧债危机爆发前,中东欧是欧洲经济增长最快的地区,多数国家的 GDP 年增长率达到 5%以上。自 2008 年金融危机爆发以来,欧盟国家自顾不暇,对中东欧的贸易和投资急剧减少,这令中东欧国家渴望通过中国-中东欧峰会等平台和契机,吸引来自东方的投资和项目。其次,是美国战略东移迫使中东欧国家做出加强对华关系的调整。使其在欧盟内倚重与美国紧密关系以加强自身地位的想法落空,中东欧国家在更加亲欧的同时开始寻求新的可借重的大国力量,最终选择了中国。此外,处于与欧债危机影响下的中东欧国家,日益看重新兴大国中国的力量,认为加强对华关系势在必行。波兰中国问题学者拉多斯拉夫·皮费尔指出,波兰没有别的选择,"如果中国继续向成为全球性力量迈进,中国的影响力终会到达中东欧……我们应提前应对"。匈牙利总理欧尔班指出,现在是"东风劲吹的时代",应大力推行"东方政策",着力加强对华关系。

2. "16+1 合作"机制:以双边为基础的多层次多边合作新模式

经过四年多的运作,"16+1 合作"机制的最新成果是,在苏州第四次会晤上发表两份重要文件,《中国-中东欧国家合作中期规划》和《中国-中东欧国家合作苏州纲要》。中国与中东欧国家领导人就加强互联互通、贸易投资、金融、农业、人文交流等领域合作进行顶层设计,为未来5年合作规划新蓝图。

自2001年"16+1合作"机制形成之后,在中国的主导和推动下,中东欧16国的积极参与,在双方努力下搭建起了多层次的多边合作机制。

第一,多层次多边合作平台上最为重要的是中国与中东欧16国领导人的正式会晤。从2012年至2015年,已经进行了四次正式会晤,为"16+1合作"机制奠定了多层次多边合作确定重要基调并奠定了重要基础。

第二,"16+1合作"机制的另一个重要方式是,中国-中东欧国家经贸论坛,经贸论坛是领导人会晤的重要组成部分。经贸论坛起步较早,在2011年就开始了,迄今已经举办了五次。2011年6月,第一届中国-中东欧国家经贸论坛,在匈牙利的布达佩斯举办;2012年4月,第二届中国-中东欧国家经贸论坛在波兰的华沙举办;2013年11月,第三届中国-中东欧国家经贸论坛在罗马尼亚的布加勒斯特举办;2014年12月,第四届中国-中东欧国家第四届经贸论坛在塞尔维亚的贝尔格莱德举办;2015年11月,第五届中国-中东欧国家经贸论坛在中国的苏州举办。

第三,"16+1合作"机制的第三个层次,就是中国与中东欧国家地方领导人会议,目前已经举办了三次。2013年7月在中国的重庆;2014年8月在捷克的布拉格;2016年6月在中国的唐山。

除了上述国家领导人会晤、经贸论坛和地方领导人会议之外,"16+1合作"机制还搭建了各类不同主题的合作方式和通道:例如农业经贸论坛、文化合作论坛、青年政治家论坛以及高级别智库研讨会等多层次、多边合作的广阔平台。中国-中东欧国家农业经贸论坛比上述其他途径的合作更早,自2006年至今每年一次,连续举办了十年。中国-中东欧国家文化合作论坛举办了两次,2013年5月,首届中国-中东欧国家文化合作论坛在中国北京举行;2015年11月,第二届中国-中东欧国家文化合作论坛在保加利亚的索非亚举行。中国-中东欧国家青年政治家论坛也举办了三次,2013年10月和2015年10月,都在中国北京举行。中国-中东欧国家高级别智库研讨会召开过四次,2013 年 12 月,在中国北京;2014 年 9 月,在斯洛文尼亚布莱德管理学院举行;2015 年 12 月合 2016 年 12 月,在中国北京举行。

此外,中国与中东欧国家在多层级、多边合作中,还包含一些重要的机构和办事处。2012 年 9 月 6 日,在北京成立中国-中东欧国家合作秘书处。其职责是负责中方机构的内部协调,开通中国与中东欧主管部门的协作,落实中国-中东欧国家合作成果,规划中国-中东欧国家未来合作重点方向和领域,组织推进各项合作。秘书处机构设在中国外交部。与此同时,2012 年 9 月 6 日,召开中国-中东欧国家协调员会议,到 2015 年 10 月已经先后举行了六次会议。2014 年 5 月 13 日,“中国-中东欧国家合作”官网正式启动,为中、英文双语网站,下设 9 个频道,30 余个栏目,以独家图、文、音视频资讯报道中国和中东欧 16 国政治、经济、人文等各领域交流与合作情况。网站将成为发布信息的平台、促进合作的桥梁、增进了解的渠道。部分中东欧国家建立专业秘书处或联合会。2014 年 10 月,中国-中东欧国家决定在保加利亚首都索非亚市建立农业合作促进联合会。2014 年 11 月 16 日,第二届中国-中东欧国家投资促进机构联系机制工作会议在波兰首华沙举行,成立中国-中东欧 16 国投资常设秘书处。

上述多层次的多边合作网络的建立,是在较短的几年时间内完成的。“16+1 合作”机制可以被看作是中国近年来推动多边外交的一种重要尝试。近年来,随着中国更深入、更广泛地融入国际社会,中国参与多边外交活动的深度和广度都有了显著加强。中国已成为多边外交机制和行动的主动参与者和积极倡导者。在“16+1 合作”机制形成之前,中国的多边外交努力主要从以下三个方面展开:①以地区组织或地区多边机制为框架,积极开展地区多边外交。②以联合国为中心,注重参与国际组织及国际机制的建设。除此之外,中国也进一步加强了在世界贸易组织等政府间组织和国际奥委会等非政府组织内的活动。③开展跨地域的南北对话和洲际合作也是开展多边外交的重要形式。中国参与八国集团和 8+5 对话会,在金砖组织中发挥作用,并且在围绕全球经济、气候变化及国际合作等重大问题积极行动,对中国积极参与多边主义和积极参与多边外交具有重要意义。

与中国近年来参与的多边外交有所不同的是,在“16+1 合作”机制的多边合作新模式中，中国在与中东欧关系的合作中努力开创的是在双边合作的基础上，打造一个中国与中东欧16国合作的多层次多边合作的大平台。这是中国在多边外交发展的一个具有创新的尝试。

3. "16+1合作"机制：合作方式的持续性与长效化趋势

"16+1合作"机制是一种具有持续性的对应性政策，其内在的长效化趋势是否存在？在"16+1合作"机制启动之初，国内有中东欧问题研究的著名学者认为，"16+1合作"机制看作是一种"务实性"政策。中国的"务实性"政策具体体现为旨在加深与中东欧国家的经济合作，寻找经济上的合作伙伴，并坚持以市场为导向的双赢合作模式，政治和战略合作排在其次。在欧元区债务危机的冲击下，中东欧国家对外部资源依赖加深，普遍采取了"向东开放"政策，积极吸引欧元区以外国家的投资。而中国具有丰盈的外汇储备，且"走出去"战略持续深入，使得双方加强合作变得可能。①

虽然，关于中国与中东欧在2011年以来加速发展的上述判断，具有一定的客观性。但是，"16+1合作"机制几年来的发展事实也从另一个侧面揭示，中国与中东欧国家"务实性"合作，从其发展过程来看具有较为明确的持续性。中国与中东欧16国国家领导人会晤、地方领导人会议，以及经贸论坛、文化合作论坛等的设定和实施都具有一定的连续性和持续性，有的是每年一次，最长间隔时间也是两年一次，而且将会长期持续下去。其中，中国与中东欧领导人会晤是每年一次，持续了四年；而农业经贸论坛持续时间最长，从2006年开始每年一次保持了十年之久。尤其是2015年1月在苏州国家领导人第四次会晤上发表的《中国-中东欧国家合作中期规划》，对中国与中东欧国家领导人就加强17国的经济合作进行顶层设计，为未来5年合作规划新蓝图。

中国与中东欧国家近几年来的紧密合作是一种"战略性机遇"吗？欧洲学者有他们自己的判断。中东欧智库有学者认为：中东欧国家向东方的投资者敞开了窗口，这种开放应视为是"窗口期"，即中东欧国家所选择的道路不会发生根本改变，仍会沿着欧洲化的大方向行进。因此，中东欧只是因为

① 刘作奎. 中国与中东欧合作：问题与对策[J]. 国际问题研究，2013(5)：73.

核心欧洲出现问题的情况下政策暂时调整而向中国提供了一个短暂的机遇,而不是中东欧国家进行重大战略调整而向中国呈现出的一种“战略机遇期”,中东欧对欧盟的结构性依赖没有改变,对中国的需求也是“应时性”的。[①]但是,在 2013 年习近平主席提出“一带一路”倡议之后,中东欧国家的重要地位变得十分突出。在“一带一路”60 多个沿线国家中,中东欧国家占四分之一,是全球新兴市场的重要板块,“一带一路”建设不仅拓宽了沿线国家的企业投资之路、贸易之路,也拓宽了中国与中东欧国家的文化之路和友谊之路。“一带一路”建设把中国和中东欧国家紧密联系起来:双方在交通、能源基础设施领域有着巨大的合作潜力。“一带一路”是当前全球聚焦的重要话题,不仅是中国构建全方位对外开放新格局、与各国分享中国改革开放成果的重大倡议,也是沿线国家共同推进经济全球化和一体化的重大机遇。

在“一带一路”倡议的背景下看,“16+1 合作”机制的长效化可以预期是十分明确的。作为“一带一路”的核心地区,中东欧 16 国如何对“一带一路”建设的全盘发展起到稳定和推进的作用。这是中国与中东欧国家关系发展中亟须回应的问题,也是确保“16+1 合作”框架稳定发展与长效化的一个重要探索路径。

二、部分中东欧国家与“一带一路”建设的合作现状及分析

“16+1 合作”机制和“一带一路”倡议在中东欧会实现怎样的碰撞?两者的关系是怎样的?如何实现“16+1 合作”机制同“一带一路”倡议以及同中东欧国家各自发展战略的有效对接?目前,中东欧国家中共有七个国家与中国签订了“一带一路”建设谅解备忘录。

匈牙利和罗马尼亚是中东欧国家中首批与中国政府签订“一带一路”建设的谅解备忘录的两个国家。2015 年 6 月,正在匈牙利进行正式访问的外

① Sarmiza Pencea, “Windows of Opportunity in China-CEE Economic Relations,” paper delivered to the meeting of China and Central and Eastern European Countries: Economic Cooperation and Outlook, Beijing, May 23, 2013.

交部长王毅在布达佩斯同匈牙利外交与对外经济部部长西亚尔托签署了《中华人民共和国政府和匈牙利政府关于共同推进丝绸之路经济带和21世纪海上丝绸之路建设的谅解备忘录》。这是中国同欧洲国家签署的第一个此类合作文件。之后，罗马尼亚经济部与中国商务部也签署了关于在两国经济联委会框架下推进“一带一路”建设的谅解备忘录，罗马尼亚成为首批与中国签署类似协议的第二个中东欧国家。

在匈牙利和罗马尼亚之后，又有五个中东欧国家也与中国签署了相关协议，这就是：波兰、捷克、塞尔维亚、保加利亚和斯洛伐克。2015年11月26日，中国国家主席习近平在北京人民大会堂会见来华出席第四次中国-中东欧国家领导人会晤的中东欧16国领导人。会见后，习近平和波兰总统杜达、捷克总理索博特卡、塞尔维亚总理武契奇、保加利亚总理博里索夫、斯洛伐克副总理瓦日尼见证了中国同五国分别签署政府间共同推进“一带一路”建设的谅解备忘录。

中东欧国家表示了积极参与“一带一路”建设的真诚愿望，而“一带一路”构想与中东欧地区不少国家的经济发展战略也有着很高的契合度。近年来，中东欧国家普遍面临经济结构调整和基础设施升级的强烈需求，而中国改革开放以来经济发展迅速，中国企业在基础设施建设方面拥有成熟的经验和技术，铁路、电力、港口、化工机械等装备质量上乘，性价比高，在国际市场上具有一定的竞争力。同时，中国还拥有充足的外汇储备。运用中国的资金，把中国装备制造与中东欧国家基础设施转型升级有效对接起来，既可以拉动中东欧国家经济增长，提高就业水平，又可以充分利用中国装备产能，提高装备的质量和服务水平。可以说，中国和中东欧国家加强合作是双方基于各自利益、各取所需的必然之举，双方合作完全可以实现互利共赢。

随着“一带一路”建设的推进，中国与中东欧国家企业交流与对接日益增多，贸易需求高涨。然而，一些中东欧国家政治法律环境不稳定、信息不对称、支付风险等问题阻滞了中东欧贸易和投资的深入开展。值得关注的是，在“一带一路”框架下中国与中东欧国家的合作，还存在一些潜在政治风险。

本项目在研究过程中，项目成员由于研究领域的限制，以及其他一些研究中的操作性因素限制,本研究主要就 16 个中东欧国家中的 8 个国家做了考察,得出相应分析和结论。这 8 个国家是维谢格拉德国家中的 3 个,波兰、匈牙利、捷克;黑海沿岸的罗马尼亚和保加利亚;波罗的海三国中的爱沙尼亚、拉脱维亚和立陶宛。

(一) 维谢格拉德三国:波兰、匈牙利、捷克

1. 波兰对"一带一路"倡议的积极参与

波兰是中东欧地区发展最快的国家之一,也是欧盟的第六大经济体,被认为是欧盟最有投资吸引力的经济体之一。它地理位置优越,位于欧洲中部,地处东西欧交汇处。很多从亚洲通往欧洲的主要铁路都经过波兰,其贸易贯穿于德国与俄罗斯。与其他四个维谢格拉德国家(波兰、捷克、匈牙利、斯洛伐克)一样都是欧盟成员国、北约成员国、申根国家等多重身份。

2011 年底,波兰与中国外交关系升级为"战略合作伙伴关系",双方交流逐渐增多。2012 年首届中国-中东欧国家领导人会晤在华沙举行,之后签订《基础设施领域合作协定》,2015 年在北京签署了《"一带一路"建设谅解备忘录》,与中国提议的"一带一路"倡议带来了更多的交流机会,波中不仅可以双边合作,还可提升到跨出国界、在沿线的第三国合作。2016 年 6 月 19 日习近平主席对波兰进行国事访问。这体现了中国对这个中东欧第一大经济体,中东欧第一大大贸易伙伴国的高度重视。

(1) 波兰成为中国在中东欧地区的最大贸易伙伴国

波兰位于中东欧的东北部,是中东欧地区规模最大的经济体以及消费市场。1989 年剧变后"休克疗法"导致经济一度下滑,1992 年经济止跌回升,成为中东欧地区经济发展最快的国家之一。波兰近 20 年的经济社会结构改革,使其整体经济状况表现良好,被认为是欧盟最有吸引力的经济体之一。其不断增长的中产消费群体,熟练及低成本的劳动力,位于主要欧洲市场的中心位置和即将到来的基础设施投资浪潮,波兰正吸引着全球投资者的强烈关注。《2014 全球营商环境报告》显示,波兰的营商环境在世界排第 45 名,比上一年前进了两名。

2009 年,受国际金融危机影响,波兰经济明显下滑,但仍好于欧盟多数国家,是欧盟内唯一实现正增长的国家。2010 年,经济继续增长,增幅为

3.8%，居欧盟前列；2011年，经济增长4.3%，公共债务占国内生产总值比重55%，远低于欧盟88%的平均水平。2013年，波兰的GDP总量为5 175.43亿美元，世界排名第24位，其经济实力在中东欧地区名列第一。[①] 联合国贸发会议2011年世界投资报告显示，全球最具投资吸引力的国家中，波兰位居第六。

波兰具有较好的工业基础和科技实力，如生物技术、信息通讯、矿山机械、食品贸易及页岩天然气开采等领域。波兰在生物技术和制药领域是欧洲最具发展潜力的市场之一，有超过140家制药公司，111家生物、医药领域科研机构，3 000名左右从事先进生物技术和分子生物研究的专家，就进行临床试验的研究中心数量列世界第10位。[②] 矿山机械制造业是波兰的支柱产业，长期以来保持世界领先的优势，比如Kopex，Fasing及Famur等大型企业。波兰是中东欧农业及食品生产及出口大国，中国是波兰在亚洲最大的出口对象国。根据中国驻波大使馆经商处的数据，2013年，以数量计，中国成为波兰猪肉最大进口国。2014年，波兰禽肉和乳制品对华出口额增长迅速，比2013年翻一番。[③]

虽然波兰为欧盟第六大经济体，银行业私有化基本完成，外资在银行资本中的占据较大比例。但仍要面对严重的失业率，其高达两位数、国内的通货膨胀，国内小企业面临国际大企业的竞争，基础设施落后等问题。

(2) “一带一路”平台上中波关系的新发展

在中国提出“一带一路”倡议后，波兰政府积极配合。在中东欧国家中，波兰是第一个以创始成员国身份申请加入亚洲基础设施投资银行的国家。由于地处欧洲中部的核心，是东西欧的交汇之地的“通过欧洲的门户”，其积极促成一系列与中国的物流运输合作。

在“一带一路”建设规划中，波兰是中欧陆路运输线上中国货物进入欧

① 中华人民共和国外交部，中国同波兰的关系，2016年7月15日，http://www.fmprc.gov.cn/web/ziliao_674904/zt_674979/ywzt_675099/zt2004_675921/hjtfawenoysiguobcxshezzztsgfh_675925/t6777.shtml.

② 杜雁芸，黄景皓. “一带一路”投资风险之波兰，中国网2015年6月2日，www.opinion.china.com.cn.

③ 新华网2015年4月14日，news.xinhuanet.com/world/2015-04/14/c_1114962219.htm.

洲的首个欧盟成员国。2011 年的“渝新欧”国际铁路大通道开通运营途径波兰;2013 年 4 月,蓉欧国际快速铁路货运直达班列,即“蓉欧快铁”开通运营,现已成为中国到欧洲最快的铁路货运固定班列,每 12 天有一列满载 41 集装箱的列车从中国成都出发,经哈萨克斯坦、俄罗斯、白俄罗斯抵达波兰第三大城市罗兹,列车运载的“中国制造”的商品,再从波兰转发到中东欧及西欧其他国家。波兰已日渐成为中欧贸易的物流中心和双方货物交流的中转站。中国的“一带一路”将为波兰建设中西欧交通运输中西提供助力,互利互赢的局面。

中波贸易往来中屡创“第一”,波兰是首个中国贸易额突破 100 亿美元的中东欧国家,自 2005 年以来中国在中东欧最大的贸易伙伴国。从 20 世纪 90 年代初中波贸易额开始逐年上升直到 2009 年受全球金融经济危机影响,双边贸易额有所下降外。2013 年中波贸易额为 148.17 亿美元,同比增长 10.7%。其中中国出口 125.78 亿美元,同比增长 1.5%,进口 22.39 亿美元,同比增长 12.1%。2014 年中波贸易额为 171.95 亿美元,同比增长 16.1%。其中中方出口 142.57 亿美元,同比增长 13.4%,进口 29.37 亿美元,同比增长31.5%。2015 年中波双边贸易额将达到 200 亿美元。[①]

中国在波兰投资增长迅速。波兰经济部数据显示,截至 2013 年底,波兰来自中国的直接投资没有超过 1 亿美元,在外国投资排行 15 名开外,甚至比不上韩国。截至 2015 年 7 月底,中国在波兰直接投资存量约为 2.86 亿美元,翻了一番。[②] 波兰在中国实际投资额约为 2.1 亿美元。[③] 受“一带一路”和“16+1 合作”吸引,越来越多的波兰企业开始将目光投向中国,不仅大企业,占波兰全国企业总数 99%的小企业也开始涉足中国市场。

(3) 中波合作机制的可持续性面临的若干挑战

波兰转型后经济发展良好,保持了 20 年的增长,波兰 2015 年 GDP 增长 3.5%,仅次于捷克。相较于中东欧维斯谢拉德其他国家,波兰投资环境相

---

① 杜雁芸,黄景皓.“一带一路”投资风险之波兰,中国网 2015 年 6 月 2 日,www.opinion.china.com.cn.

② 中华人民共和国外交部,中国对波兰投资,2016 年 7 月 15 日,http://www.mofcom.gov.cn.

③ 同上。

对比较稳定,但由于中波经济互补性不强与第三方因素影响较强等,波兰的投资风险与收益并存。在"一带一路"倡议平台中加强与中国在基础设施、运输物流、生物制药等多领域合作,推动多元发展和可持续性增长,中波合作机制的持续性依然面临以下几个挑战。

第一,中波经济互补性较弱。波兰前十大出口市场中九个是欧盟成员国,德国排第一,2014年中国为波兰第十九大出口市场,第三大进口来源地。尽管存在客观的地缘因素,中波经济依存度低,并且波兰与其他中东欧国家出口产品类似度高。

第二,波兰受第三方影响较大,尤其是美国与俄罗斯。冷战后波兰一直将美国视为重要的战略伙伴,将美国领导的北约作为其维护国家安全的保护伞。因此,容易受到美国对中国的认知和判断。与此同时,俄罗斯是中波合作的另一潜在第三方因素,由于历史积怨因素,波兰社会普遍存在防范俄罗斯的心理,波兰与俄罗斯争执不断。有鉴于此,波兰与中国的战略关系不可避免地受到波俄关系的影响。

中波一直保持着良好的关系,波兰也积极参与中国倡议的"一带一路"与"16+1合作"机制中,普遍对"一带一路"建设充满期待。当前,波兰经济快速增长,工业基础良好,投资环境良好,所处地理位置优越,在"一带一路"战略下必将惠及中波双方。

2. 匈牙利:"一带一路"框架下的潜在政治风险

匈牙利是一个位于中欧的内陆国家,首都在布达佩斯,国土总面积93 030平方公里,国土西部是阿尔卑斯山脉,东北部是喀尔巴阡山,主体部分是多瑙河冲积平原,并依山傍水,自然条件优越。周边无强国的地缘环境给了匈牙利相对宽松的外部环境,使匈牙利能够保持一定的独立性,减少外来势力的影响。

由于对其祖先东方特性的认知和倚重,匈牙利非常重视发展与亚洲国家的关系。而匈牙利的陆地接壤8个国家,适合建立地区物流中心和产品分销地,因此中国、韩国、日本和新加坡都对匈牙利有较大的投资。

在对华关系方面,匈牙利在担任欧盟轮值主席国期间,积极促进中欧关系。2010年,欧尔班政府致力于发展同中国的密切关系,高层互访频繁。由于"一带一路"吻合青民盟政府"东向"政策，因此匈牙利对"一带一路"回应热烈。2014年，中国、匈牙利、塞尔维亚正式签署合作建设匈塞铁路谅解备忘录，还计划以匈塞铁路为依托打造自希腊比雷埃夫斯港进入中欧的陆海快线。2014年5月两国开通了北京—布达佩斯直航。根据中国驻匈牙利大使肖千2015年4月的文章，中国是匈牙利在欧洲以外第一大贸易伙伴，匈牙利是中国在中东欧第三大贸易伙伴和最大投资对象国，两国经济互补性强，合作潜力和空间很大，2014年由2013年的84.1亿美元增至90.2亿美元。两国的金融合作也快速发展，中匈两国央行于2013年签署100亿元人民币本币互换协议，匈牙利将成为中东欧地区的人民币业务枢纽。2014年初，欧尔班总理访华，两国领导人发表了联合声明。2015年4月，匈牙利决定加入由中国主导的亚洲基础设施投资银行。

欧尔班政府与俄罗斯、中国建立紧密联系的政策产生了复杂的后果。对中国而言，一方面两国的合作得到了快速提升，经贸快速发展；但另一方面，由于匈牙利内政外交的隐患，中国也逐渐意识到与匈牙利政府保持一定距离以规避政治风险的重要性。目前看来，影响中国与匈牙利在一带一路框架下合作的潜在政治风险主要有以下三点。

第一，匈牙利执政党独大，集权倾向明显，内部隐藏动乱危险。2011年选举规则修订后，进入议会政党的门槛限制更加苛刻、媒体自由度下降以及党政分离的模糊性使得匈牙利国家最大党派享有不合理的优势。为了削减财政赤字，青民盟政府2010年开始向银行系统连征3年银行税，向电信部门、能源部门和商业连锁店连征3年危机税，还提出了征收"因特网税"计划。青民盟削减福利、增加税收和限制自由的政策越来越多损害社会各阶层的利益，但是中左翼反对派处于较为弱小境地无法借助于立法机关对执政党的政策进行有效制衡，因此匈牙利反对派对政府的态度有向激进方向发展的趋势，连极右政党也发起了"互联网自由"的示威活动。2014年，匈牙利执政党青民盟第三次获得全国性选举胜利、拥有议会2/3多数选票，但欧尔班本人的大众得票率从53%降至44%。2014年匈牙利国内爆发了接连不断的反政府示威，示威人群以年轻人为主，其诉求是"结束欧尔班时代"，抗议提高税收和损害劳工权益。与集权倾向相伴随的是匈牙利的新闻自由程度严重下降，2015年世界新闻自由指数排名中，匈牙利的2014年新闻自由指数在过去四年下降了42位，仅为64位，远低于2006年排名第10位和2009年第25位。

第二，匈牙利执政党的民族主义倾向挑战欧洲的主流价值观，有被欧洲边缘化的危险。青民盟执政后，对西方“自由民主制度”提出了质疑，指出“在匈牙利应实现基督教民主派的执政，因为自由民主制度没有能力解决现在的问题”，政府要使左派和自由派重获政权的可能为“零”。此外，欧尔班号召欧洲对移民采取限制措施，表示不希望看到在匈牙利存在一个与他们的文化特色及背景有明显差异的少数民族，称“要匈牙利人的匈牙利”。这些主张与欧盟的主流价值观相背离，导致了德国等国家以及国际舆论的批评。由于青民盟执政时期，匈牙利经济很快复苏，欧盟担心怀疑“自由民主制度”的“欧尔班模式”被其他国家所效仿，影响欧盟价值观和政治架构的稳定性。

第三，匈牙利对外政策被认为是“亲俄”的，引起了西方国家的忧虑，甚至相互采取了不友好的措施。与匈牙利在欧洲的特立孤行相伴随的是匈牙利的向东方开放政策，积极与俄罗斯、哈萨克斯坦、韩国等东方国家改善关系。在欧俄天然气之争中和乌克兰问题上，匈牙利采取了与西方盟国有所不同的立场，强调制裁俄罗斯不符合匈牙利的利益，匈牙利“不是东西方关系的桥梁”，反对美国干涉中欧。匈牙利在价值观和外交政策上的“离经叛道”导致了德国为代表欧盟主要国家的批评，也引起了美国的警惕。2014年10月，匈牙利税务机关对美国在匈牙利的多家机构和公司展开调查，12月美国驻匈牙利大使馆以涉嫌腐败为名拒绝为6名匈牙利公职人员发放赴美签证。欧尔班对外政策取向，使斯洛伐克和保加利亚对俄罗斯的态度与德波之间拉开距离，使欧洲的裂痕进一步加深，也使美国等北约盟国对匈牙利的不信任态度进一步增强。

3. 捷克：“一带一路”平台上中捷关系加速提升

捷克是中东欧地区和欧盟的重要国家，有着特殊的地缘位置。它西邻德国，北接波兰，无论是在地理上，还是政治上都位于东西欧交界处。欧盟成员国、北约成员国、申根国家、维谢格拉德成员的多重身份，使得捷克在对外交往中具有独特地位。2016 年 3 月 28—30 日,习近平主席正式访问捷克。这是中捷建交 67 年来中国国家主席首次对捷克进行国事访问,也是习近平主席对中东欧国家的首次访问。这次访问对于中东欧乃至整个欧洲发展对华友好关系,将起到带动和引领作用。

捷克的 GDP 规模 2012 年 3 105 亿美元,2013 年 3 083 亿美元,2014 年 3 146 亿美元,世界排名约为 56 名。农业、工业及服务业比重分别为 2.6%,37.4%,60%。[①] 中国与捷克的服务贸易合作是中东欧 16 国中最高的。捷克 2013 年及 2014 年的出口金额分别是 1 356 亿美元及 1 473 亿美元,进口金额分别为 1 260 亿美元及 1 351 亿美元。主要出口国为德国 32.4%,斯洛伐克 8.4%,波兰 6%,英国 5.1%,法国 5.1%,奥地利 4.4%[②]。主要进口国德国 30.2%,波兰 8.5%,斯洛伐克 6.8%,中国 6.2%,荷兰 5.7%,奥地利 4.2%[③]。进口及出口产品前几项为机械及交通设备、原料、燃料及化学制品。

目前,中捷关系呈现蓬勃发展,高层互访不断,各领域务实合作稳步推进。2014 年捷克外长和总统分别实现了近 15 年和 10 年以来的首次访华,2015 年 11 月,捷克与波兰、塞尔维亚等五个中东欧国家同中国签署了《“一带一路”建设谅解备忘录》,2016 年 3 月,习近平主席首次访问捷克,为中捷关系发展翻开了新篇章。中捷关系发生的“翻转型”变化,使得中捷关系达到了一种新的提升。

捷克地处欧洲中心,是“一带一路”的重要沿线国家,铁路、公路、航空、水路交通便利,基础设施较好。捷克是传统的工业国家,拥有雄厚的工业基础、产业链配套齐全。捷克强调科技创新,人口受教育水平和素质普遍较高。当前,捷克的整体经济相较于欧盟其他一些国家发展良好,市场机会潜力巨大。2015 年 9 月,北京与布拉格开通直航,促进了旅行的便利与中捷双边贸易、投资、旅游、金融等领域的合作。2016 年继续开通上海、成都与布拉

---

① 世界银行,捷克数据 2015 年 9 月 1 日,http://blogs.worldbank.org/opendata.

② 中商情报网,2014 年捷克货物外贸进出口分析,2015 年 5 月 4 日,http://www.askci.com/news/2015/05/04.

③ 同上。

格的直航航线，发挥捷克在“一带一路”上航空港口的合作优势。

捷克是中国企业在中东欧地区主要的投资目的地之一。近年来，中国银行、华为、陕鼓动力、中国华信等公司纷纷在捷克落地。在二战前，捷克斯洛伐克就是欧洲重要的工业中心；冷战期间其枪支制造、军火产业在华约国家中都占有相当比重。目前，捷克在汽车、机械设备、化工、环保、能源等领域仍有雄厚的工业基础。捷克在上述领域的传统优势与中国目前正在致力的“提高经济增长质量”国家战略目标不谋而合，因而两国有着巨大的合作潜力。此外，捷克在基础设施建设方面的需求很大，为中国基础设施产业“走出去”提供了广阔的市场。能源方面的合作，尤其是核能的开发与利用；工业园区建设、金融和融资合作都为“一带一路”提供了广阔的合作前景。

伴随着中国-中东欧国家合作机制的不断完善，中国与捷克在此平台上合作的广度和深度得到扩展，彼此交流与合作不断加强。

首先，发展并密切了中国与捷克的国家关系。冷战结束后，在国际环境及意识形态差别的影响下，双方关系发展受到一定的影响。尤其受到在哈维尔总统时期的影响，导致捷克对台湾、西藏的看法与态度偏离了中国的立场。“16+1合作”机制及“一带一路”倡议的不断深化，增进互信与了解，改善了两国态度，推动了中国与捷克的关系。随着双方高层互访增加，中国与捷克国家关系日益密切，达到空前的友好合作关系。

其次，强化了中国与捷克的合作基础。通过一系列合作机制的建立，促使中国与捷克在经济、文化、教育等多个领域的合作取得成果，为后续机制合作的长效性奠定基础。经贸合作是中国与捷克国家关系中最为活跃的领域之一。捷克是中国在中东欧的第二大贸易伙伴国，2013年，中捷双边贸易额94.5亿美元，同比增长8.3%。其中，中国出口额68.4亿美元，同比增长8.1%，进口26.1亿美元，同比增长8.6%。2014年，双边贸易额109.8亿美元，同比增长16.2%，其中，中国出口额79.9亿美元，同比增长16.9%，进口29.9亿美元，同比增长14.2%[①]。2015年中捷双边贸易额超过了110亿美

① 中华人民共和国外交部，中国同捷克关系2015年3月，http://wcm.fmprc.gov.cn/pub/chn/pds/gjhdq/gj/oz/1206_20/sbgx/t6977.htm.

元。在投资方面，截至2015年底，中国对捷克投资额由2013的2亿美元猛增到16亿美元，捷克对华投资总额达到18亿美元[①]。合作领域涉及电子电信，机械、制造业、金融、医药、旅游等。其中长虹、华为、中兴等国内企业已经在捷克广泛开展业务，成为投资先锋；其次，中国银行也在布拉格设立分行。捷克斯柯达汽车在中国销量已经占到了全球销量的四分之一；而捷克第一私有化基金旗下的捷信集团在华业务已迅速发展，覆盖260个城市，拥有逾3万名员工，贷款额超过200亿元人民币，是捷克企业开拓中国市场的一大亮点[②]。在互联互通上，2015年，海南航空公司开通了北京至布拉格直航航线，2016年将另开通两条上海、成都分别至布拉格直航航线，为中捷两国的人员，货物往来和经贸合作提供了更大的便利。人文交流方面，双方发展迅速，在捷克帕拉茨基大学建立孔子学院，学员人数每年递增。布拉格等捷克城市旅游资源丰富，每年吸引大批中国游客，据统计，2015年到捷克旅游的中国游客数量已近30万次[③]，保持了高速增长的态势。2014年5月，中国-中东欧国家旅游促进机构和旅游企业联合会协调中心成立，进一步推动了中捷双方人员往来。

第三，调动了中国与中东欧国家各方合作力量。在中央政府的主导下，地方政府、民间力量和公众都积极参与到双方合作中。目前浙江省正积极推进与捷克产业园的合作，成立中捷产业园基金，在宁波慈溪兴建中捷工业园区及捷克小镇。与此同时，由外交部和中国国际问题研究基金会主办的"中国-中东欧国家高级别智库"的成立，使中捷学术活动，学者交流更加密切与方便。还有来自中捷华侨华人联合会等社团也在促进双边关系上发挥了各自积极的作用。

然而，中捷合作机制的可持续性依然面临挑战。中东欧近年来经济发展良好，波兰、斯洛伐克、罗马尼亚2015年GDP增长3.5%，捷克增长率达

① 捷克统计局对我投资数据2016年2月28日，Čeaký ststistický úřad (ČSÚ) https://www.czso.cz.

② 捷信中国官方网站，关于我们2016年3月1日，Home Credit, www.homecreditcfc.cn.

③ 捷克旅游局旅游数据—中国2016年5月10日，Czech Tourism http://www.czechtourism.cz.

4.5%。但是,有一个现实不能忽略,即中东欧经济无论外贸还是直接投资的吸引,主要来自德国等欧元区国家,部分国家依赖率超过80%。例如,捷克对欧元区的依赖程度就高于80%,对外部的抗击能力较弱。欧元区经济增长缓慢,对中东欧构成潜在风险,与中国加强经济合作有助于中东欧国家化解经济风险,推动经济多元化发展和可持续增长。中捷合作机制的持续性依然面对以下几个挑战。

第一,捷克政党政治的不稳定带来一定的投资与贸易风险。自2010年以来,捷克共和国政府频繁更换,其历届政府在众议院都没有占到明显多数,因此在欧盟的各成员国中,虽然捷克的政治发展一般都在法律框架内进行,但是,捷克的政党政治相对而言是比较缺乏稳定性的。

第二,政府经贸政策的不确定性,捷克经济以出口为导向,其与国外市场尤其是欧盟市场(德国市场)的需求紧密联系。捷克对外贸易的可依存度高达80%,因此,应对外部经济变化的能力比较脆弱。欧债危机爆发后,目前,捷克尚未加入欧元区,虽直接受欧债危机的负面影响较小,但仍受到相当程度的影响。

第三,与欧盟尤其是与德国的关系会带来不确定性。捷克受德国经济影响非常大,德国的经济出现问题对捷克带来直接的负面影响。在国家层面处理好欧盟的关系,在双边关系中尤其要处理好与德国的关系。上述两点在捷克对外政策中成为需要慎重考虑的方面。

习近平主席访问捷克之后,中捷合作发展良好,中捷关系正处于正常化、蜜月化时期,从政府主导到民间参与的方方面面为两国的合作长效化奠定基础。中国与中东欧合作升温,是双方利益交集日益扩大的必然结果。中东欧16国均为"一带一路"倡议沿线国,中国与中东欧双方经济发展有较高契合度,中东欧国家普遍对"一带一路"建设充满期待,中国与中东欧未来合作大有可为。双方可合力推动"一带一路"建设与欧洲发展战略的对接,国际产能合作与欧洲投资计划的对接以及"16+1合作"与中欧合作的对接。

(二)黑海沿岸二国:罗马尼亚、保加利亚

乌克兰、俄罗斯、保加利亚、格鲁吉亚、罗马尼亚和土耳其6个黑海沿岸国家。其中,罗马尼亚和保加利亚属于中东欧国家。这两个国家在冷战时期属于苏联社会主义阵营中的成员,2007年1月正式加入欧盟。据欧盟资料显示,罗马尼亚和保加利亚是欧盟内最贫穷的两个国家。罗马尼亚和保加利亚约半数人口面临贫穷风险,保加利亚有将近半数的人民(49%)面临贫穷风险,罗马尼亚也有42%。比欧盟整体平均25%人口面临贫穷高出近1倍。但是,地处黑海沿岸的这两个中东欧国家,具有十分重要的地缘政治地位。在“16+1合作”机制发展过程中,罗马尼亚和保加利亚都积极参与,扮演了十分重要的角色。

1. 罗马尼亚:“一带一路”框架下合作的潜在政治风险

罗马尼亚从地缘政治上属于东欧国家,其国境西侧分别与匈牙利和塞尔维亚接壤,南接保加利亚,北侧为乌克兰和摩尔多瓦,东侧有一段黑海海岸线。罗马尼亚目前为北大西洋公约组织成员国,并已于2007年1月1日加入欧洲联盟。

中国与罗马尼亚国的双边关系长期建立在友好和互信基础上,虽然进入21世纪以来,世界经济形势发生了重大变化,但是,罗中关系的基本原则使得两国关系保持持续发展。虽然经历了国际金融危机,但罗马尼亚与中国的双边贸易额在过去的10年始终处于上升阶段。据欧盟统计局统计,2014年,罗马尼亚与中国的双边贸易额为38.7亿美元,增长18.2%。中国是罗马尼亚排名第23位的出口目的地和第六大进口来源地。

由于欧元区爆发欧债危机,欧盟部分大国国内经济开始逐步陷入危机,其投资周边国家的能力也有所削弱,从客观上推动了中国企业加强了对中东欧市场的投资力度。根据中国商务部、国家统计局等公布的相关数据显示,中国对罗马尼亚的直接投资呈稳步上升的状态。同时,根据中国外交部、商务部发布的《对外投资国别产业导向目录》显示,罗马尼亚在欧盟27国中对中国投资的吸引力排名第二,仅次于德国,其主要吸引中国投资者的领域集中于工业与服务业。近年来,中国在高新技术产业领域对罗马尼亚的投资成果喜人,诸如华为在内的大型技术企业均将罗马尼亚视为中东欧的重要市场之一,高科技领域的对外投资成果同时可以被视为中国出口产业转型的一个重要契机。

由于黑海地区重要且复杂的地缘政治结构、罗马尼亚周边局势的不稳定性以及罗马尼亚国家转型的特殊性，其国内仍有出现政治风险的可能性。目前看来影响中国与罗马尼亚在一带一路框架下合作的潜在政治风险主要有以下三点。

第一，周边局势的不稳定性和区域局势的复杂性可能影响罗马尼亚国内政治社会的稳定。罗马尼亚北侧与乌克兰接壤，自2014年来，乌克兰国内爆发了举世瞩目的政治危机，罗马尼亚外长科尔泰勒安（Titus Corlatean）曾表示，乌克兰局势已经对国际和区域安全构成了严重威胁，并要求北约军队进驻罗马尼亚。作为西方和俄罗斯博弈的关键地带，罗马尼亚国内各个政治派别亦可能受到政治意识形态的驱动而爆发一些潜在的政治危机。

第二，罗马尼亚国内政治转型与政治腐败可能对国家整体的政治生态产生很大的负面影响。尽管经历了20多年剧烈的政治和经济转型，罗马尼亚国内的制度建设，尤其是法制建设仍然缺乏完备的制度规范和有效的法律约束力，包括罗马尼亚前总理纳斯塔赛在内的多名高级别官员均受到了各类腐败问题的指控。事实上，在旧的政治秩序和新的政治体系对接过程中，政治经济领域腐败问题的出现有其客观性，然而这一既有的问题也在很大程度上影响了外国投资者对公平与法治环境的期待，并很有可能在现实中阻碍中国企业在部分高收益行业的投资进度。

第三，东欧、中亚等地区复杂的政治局势以及黑海地区的各类民族运动使部分难民涌入罗马尼亚，甚至有恐怖分子与组织牵涉其中。乌兹别克斯坦曾公开表示，该国逃亡罗马尼亚的难民中存在恐怖分子，他们大多属于极端宗教组织的成员。恐怖分子存在的可能性为罗马尼亚本身相对欠稳定的政治社会环境又增加了某种不确定性。对于中国投资者而言，对象国国内安全成本的上升可能促使其重新考虑对外投资的收益与产出比，并更加谨慎选择投资国别。

2. 保加利亚：参与"丝绸之路经济带"建设的潜在风险

保加利亚以保加利亚族为主，信仰东正教，首都索菲亚，是举世闻名的旅游城市。从地理位置上来看，保加利亚位于欧洲巴尔干半岛东南端，属于东南欧国家，北接罗马尼亚，西部濒临塞尔维亚、马其顿及希腊诸国，东抵黑海，南望土耳其。保加利亚是中国进入东南欧市场并且进一步打开全欧市场的桥头堡,在中欧合作中发挥着至关重要的作用,战略意义不可低估。2015 年 4 月 29 日,保加利亚投资局局长亚尼夫即曾表示,保加利亚愿意积极参与“丝绸之路经济带”建设,成为沟通中欧贸易的天然桥梁。自 2012 年第一次中国-中东欧国家领导人会晤以来,每年中保两国高层都保持密切交流。2014 年两国建交 65 周年,双方互致贺电。2015 年 11 月在中国苏州举行了第四次中国-中东欧国家领导人会晤,应李克强总理邀请,保加利亚领导人与会,双方就未来中国-中东欧国家关系的发展积极交换意见。可以说,在中国-中东欧国家领导人会晤机制下,双边关系发展也迎来了黄金时期,未来中保合作还将进一步深化,前景广阔。

就中保双边经贸关系来看,自 1952 年双边签订第一个贸易协定以来,双边贸易稳步发展,经济合作领域不断扩大,地方政府及企业代表团往来频繁,深入沟通和交流。自保加利亚加入欧盟以来,关税降低及贸易规范化为双边贸易关系的发展奠定了牢固基础,但同时由欧盟发起的反倾销措施也经常限制了中国产品进入保市场。

目前看来影响中国与保加利亚在“一带一路”框架下合作的潜在政治风险主要有以下三点:

第一,短期内保俄关系存在一定不确定性。2013 年乌克兰危机的爆发对俄保两国原本的友好关系蒙上阴影。保加利亚拒不承认乌克兰东南部独立的顿涅茨克和卢甘茨克两共和国,并且指责俄罗斯干涉乌克兰国内政治,担心俄入侵乌东南部地区,由此导致整个黑海地区面临安全威胁。作为回应,俄罗斯放弃原已规划好的经过保加利亚的南溪天然气管道建设项目,两国关系就此波折。

第二,保国内民族问题。保加利亚国内主体民族保加利亚族,约占其总人口 80%以上,此外还分布有土耳其、马其顿等少数民族。作为保境内的第二大民族的土耳其族约占总人口 10%。两大民族的矛盾由来已久。早在奥斯曼土耳其帝国统治时期,为了内化保加利亚民族,奥斯曼帝国向这一地区大量迁徙土耳其民族,强迫保加利亚人信仰伊斯兰教,学习土耳其语言,大量土耳其人在保加利亚扎根生活,保土之间的民族矛盾也由此产生。独立后的保加利亚,为了保证国家的稳定和团结,企图同化土耳其人,改变其语言和宗教信仰，导致双方民族冲突时有发生，保加利亚和土耳其两国的双边关系也经常受到影响。

第三，同马其顿共和国的关系不明朗。传统上的马其顿地区地理概念很广，它包括今天保加利亚的西南部、希腊北部以及马其顿共和国。20世纪初爆发的两次巴尔干战争，战争结束后，作为瓜分，希腊、塞尔维亚和保加利亚各得一部分，使得马其顿地区被一分为三。1991年南斯拉夫解体后，其境内的马其顿民族成立马其顿共和国，即今天的马其顿。因为担心马其顿共和国的成立会对自己境内的马其顿民族产生向心力，保加利亚至今没有承认马其顿共和国的合法性。更为严重的是，保加利亚甚至不承认有马其顿这个民族的存在，声称居住在保加利亚境内的马其顿民族实际上就是保加利亚民族。作为保加利亚的周边邻国之一，两国关系的发展至今不尽如人意。

不过总体来看，目前保政治社会稳定，经济发展平稳增速，投资环境日益改善，适合外资进入，总体政治风险低。

（三）波罗的海三国：爱沙尼亚、拉脱维亚、立陶宛

建设“丝绸之路经济带”和“21世纪海上丝绸之路”是探索中国走向世界之路、发展与其他国家和国际组织创新合作模式的崭新构想和重要实践。“一带一路”战略着眼于“亚欧非大陆及附近海洋的互联互通，建立和加强沿线各国互联互通伙伴关系，构建全方位、多层次、复合型的互联互通网络，实现沿线各国多元、自主、平衡、可持续的发展”。[①] 根据这一战略的构想，“一带一路”将贯穿亚欧非大陆，连接起活跃的东亚经济圈和发达的欧洲经济圈，中间则是一大批经济发展潜力极大的亚非欧国家。其中，丝绸之路经济带的重点定位于联通中国经由中亚、俄罗斯直至欧洲（波罗的海）的贸易和人文交流大通道。而波罗的海三国正是位于这一通道西端的重要节点上的国家。

1. 波罗的海三国在“一带一路”战略中的地位和意义

波罗的海三国爱沙尼亚、拉脱维亚和立陶宛地处波罗的海东岸，领土面

① 《推动共建丝绸之路经济带和21世纪海上丝绸之路的愿景与行动》，[EB/OL]（2015-3-28）国家发改委、外交部、商务部；http://finance.people.com.cn/n/2015/0328/c1004-26764666.html

积分别约为4.5万、6.5万和6.4万平方公里;人口分别为131.3万(2015年1月)、228万(2016年1月)和289.1万(2015年12月);国民生产总值分别为265亿美元(2014年)、272亿美元(2014年)和482.3亿美元(2014年),[①]就上述衡量国力的三要素而言,在世界上可归为小国之列,然而其所处的地缘政治位置赋予它们不可低估的战略地位。三国既是俄罗斯通往欧洲的战略通道,也曾是对付北约东进的海上和陆地战略前沿,在历史上更是多次成为瑞典、沙俄等国争夺和瓜分的对象。在苏联时期,三国作为其地方行政单位,是苏联全球战略中的“堡垒”和“前沿”,不能发挥独立的地缘政治作用;三国独立后,它们从一个国家内部的地方行政主体转变为独立国家,成为欧洲战略格局中举足轻重的地缘政治实体,因而是俄罗斯、美国、北约、欧盟等国家和地区组织争夺的重要对象。

波罗的海三国早在作为苏联加盟共和国的年代里,其经济发展水平在社会主义阵营里也处于领先地位。冷战后三国都经历了艰难的市场化转型过程,其过程虽各有差异,但是总体上依旧处于东欧国家中的前列,可以说是市场化转型相对成功和顺利的国家。以拉脱维亚为例,1991年恢复独立后,即开始按西方模式进行经济体制改革,推行私有化和自由市场经济。1998年被正式接纳为世界贸易组织成员。2008年国际金融危机重创拉脱维亚经济,拉脱维亚GDP连续两年下降达20%。2009年接受IMF、欧盟委员会和瑞典等国75亿欧元贷款援助。2010年拉经济缓慢复苏,2011年GDP增长5.5%,2014年GDP达272亿美元,增长2.4%,人均GDP15729美元。2014年1月1日拉成为欧元区第18个成员国。总体而言,波罗的海三国独立后较快地克服了独立初期出现的困难,许多重要经济指标与独联体国家以及其他中东欧国家相比都处于领先地位。

和“一带一路”沿线的其他国家相比,波罗的海三国政局总体较为稳定。如立陶宛,2012年10月,代表中左翼的社会民主党、劳动党和秩序与正义党在议会选举中获过半议席,并同波兰人选举运动四党共同组成执政联盟。

① 外交部网站,建交国资料,http://www.fmprc.gov.cn/web/gjhdq_676201/gj_676203/oz_678770/

新政府执政以来，着力促进经济增长，解决就业、税收和社会公平问题。格里包斯凯特总统保持较高民意支持率，于2014年5月连选连任，在国家政治和社会生活中继续发挥着较为重要的作用。即使发生了2014年8月波兰人选举运动退出执政联盟的情况，也未对国家稳定产生冲击。在拉脱维亚，2013年11月，拉脱维亚总理东布罗夫斯基斯（团结党）辞职，2014年1月，团结党、改革党、全国联盟、绿色农民联盟组成联合政府，团结党成员斯特劳尤马（女）出任总理。2014年10月，拉脱维亚举行议会选举，团结党胜选。11月，团结党、绿色农民联盟、民族联盟组成新一届中右联合政府，斯特劳尤马连任总理。2015年6月，拉脱维亚举行总统选举，执政联盟三党中的绿色农民联盟和团结党联合提名的候选人、国防部长韦约尼斯当选。12月，斯特劳尤马总理辞职。这些政治态势的变化均在国家稳定的状态下平稳进行的。这种情况在许多“一带一路”的沿线国家是很难做到的。作为一项系统工程，“一带一路”旨在坚持“共商、共建、共享原则，积极推进沿线国家发展战略的相互对接”“让古丝绸之路焕发新的生机活力，以新的形式使亚欧非各国联系更加紧密，互利合作迈向新的历史高度”。① 这些构想如果没有一个政治稳定、法制健全、市场规范的整体环境作为依托，一带一路的良好愿景无异于空中楼阁。

2. 建立中国与波罗的海三国长效合作机制的政策建议

当前，国际金融危机深层次影响继续显现，世界经济缓慢复苏、发展分化，国际投资贸易格局和多边投资贸易规则酝酿深刻调整，各国面临的发展问题依然严峻。共建“一带一路”顺应了世界多极化、经济全球化、文化多样化、社会信息化的潮流，秉持开放的区域合作精神，致力于维护全球自由贸易体系和开放型世界经济。“一带一路”的共同愿景旨在促进经济要素有序自由流动、资源高效配置和市场深度融合，推动沿线各国实现经济政策协调，开展更大范围、更高水平、更深层次的区域合作，共同打造开放、包容、均衡、普惠的区域经济合作架构。这一国家战略构想提出后，同样得到了来自

① 《推动共建丝绸之路经济带和21世纪海上丝绸之路的愿景与行动》，[EB/OL]2015-3-28国家发改委、外交部、商务部：http://finance.people.com.cn/n/2015/0328/c1004-26764666.html

波罗的海三国的积极回应。中国与波罗的海三国在共建"一带一路"的过程中,应该关注以下几个方面的问题。

首先,应着眼于构建跨区域合作的新格局,力求能够提供高质量的区域公共产品,为"一带一路"战略的实践提供可资借鉴和推广的模式。根据世界银行按照人均国民收入(GNI)进行的国家分类,同时参照国际货币基金组织的国家分类(发达经济体、新兴市场与发展中经济体),波罗的海三国均属于高收入国家和发达经济体。[①] 而中国作为世界上发展最快的大国,双方为创建高水平的合作治理模式提供了有利条件。目前"一带一路"的合作重点多为基础设施部分,强调互联互通是"一带一路"建设的优先领域,提出"在尊重相关国家主权和安全关切的基础上,沿线国家宜加强基础设施建设规划、技术标准体系的对接,共同推进国际骨干通道建设,逐步形成连接亚洲各次区域以及亚欧非之间的基础设施网络"。[②] 这类合作可归为器物层面的公共产品。这往往也是一个新兴的大国在国际社会中发挥影响力的过程中最初都会经历的阶段。同时,双方更应着眼于更为高远的目标,力图在物质层面的公共产品基础之上创造出与观念、规范和制度有关的公共产品。根据"一带一路"所涉及的国际公共产品的属性的界定,相关项目大多可归为区域性或区域间公共产品的类型。这类公共产品和全球公共产品相比涉及的国家数量相对有限,可看做是一种"小集团"模式下的区域性公共产品。而在这样一个小集团范围内,"集体行动的困境"对公共产品供给的影响程度要小于那些较大规模的集团。因为"小集团"的优势在于,成员国较少时,信息交流和出自协调相对简单,交易成本相对较低。[③]

其次,中国与波罗的海三国长效合作机制的建设,应该在促进共同利益的基础上向跨区域命运共同体的方向发展。对于"一带一路"两端的中国和波罗的海三国而言,双方在发展领域积累了各自的经验、优势与资源,有着发展建设上的各自的长项。通过共建"一带一路",双方可以互相学习对方

---

① 姚玲. 中国与中东欧国家经贸合作现状及发展前景研究[J]. 国际贸易,2016(3):46.

② 《推动共建丝绸之路经济带和 21 世纪海上丝绸之路的愿景与行动》,国家发改委、外交部、商务部(2015 年 3 月 28 日);http://finance.people.com.cn/n/2015/0328/c1004-26764666.html.

③ 杨海燕. 区域公共产品的供给困境与合作机制探析[M]//黄河. 一带一路与国际合作. 上海:上海人民出版社,2015:31.

的发展理念和经验，共享发展的有利政策与合作机制，从而实现将技术、资金、项目的合作上升为发展议程和发展战略上的合作。目前，中国—波罗的海三国长效合作机制的建设主要还是籍由中国与中东欧国家“16＋1合作”机制作为主要交流平台加以展开。“16＋1合作”机制可以视作是“一带一路”战略在欧洲部分发展较为成熟的一个合作平台。这其中，除了整体包含三国在内的交流合作项目以外，特别涉及波罗的海三国的相关前瞻性措施主要有：支持拉脱维亚承办2016年第五次中国-中东欧国家领导人会晤；2016年分别在中国和拉脱维亚举办中国-中东欧国家合作国家协调员会议；支持拉脱维亚牵头组建中国-中东欧国家物流合作联合会，中国和中东欧国家相关机构、企业和团体根据自愿原则参与；2016年在拉脱维亚里加举行首届中国-中东欧国家交通部长会议；中国与塞尔维亚、马其顿、斯洛文尼亚、立陶宛、波兰、爱沙尼亚签署有关动物及动物源性产品输华检疫议定书；支持中国与更多中东欧国家进一步扩大农产品和食品贸易；2015年2月至10月，在立陶宛、爱沙尼亚、拉脱维亚举办“中国艺术节”；中国同捷克、爱沙尼亚、立陶宛、罗马尼亚签署教育领域有关合作协议；中国同立陶宛、马其顿、波兰、罗马尼亚、塞尔维亚、斯洛文尼亚等国签署质检领域有关合作协议；中国同保加利亚、克罗地亚、拉脱维亚、波兰签署文化交流与合作有关文件等。[①] 而在《中国-中东欧国家合作中期规划》中，双边也就经济合作、互联互通、产能和装备制造、金融合作、农林质检、文教青年体育旅游、卫生合作、地方合作九个方面的未来发展规划制定了较为详尽的条款。未来中国与波罗的海三国更高层次的合作制度将会在这一系列基础性合作过程中逐步产生。

以后，中国—波罗的海三国在共建“一带一路”时，应以开放包容的合作机制实现双边和多边的相关国家和区域性国际组织发展战略的对接。在合作机制方面，中国与三国可以在平等协商、互利共赢的基础上积极推动一系列诸如谅解备忘录或双边合作机制的达成，将共建方案具体细化到具体的

① 《中国-中东欧国家合作苏州纲要》，http://news.xinhuanet.com/ttgg/2015-11/25/c_1117249390.htm.

国家与部门的层次上。不仅与区域内的现有国际制度，如欧亚经济联盟(EEU)、亚欧会议(ASEM)等既有多边合作机制相互对接，也可以将双方的合作推向更广泛的制度背景，如联合国可持续发展议程等，成为促进世界和平繁荣进步事业的一部分。在此过程中，中国改革开放发展过程中形成的“中国经验”、“中国价值观”等无形资产也有了与相关国家共享的可能。

3. 中国与波罗的海三国长效合作机制应予注意的几个问题

毕竟，波罗的海三国在政治经济社会文化等诸多方面还是与中国存在很大的差异。因此在建立中国—波罗的海三国长效合作机制过程尤其应当注意以下几个问题。

第一，在建设过程中应审慎处理好大国与小国的国家间关系。对一个正在迅速发展中的大国而言，处理好与小国的关系尤为重要。大国与小国的不对称互动，尤其不对称冲突中，既有显而易见的优势，也有日渐凸现的劣势。大国的优势在于拥有的压倒性实力，劣势则是潜在的道德风险。因而，言行一致是大国风范的重要表现。“口水战”不是真正大国的行为方式，而在小国往往较为普遍。真正的大国是用“行动”体现政策意志，言行一致，言出必行，行必有果。同时大国在与小国的合作过程中也存在突出的不对称性，因此在现阶段“一带一路”工程中的区域性公共产品的供给主要是由中国一方来提供的。这就意味着可能在一个相当长的阶段里，中国都会是区域性公共产品的支付方。作为承当倡导性大国支付责任的一方，期待迅速而早期的回报是不现实的。与此同时，中国又必须面对相当程度的支付压力，所以在远期回报和短期投入之间的平衡把握上也对中国的能力提出里考验。

第二，充分考虑社会制度等诸多方面的差异对合作进程的影响。波罗的海三国是最早从苏联独立出来的国家，目前均为欧盟成员国。以立陶宛为例，立陶宛宪法于 1992 年 10 月 25 日经全民公决通过，规定立陶宛是独立的民主共和国，主权属于全体人民，公民权利一律平等。立陶宛为议会制国家。议会是国家最高立法机关，批准或否决总统提名的总理人选；任命和解除国家领导人的职务；有权弹劾总统，但需经 3/5 以上议员支持。总统由公民直接投票选举产生。本届政府为独立后第 16 届政府，由社民党、劳动党、秩序与正义党和波兰人选举运动四个党派联合执政(2014年8月波兰人选举运动退出执政联盟),其政府权力的运行方式有其自身的特点。同时在宗教文化上也会影响其对外交往的方式。

第三,波罗的海三国的一体化程度较深,中国在与之建立长效合作机制的过程中应协调好对方已有的多边机制。除了与欧盟、北约有着多种一体化机制外,在三国之间业已存在的制度性框架就有:波海的海国家联合区舰队(BALTRON)、波罗的海地区空情监控网(BALTNET)和波罗的海军事学院(BALTDEFCOL),另外三国还是波罗的海与北欧八国区域合作机制的成员,同时三国与德国和法国都建立了3+1的定期磋商会晤机制。中国在和三国共建“一带一路”战略时应充分考虑三国业已存在的网络化、多层次的对外合作机制,避免发生根本性的矛盾冲突而带来的不良影响。

由于国家治理方式上的差异,现有的合作框架将重点更多地放在政府和公共机构的合作与交流方面。基于未来的进一步拓展交流空间的需要,双方同样需要促进民间的、非政府方面的合作,将“一带一路”的合作建立在一个更加宽广的基础之上。

三、“16+1合作”机制与“一带一路”倡议的内涵及有效对接

“16+1合作”机制和“一带一路”倡议同为中国首倡的地区合作机制,两者之间既有区别又有联系。两者的区别体现在,“16+1合作”机制的目标是为中国和中东欧国家的合作提供稳定的合作平台,使中东欧国家成为中国通向欧洲的桥梁;而“一带一路”则主要致力于亚欧非大陆及附近海洋的互联互通,建立和加强沿线各国互联互通伙伴关系,构建全方位、多层次、复合型的互联互通网络,实现沿线各国多元、自主、平衡、可持续的发展。

(一)“16+1合作”机制和“一带一路”倡议存在密切的联系

第一,从地理位置上来看,中东欧16国全部是“一带一路”倡议的沿线国家,占“一带一路”60多个沿线国家的1/4。从经济体量上来说,中东欧16国是“一带一路”沿线的重要区域,2014年中东欧16国国内生产总值(GDP)

15 492.9亿美元，占全世界总量的2%；人口12 003.4万，占世界总人口的1.7%；人均GDP 12 907美元。中东欧国家在"丝绸之路经济带"发展格局中的地理位置独特，向西可辐射欧洲，是打通"丝绸之路经济带"西进欧洲的重要桥梁，是中国通过海路和陆路进入欧洲腹地的必经之路。

第二，中国与中东欧国家合作机制为"一带一路"倡议在中东欧的实施打下了坚实的基础。目前中国与中东欧16国的合作主要集中在深化经贸和投资关系；中国支持当地的基础设施建设，特别是道路的互联互通建设；加强金融方面的合作，为中国的投融资提供便利；深化在能源建设与生态环保方面的合作；向中东欧国家提供贷款援助等。这些举措也正是"一带一路"的着眼点。如此多的相同点体现出中国发展与中东欧国家的关系和建设"丝绸之路经济带"之间有很强的战略关联性。

第三，"一带一路"重要倡议的出台，为中国-中东欧国家合作的机制注入了新的内涵和活力。"一带一路"是"16+1合作"机制的整合升级，是将中国与中东欧国家的地区化合作整合入"一带一路"这个更广阔的合作平台中。"一带一路"倡议提出后，"16+1合作"机制的层次和意义得到了提升。在2015年11月24日发布的"中国-中东欧国家合作中期规划"中，明确提出"16+1合作将充分把握'一带一路'建设带来的重要契机，不断拓展合作空间，同时为'一带一路'建设作出更多贡献"。"16+1合作"已经渗透到"一带一路"提倡的政策、设施、贸易、资金、民心等"五通"领域，找到了互联互通、国际产能合作、战略对接等抓手。中东欧国家还有望从"丝路基金"中获得资助。这个基金将主要资助丝绸之路沿线的亚洲项目，因为北京的宏伟目标长期内是建成一条由中国控制的海上通道，也建成一条通往欧洲的高效陆路连线。

(二)"16+1合作"机制的持续性发展还将面临诸多方面挑战

第一，中东欧国家对与中国的合作态度上仍有摇摆。中东欧国家仍然强调自身的欧洲属性，希望依赖欧盟的力量发展经济。在欧债危机的阴影下，中东欧国家希望得到中国巨额投资以改善国内的经济情况。然而一旦欧盟经济回暖，中东欧国家势必恢复对欧盟的依赖。正如国内外的学者指出的，当前中东欧向中国开放投资、贸易的窗口，这种开放应被视为"窗口期”,并非双边合作的“战略机遇期”。当然在一定条件下,“窗口期”可以转变为“战略机遇期”,“丝绸之路经济带”的建设就可以成为促进这一转变的条件。另一方面,中东欧国家历史上就是东西方大国争夺的对象,同时其本身也游走于大国战略之间,以寻求自身利益最大化。例如匈牙利现任总理欧尔班曾经说过:“我们坐在欧盟的船上,但是需要东方的劲风。”

第二,价值观的差异导致中东欧国家对中国的疑虑。随着中国经济实力和国际地位的迅速提升,“中国威胁论”在国际社会上有所散播,中东欧大多数国家国狭民少,从历史上看这些国家对大国具有既依附又惧怕的双重心理。此外,自冷战结束后,这些国家进行了社会制度转型,都成为资本主义国家,在社会制度和意识形态方面对中国的认同度不高。匈牙利驻华大使曾经表示:“价值观的差异是中国与中东欧乃至整个中欧关系中的最大障碍。”中国在大力发展与中东欧国家关系时,很多国家往往带着敬畏、怀疑甚至惧怕的心理来考量中国的外交政策。

第三,西方国家对中国与中东欧国家合作的意图表示担心。比如德国媒体《新德意志报》直言中国拉拢东欧,目的在于扩大经济合作、增强政治影响力。虽然中国与这16个贫瘠的欧盟“前院”国家贸易额仅相当于中欧贸易的十分之一,但西方仍疑虑重重,他们担心中国离间欧盟国家,使欧盟无法形成统一对华政策。“德国之声”称,在西方几乎没有觉察到的情况下,中国政府在过去两年里对东欧投资了大量资金,并因此缔结了一系列新的,但同样也很稳固的友谊。

第四,当前中国与中东欧国家的合作面临缺乏战略关联度和依存度的问题,即与中东欧国家的合作还无法融入中国主要的对外战略框架中。中东欧地区有16个国家,各国经济、政治、民族、文化情况复杂各异,很难形成一个战略整体,这使得中国对其缺乏级别层次较高的战略合作框架。

“16+1合作”机制面临的这些挑战同样将会冲击“丝绸之路经济带”的建设。有了“16+1合作”机制的前车之鉴,“丝绸之路经济带”倡议在制度设计上应注意有效规避这些挑战。比如,通过“丝绸之路经济带”的建设,向中东欧国家推广中国的软实力与和平共处的外交原则,增加中东欧国家对中国和平发展的认同。秉承互相尊重、互联互通、共同发展与繁荣的原则来处理中国与中东欧国家的关系，这对减少中东欧国家对中国崛起后的担忧，进一步推广中国软实力外交政策有着积极意义。再比如，以经贸为导向的“丝绸之路经济带”建设把中东欧国家纳入其中，这既充实了“丝绸之路经济带”建设的内容和意义，又为中国与中东欧国家的合作构建起了战略合作框架，提高了双边合作的战略关联度和依存度。

(三) 如何实现“16+1 合作”机制与“一带一路”倡议的有效对接

2015 年 11 月 26 日，中国国家主席习近平会见来华出席第四次中国-中东欧国家领导人会晤的中东欧 16 国领导人时表示，中国与中东欧国家要加强各领域的互利合作，实现“16+1 合作”同“一带一路”建设充分对接，实现“16+1 合作”同中东欧全面战略伙伴关系全面对接，实现“16+1 合作”同各自发展战略的有效对接。如何实现“16+1 合作”机制同“一带一路”倡议的有效对接是中国和中东欧国家面对的重要议题，可以从以下几个方面做出有益的探索。

第一，在“16+1 合作”机制与“一带一路”倡议的对接方面，中东欧已经有七个国家与中国正式签订谅解备忘录。两者在贸易、基础设施建设、金融合作等领域有诸多契合点，“16+1 合作”机制下取得的基础设施建设、贸易、金融合作等成就可以成为“一带一路”倡议的先导和依托，两者的成功对接将为“16+1 合作”机制注入新的活力，最大限度发挥协同效应，实现“互赢”的局面。

第二，“丝绸之路经济带”建设具有阶段性，中东欧位于中后段。从目前“丝绸之路经济带”倡议的推进来看，首先启动的是中亚段的建设，之后是西亚段、中东欧段、西欧段。从这一进程看，中东欧位于“丝绸之路经济带”建设的中后段，从时间上看中长期目标。因此现阶段应着力夯实“16+1 合作”机制的基础，为将来“丝绸之路经济带”的铺设打好路基。

第三，16+1 合作机制对“一带一路”沿线国家的效仿性和借鉴性。“16+1 合作”机制是“一带一路”倡议实施的先导者，“16+1 合作”机制建设过程中的经验可以为“一带一路”倡议借鉴。在“16+1 合作”同中东欧全面战略伙伴关系全面对接方面，中国应该就中国与中东欧的合作加强与欧盟的沟通，增信释疑。在 2015 年 11 月第四次中国-中东欧国家领导人会晤中，中国邀请欧盟、奥地利、希腊和欧洲复兴开发银行作为"观察员"就树立了开放合作的典范。

第四,在"16+1合作"同各自发展战略的有效对接方面,中国应该区别对待16国。中东欧各国的发展阶段、发展水平和发展模式不尽相同,在"互联互通"中的地位和作用也不相同,因此,中国应该重视对中东欧国家具体国情的研究。

参考文献

[1] 朱晓中."一带一路"可借鉴与中东欧国家的16+1合作[EB/OL].[2017-3-27].环球网,http://www.rongzizulin.com/Infor/Detail/163597.

[2] 李永全."16+1"与"一带一路"如何协调——走向务实的中国与中东欧国家关系[J].世界知识.2017(1):14-16.

[3] 刘作奎."一带一路"倡议背景下的"16+1合作"[J].当代世界与社会主义.2016(3):144-152.

[4] 王义桅."一带一路"让"16+1合作"插上腾飞的翅膀[EB/OL].[2016-3-24].中国网,http://news.china.com.cn/txt/2016-03/24/content_38103801.htm.

[5] 理查德·图尔克萨尼."16+1合作"平台下的中国和中东欧国家合作及其在"一带一路"倡议中的作用[J].欧洲研究,2015(6):3-6.

[6] 布拉尼斯拉夫·乔尔杰维奇.中国和欧盟在"一带一路"战略框架下的政策协调:现状及前景——塞尔维亚的视角[J].欧洲研究,2015(6):28-32.

[7] David Cohen. China's "second opening": Grand ambitions but a long road ahead [J] China Analysis, June 2015:3-5.

[8] 习近平.实现"16+1合作"同"一带一路"建设充分对接[EB/OL].[2015-11-26].中国证券网,http://finance.ifeng.com/a/2015/11/2614093413_0.shtml.

[9] Auers, Daunis. Comparative Politics and Government of the Baltic States: Estonia, Latvia and Lithuania in the 21st Century[M]. Palgrave Macmillan, 2015.

[10] King, Gundar J. & McNabb, David E. Nation-Building in the Baltic States: Transforming Governance, Social Welfare, and Security in Northern Europe[M]. Taylor & Francis Group, 2015.

[11] Kasekamp, Andres. A History of the Baltic States[M]. Palgrave Macmillan, 2010.

[12] O'Connor, Kevin. Culture and customs of the Baltic states[M]. Greenwood Press,

2006.

[13] OECD, Promoting Trade in Services: Experience of the Baltic States, OECD, 2004.

[14] Jeffries, Ian. The Countries of the Former Soviet Union at the Turn of the Twenty-first Century: the Baltic and European states in transition[M]. Routledge, 2004.

与“一带一路”周边国家相关的舆情分析研究[①]

程　好

（国际文化交流学院）

【摘要】“一带一路”倡议以政策沟通、设施联通、贸易畅通、资金融通、民心相通为重点合作内容，其中，“民心相通”是“一带一路”建设的社会根基。但在国际传播中，一方面，“共建一带一路符合国际社会的根本利益”没有得到充分的传播，另一方面，脱离国际视野的居高临下、盲目自信有可能为国际社会的“目的性”构陷提供论据。自2015年5月到2016年1月，同济大学60多个国家的留学生与中国学生共计181人，合作开展了“一带一路”沿线65个国家的国情资讯与舆情研究。根据宗教、进出口总额以及地理位置，本文选取了匈牙利、格鲁吉亚、印度、德国、马来西亚5个具有代表性国家的舆情分析，对比研究发现，政治因素、经济因素、文化因素导致舆情数量以及倾向性的差别，在此基础上提出“一带一路”倡议跨文化传播任务、主体、内容与途径的建议。本研究由多国留学生共同参与，在解决舆情研究语言障碍的同时，可以引入国际化视角，以获得更加贴近真实想法的舆情分析成果。

【关键词】“一带一路”　跨文化传播　留学生　舆情

① 本文节选改编自论文集《来华留学生视野中的“一带一路”倡议》，程好主编，同济大学出版社出版，2017.4.

一、研究背景

(一) 问题提出

2013年9、10月,习近平主席相继提出建设"丝绸之路经济带"和"21世纪海上丝绸之路"的重大战略倡议。2015年3月,为推进实施"一带一路",中国政府特制定并发布了《推动共建丝绸之路经济带和21世纪海上丝绸之路的愿景与行动》[1],明确了:"丝绸之路经济带重点畅通中国经中亚、俄罗斯至欧洲(波罗的海);中国经中亚、西亚至波斯湾、地中海;中国至东南亚、南亚、印度洋。21世纪海上丝绸之路重点方向是从中国沿海港口过南海到印度洋,延伸至欧洲;从中国沿海港口过南海到南太平洋。"同时,"'一带一路'相关的国家基于但不限于古代丝绸之路的范围,各国和国际、地区组织均可参与,让共建成果惠及更广泛的区域。"

"一带"与"一路"的概念,伴随2013年以来中国国家领导人的出访,引起沿线国家媒体、政府智库、研究者一定程度的关注。"一带一路"倡议以政策沟通、设施联通、贸易畅通、资金融通、民心相通为重点合作内容,其中,"民心相通"是"一带一路"建设的社会根基。因此,了解海外民心所向,对"一带一路"建设显得十分必要。

(二) 文献综述

新闻媒体多以关注习近平等领导人访问事件以其对两国经贸合作、双边关系影响为主,智库及研究者则注重"一带一路"的介绍以及动因和影响分析。例如,欧亚关系研究院(European Institute of Asian Studies, EIAS)学者 Theresa Fallon 认为,中国提出建设"一带一路"是受到了能源、安全与市场的驱动[2]。波兰智库东方研究中心(OSW)评论刊文认为:"相对于美国在中亚、东南亚地区的主导地位以及俄罗斯在这些地区的一体化项目,中国的新丝绸之路将是一种可选的替代。这个概念也将促进中国对中欧走廊沿线国家影响力的增长,并将这一过程合法化,包括中东阿拉伯国家、以色列、土耳其,非洲和中欧(巴尔干和中欧四国)"。[3] 上述分析属于典型的"目的性”构陷[4]，其结果是，国际舆论推论出中国对美、俄等国利益的威胁论，以及为抨击我国“能源目的性”等提供论据。

“一带一路”倡议的传播与中国国家形象的传播相生相依。一个国家的国家形象决定了世界看待以及对待它的方式[5]。Joshua Cooper Ramo[6]认为，中国国家形象影响着中国的未来，中国的世界形象不是单纯使用“好”或者“不好”可以描述的，必须面临的一个问题是：中国形象的自我印象与其他国家的印象相异甚多。

相比海外的智库先行，国内对“一带一路”的研究则呈现出研究者与研究成果井喷式增长。2014 年全年，中国知网(CNKI)以“一带一路”为主题的各类文献共计 750 篇，而截至 2015 年 8 月 15 日，2015 年发表的文献达5 532 篇之多。关注点集中在“一带一路”战略与意义阐述，以及“一带一路”实施中的地方性战略或行业战略，多以中国自身视角为出发点。因此，不难理解，在国际传播中，中国“一带一路”话语体系已陷入自说自话的尴尬境地”[7]。一方面，“共建‘一带一路’符合国际社会的根本利益”没有得到充分的传播；另一方面，脱离国际视野的居高临下、盲目自信为国际社会“目的性”构陷增加了论据。在为数不多的国际舆论研究中，分别有学者对美国[8]、印度[9, 10]、日本[11]、俄罗斯[12]智库对中国“一带一路”战略的反应与评述进行了研究，结果印证了上述论点，同时相对于“一带一路”利益共同体国家数量，舆情分析国别还远远不足。

如上所述，“一带一路”建设不能仅凭中国自身的热情与投入，国际舆情，特别是“一带一路”周边国家舆情研究以及在此基础上的跨文化传播任务、主体、内容、途径研究，在当下变得日益重要，将有可能成为决定“一带一路”建设成败的关键点之一。

周边国家舆情，作为实现“一带一路”建设的外部环境，对建设目标的实现有着重要的影响。而国际舆情研究中，语言障碍与国际化视角十分重要，本研究借助目标国家留学生，以汉语或英语为中介语言，通过研究对象参与研究的方式，获得更加贴近真实想法的舆情分析结果。

此外，各国互联网发展与应用水平有所不同，因此信息传递与舆论形成过程、影响力也各不相同。调查问卷将成为互联网发展有所欠缺情况下的舆情分析素材的补充。

二、研究路径

(一) 研究过程

本项目研究主要分为两个阶段。第一阶段，自 2015 年 5 月开始，来自 50 多个国家的 60 多名同济留学生与 57 名同济中国学生积极参与该项目研究。他们以“1+1”方式合作，一个国别研究小组由 1 名该国别留学生与 1 名中国学生组成，同时吸引该国别其他留学生以及对该国别感兴趣的中国学生参与其中。

在同济大学交通运输工程学院、国际文化交流学院、政治与国际关系学院 8 名教师的共同指导下，每个国别研究小组的中外学生通过查阅大量相关文献、网上问卷、视频访问等多种方式，最终于 2015 年 6 月底完成“一带一路”沿线 51 国的国别研究报告。研究内容包括：

(1) 搜集“一带一路”沿线国家经济、国际贸易、外交、金融、基础设施建设等方面的本土数据；

(2) 综述沿线国家政治、经济领域有关“一带一路”的各种发声与反应；

(3) 调查当地民众对“一带一路”战略的认知与观点；

(4) 为政府、企业、高校参与“一带一路”战略提出建议。

第二阶段 14 个国别的研究由同济大学外国语学院“跨文化训练营”的中国学生与“教育部来华留学品牌课程”“当代中国”系列课程的留学生共 60 多人参与研究，国别上增加了西欧发达国家以及第一阶段个别研究欠充分国家。第二阶级形成 10 余个研究团队，每个团队 5～7 人(4～5 名留学生+1～2 名中国学生)。第二阶级团队重点关注团队中留学生来源国家的政府、媒体、学术圈以及普通民众对中国“一带一路”战略倡议的观点与态度。例如，德国是列入第二批研究的国家。多名德国籍学生与中国学生在共同完成的《“一带一路”倡议德国舆情研究》报告中这样写道：“现代丝绸之路是德国加强与中国经济联系的一种方法，‘一带一路’将促进德国与中国之间的双边贸易。舆情研究表明,民众对这一倡议的普遍看法是相当积极的。”

(二) 研究方法

1. 文献研究

以“一带一路”“新丝绸之路”“海上丝绸之路”等为关键词,由留学生搜集其母语文献,在教师指导下,借助汉语或英语对文献进行综述。

2. 网络舆情分析

筛选与“一带一路”建设相关的新闻、事件,统计评论数量,并对评论进行阅读,并分析其本质。

3. 问卷调查

对于互联网欠发达地区,使用问卷调查的方式,了解该国民众对“一带一路”建设,以及与之相关的中国形象、中国企业形象、与中国企业合作意愿等方面的态度。

三、典型国家舆情分析

(一) 典型国家选取

“一带一路”提出以来,国内各界都在寻找“一带一路”周边国家或沿线国家的清单,有一些学者或机构作了一些尝试,例如此前中国社会科学网转载的 64 国清单,以及新华社“新华丝路”网曾公布的 65 国名单。无论上述 64 国还是 65 国名单,欧洲发达国家都没有列入其中。一方面这与官方公布的“一带一路”示意图有所不符;另一方面,国家发改委已明确表示:任何国家都可以参与“一带一路”建设。因此,本研究关注的范围为在 65 国基础上,增加了欧洲发达国家代表。

在典型国家筛选上,主要考虑以下三个因素:

(1) 文化因素:宗教,尽可能涵盖不同家教国家;

(2) 经济因素:进出口,优先选择所处区域对华出口活跃的国家;

(3) 地理位置:兼顾地区平衡。

(二) 匈牙利舆情分析①

1. 媒体舆情

本文对匈牙利的两大主流媒体《匈牙利人民报》(*Magyar Nemzet*)和《匈牙利新闻报》(*Magyar Hírlap*)2014年12月至2015年7月之间的所有新闻报道进行了关键词检索。文章发现,尽管匈牙利作为欧盟成员国之一,有关中国的相关新闻数量和关注度远低于欧洲事务,但新闻内容较为丰富,对中国最新发生的事件也有所关注。在《匈牙利人民报》中,就有关于中国北京冬奥会申办、电梯安全事故、"二胎"政策的实施等新闻。《匈牙利新闻报》中有具体关注中国甘肃省和深圳与匈牙利的合作交流[13]。

匈牙利国内媒体将中国"一带一路"战略称作"丝绸之路",因此,本文以"丝绸之路"为关键词进行检索,《匈牙利人民报》的相关文章有29篇,《匈牙利新闻报》22篇,文章的内容与评价都十分相近,主要涉及"匈塞铁路""基础设施建设""经济互补""中欧关系"等内容。能够看到匈牙利国内媒体对于中国"一带一路"战略的评价积极,他们不仅强调匈牙利在战略中的角色,还强调该战略为中东欧与中国的合作提供机会,将会连接全球44亿人和全世界经济的45%,为战略各方带来更快更好的发展机遇。匈媒认为,匈牙利应该充分利用此次合作机会,并希望中国能够提供空间和更好的谈判位置,[14]匈塞铁路中的经济贸易和基础设施建设,成为匈媒有关"丝绸之路"讨论的重点。[15]

在匈媒看来,中国实行"一带一路"战略有三个主要原因:[16]扩大市场,推动国内产业转型,维护经济稳定发展;[17]增加世界范围内人民币的接受程度,增加中国公司的全球发展机会,同时建立新的自贸区;[18]加强中国在区域与全球的地位。[19]

尽管媒体舆论中存在部分欧洲分析家对于中国新丝绸之路动机的怀疑,认为中国想借机扩大国际影响力[20]。但相比于质疑中国,由于两国相距较远影响不大,匈牙利媒体更多的是在反省自身。匈牙利认识到中国"一带一路"战略为其带来的巨大发展机遇,开始严肃地思考自己在其中的战略地

① 匈牙利舆情分析由殷昊(中国)、丹尼(匈牙利)完成。

位。匈牙利希望自己能够成为中国与欧盟之间的桥梁，以此来促进中欧关系的进一步加深，也因此反思本国与欧盟关系不够紧密及国内对欧盟的对抗声音[21]，担忧近期与欧盟较多的冲突会影响匈牙利作为中欧之间桥梁的地位。此外，也有报道批评匈牙利对中国的国家形象宣传力度不够，远不及匈周边国家，导致中国人对匈牙利的了解不够，两国之间的贸易有所下降，提出要加强中匈沟通与交流。[22]

匈媒对欧洲分析家所谓中国“一带一路”倡仪“称霸”动机的讨论并不重视，只是一个不怎么关心的旁观者。在匈主流媒体有关于中国的文章中，与中国的经济崛起相伴的经常是“亚投行”一词，匈媒认为，中国大力投资发展亚投行是对 IMF 和世界银行的抗争，使全球权力从西方转移到东方，极大地动摇了美国控制下的国际金融体系。《匈牙利新闻报》中甚至直接以《世界银行的挑战者》[23]和《美国的霸权可能结束了》[24]为题，来介绍和评价亚投行。

值得关注的是，匈牙利的这种认识并不是出于对所谓“中国威胁论”的恐慌和反对，匈媒强调，2015 年中国外交首要贯彻落实“一带一路”项目，并向国际舆情证明“一带一路”不是一个“中式的马歇尔计划”，也不是为实现地缘政治目标的意图，而是一个强调基础设施、能源矿业、工业和金融合作的项目。匈媒只是作为一个旁观者，认为亚投行与世界银行的竞争，可能是中国与美国竞争的体现。[25]甚至不仅仅只是旁观，匈媒舆论认为亚投行对匈更加有利[26]，在对“一带一路”战略金融背景，即亚投行和“丝绸之路基金”进行报道时，匈媒明确表示希望加入亚投行，并采取积极行动。[27]匈媒愿意相信，亚投行可以成为美国和欧洲领导的世界银行和国际货币组织外的另一股金融力量。[28]

总体来说，匈牙利的媒体舆论对于中国的现状与未来都有着非常乐观与看好的态度，为中匈“一带一路”战略的共生系统提供了良好的媒体舆论环境。然而，其中依旧存在着张力与矛盾。

首先是匈塞铁路问题，匈塞铁路对于中国新欧亚大陆建设有着重要意义，然而对此项目的建设却因某些具体问题，仍然处于谈判之中。对于匈牙利而言，匈塞铁路建设项目最大的问题便是资金。目前依旧确定的建设投资中，中国政府为全中东欧提供大约 10.5 亿美元的贷款，此贷款的一部分将投入修建匈赛铁路及其相关的基础设施项目。[29]匈外交外贸部长表示，为了完成匈塞铁路建设，中国将提供约 85％的贷款，贷款的条件取决于中匈塞三国如何参与承担完成本项目，[30]同时，中国要求该项目由中国公司实施[31]。这看似优厚的投资贷款却成为最大的矛盾所在，匈媒体担忧中国提供贷款率较高，而由于具体实施为中国公司，该项目对匈的回报不定，是否值得匈承担此风险仍然未知。尤其是目前匈牙利面临高额国债的问题，将控制国债列入宪法，成为其经济建设最主要的困境，中国的贷款很有可能造成匈债务问题的进一步加剧，极大地破坏匈牙利国家经济。因此，匈牙利希望能够继续谈判，在双方都能够接受的基础上，确定较为合适的贷款条件，在促进双方经济利益共同发展的同时，避免匈国家与人民承担财政危机与债务危机。[32]

其次是匈牙利媒体舆论中较多存在的对中国经济的担忧。两大主流媒体《匈牙利人民报》和《匈牙利新闻报》中，关于中国经济的关注占多数，其中较多是对中国股票市场和经济下滑的关注与担忧，中匈关系的影响也源于此。目前中匈之间经济领域的联系成为最主要的联系，经济成为最主要的共生因素，政治和文化等领域相对较少，在这样较为单一的联系中，一旦中国的经济下滑不再具有相对优势，中匈之间的经济纽带就会受到冲击。

2. 民众舆情

中国“一带一路”倡议推进过程中，沿线国家民众的支持成为各项目顺利进行的重要因素。本文对匈牙利民众进行了小范围问卷调查，力图分析匈民众对于中国形象的看法，及其对中匈两国合作的观点。本文合作者之一为匈牙利在华留学生，保证问卷用语与内容在匈汉两种语言间转化时未产生歧义与误解。

问卷通过书面与电子邮件的方式，邀请匈牙利本国民众回答问卷的方式，共发放 37 份问卷，有效问卷 37 份。其中男性 20 人，女性 17 人，性别比例较为均衡，年龄集中于 18～44 岁。

在有关中国印象的多选题(表 1)中，除了中匈长期历史交流带给匈牙利人民"历史悠久"的印象外，中国"贸易大国""世界工厂"和"经济大国"的形象开始被广泛接受，体现出中国在世界经济领域地位的崛起，而与之相关的负面形象如"污染严重""食品不安全"也随之而来。民众舆论与媒体舆论体现出相同的认知单一性，过多的目光投入经济领域，而忽视了其他共生因素的发展。尽管中匈两国之间长期的政治友好合作与历史上的文化同源体关系，但民众显然缺乏此类的认知。在匈牙利人民心中，中国更多的只是个适合经济往来的商业伙伴，而不是拥有民族归属感和文化共性的朋友。

表 1　匈牙利民众的中国印象

	经济大国	贸易大国	外交大国	政治大国	科技大国	历史悠久	文明古国	世界工厂	污染严重	腐败	产品质量不好	食品不安全	社会主义国家	资本主义国家
人数	15	21	7	4	2	20	8	20	19	5	9	15	5	3

发展态度	频次	百分比
带来发展机会	15	40.54%
带来机会大于威胁	9	24.32%
带来威胁大于机会	4	10.81%
带来威胁	3	8.11%
不好说	6	16.22%
合计	37	100.0%

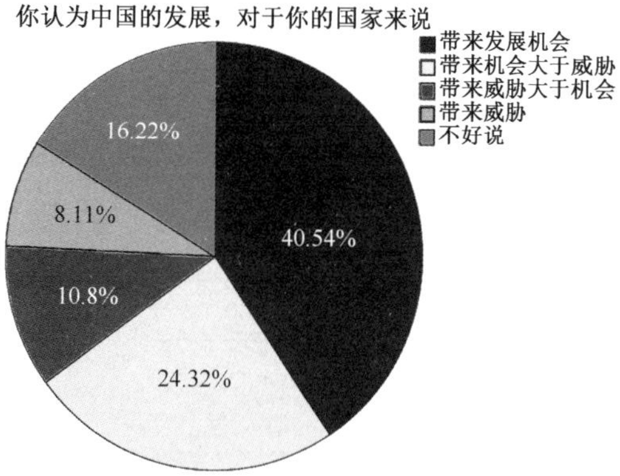

图 1　匈牙利民众对华发展态度

在对两国发展关系的看法上，匈牙利民众有着较为积极的态度，更多地认为中匈之间的合作能够为匈牙利本国的发展带来机会，为"一带一路"战略在匈牙利的顺利实施提供民众支持。

问题缩小到个人微观层面时，匈牙利民众对中国人表现出接纳的态度。这很大程度上与在匈的大量华人有关，中国人在匈进行经济、学术、旅游等活动已经较为常见，有利于中匈两国国家层面的交流往来。

交流态度	频次	百分比
很愿意	6	16.21%
愿意	14	37.84%
一般	12	32.42%
不愿意	2	5.41%
非常不愿意	3	8.11%
合计	37	100.0%

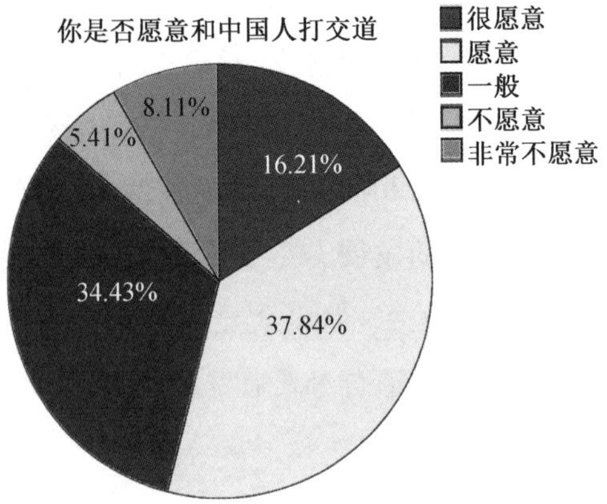

图 2　匈牙利民众对华交流态度

合作态度	频次	百分比
很愿意	4	10.81%
愿意	13	35.14%
一般	11	29.73%
不愿意	3	8.11%
非常不愿意	6	16.22%
合计	37	100.0%

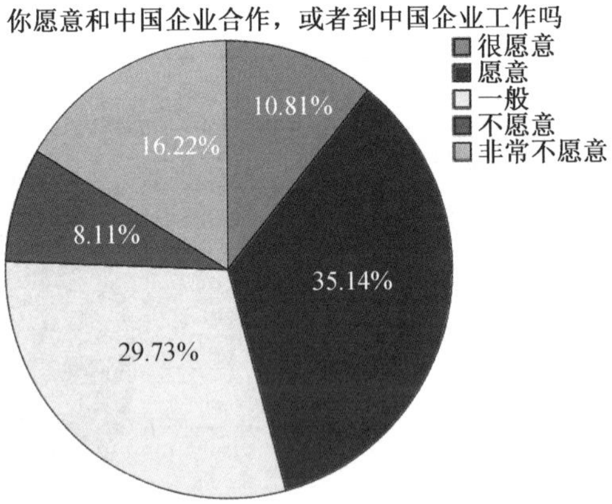

图 3　匈牙利民众的对华合作意愿

据图 3 所示，中国企业在匈的投资与中国强大的经济力量，在匈牙利民众心中留下了较好的印象，与中国企业的合作或进入中国企业工作被匈民众认同和接受。

对于匈牙利民众而言，政治与宗教问题是敏感与禁忌的，人们不愿意谈论政治，视对方主动提及政治宗教话题为不尊重。[33]这或多或少会影响受访者回答问卷时的态度，但尽管如此，我们依旧能够看到匈民众并不排斥与讨厌中国政府。

印象	频次	百分比
很好	1	2.7%
好	7	18.9%
一般	17	45.9%
不好	3	8.1%
很不好	1	2.7%
不了解	7	18.9%
缺失	1	2.7%
合计	37	100.0%

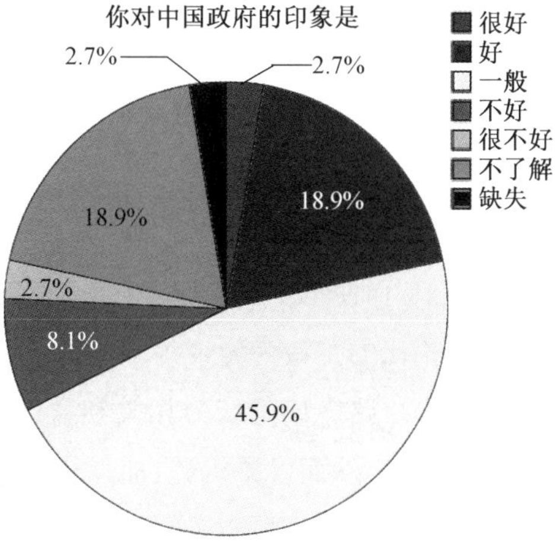

图 4　匈牙利民众的中国政府印象

印象	频次	百分比
非常友好	5	13.5%
友好	22	59.5%
一般	10	27.0%
合计	37	100.0%

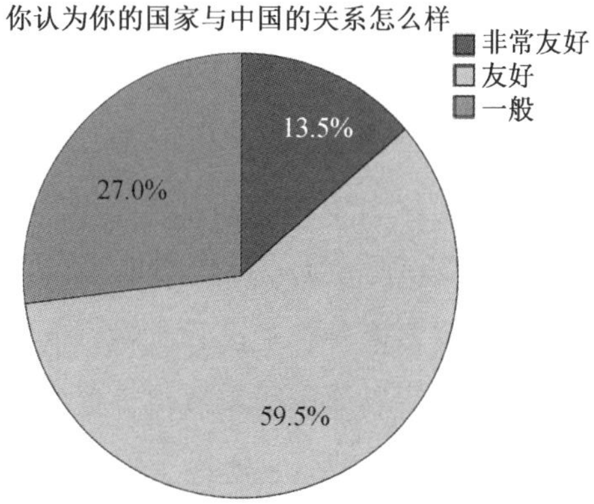

图 5　匈牙利民众的两国关系印象

中匈关系一直以来的友好状态也体现在人民的认知上，受访的匈牙利民众对中匈目前关系持乐观态度。

(三) 格鲁吉亚舆情分析[①]

对于格鲁吉亚如此迫切地参与“一带一路”倡议的忧患思潮，在第比利

① 格鲁吉亚舆情分析由 Hari Perišić, Olga Asinska, Virginia Sauer, Tim Trepmann, Maximilian May 以及 Zurab Qelbaqiani 完成，黄思源翻译。

斯丝绸之路国际论坛后逐渐平息下来。这场论坛于 2015 年 10 月 15 日至 16 日在格鲁吉亚首都第比利斯举行。32 国的官方代表以及超过 20 个国际性、金融类赞助组织参与了这次活动,参与人数量达 1 000 人。

格鲁吉亚总理伊拉克利·加里巴什维利强调了该论坛为本国带来的巨大机遇。他明确指出,论坛的重点应放在加强格鲁吉亚与其他贸易市场的合作之上,从而使得本国与其他国家都能够共享繁荣果实。

这场论坛的主旨为凝聚各国共识、谋划新丝路经济带建议,探讨区域繁荣发展共赢之路。该论坛为相关利益国家和组织构建了一个高水准、年度性的会面平台,从而发掘机遇,加强合作。在会面期间,格鲁吉亚分管投资、发展、外交、经济、金融、能源的多位部长与多国成员就若干重要议题展开磋商。同时,格鲁吉亚经济小组还为潜在投资人提供了一份投资组合报告来吸纳更多资本,进一步促进本国贸易、能源、交通、基础设施、旅游产业的发展。[34]

1. 格鲁吉亚的研究意义

2015 年 12 月 13 日,当第一列中国货运火车驶抵格鲁吉亚时,很多人还是想知道,为什么中国在最后关头改变了原先的计划,将格鲁吉亚考虑在“一带一路”合作之中。一家名叫《国际新闻》(*Inter Press News*)的格鲁吉亚报纸指出,许多格鲁吉亚公民对这一问题有着自己的看法。格鲁吉亚民间普遍认为,之所以他们国家被包含在内,还是要归功于最近新建成的卡尔斯-第比利斯-巴库铁路,它连接了阿塞拜疆与土耳其的多座主要城市,使得格鲁吉亚成为一座沟通欧亚的完美桥梁。[35]

起初,中国是加大投资去建设连接“白俄罗斯-匈牙利”之间的铁路,将之作为“一带一路”的重要通路。而当卡尔斯-第比利斯-巴库铁路建成后,中国便发现这条铁路相较于之前的计划,帮他们省去了更多的时间与金钱成本。此外,中国还测试了从阿塞拜疆途经格鲁吉亚到哈萨克斯坦的水路运程,事实证明这样的行程耗时更短。在明显的双重优势下,中国政府意识到,将格鲁吉亚包含在“一带一路”之内是一个兼具经济性与快捷性的明智选择。

在格鲁吉亚工作的中方代表也开始试图吸引中国企业向格鲁吉亚投资的兴趣,2013 年,格鲁吉亚与欧盟签署的联合协议、自由贸易协议,这两项文件促使中国公司在政府引导下将目光逐渐转向格鲁吉亚。自由贸易协定允许在格鲁吉亚的优质商品出口欧盟，同时不需要缴纳额外消费税。政治环境与政策健全为中国企业进入格鲁吉亚市场提供了根本保障。

华凌集团是一个本部设立于新疆乌鲁木齐的中国企业，1988 年进驻格鲁吉亚，他们主要运营范围是管理、销售、租赁贸易中心和批发市场。2014 年前三季度，华凌集团是在格鲁吉亚的最大投资公司。从 2007 年以来，其在格鲁吉亚的投资额已经超过 5 亿美元，[36]创造了 2 500 个就业岗位。东方电子集团是一家建于 1984 年、总部位于成都的大型中国企业，2015 年，东方集团决定以 2 亿美元在格鲁吉亚建立热电厂，并以此作为进驻格鲁吉亚市场的见面礼。珠海大横琴有限公司也正在筹划投资 10 亿元，用于建设格鲁吉亚公路设施。这些由企业红利与政府惠利相结合的实例，为后续进驻格鲁吉亚市场的中国企业树立了良好的示范作用，也为格鲁吉亚的经济发展奠定扎实的基础。

2. 格鲁吉亚的收益

尽管格鲁吉亚仍旧致力于实现其自给自足的经济目标，但他们也并不拒绝这些经济、基础设施建设上所获得的巨大外来利益，与中国的贸易合作关系也将同先前一样继续强化。其国内外投资数额也将进一步增长，从而带来更多的项目以促进基础设施的建设，加快人民生活水平和国力发展的速率，同时进一步拉动内需，带动就业。条条大路最终都会指向国家 GDP 的增长。如果中国和格鲁吉亚再签署一项自由贸易协定，那么出口到中国的格鲁吉亚商品又将会提升约 9 个百分点。

由于一系列国家指数的增长与格鲁吉亚产品的出口，格鲁吉亚旅游业或许将成为下一个着重开发的领域，中国“一带一路”倡议将让世界欣赏到格鲁吉亚风格各异的自然景观。当然，中方也应当保护自身格鲁吉亚的投资，并持续提供良好的政策辅助。同时，中方将承担更多的大国责任，在国际政治上立场更具客观性、公正性，例如在对待格鲁吉亚与俄罗斯的领土争议问题上。[37]

3. 格鲁吉亚的风险

笔者通过调查问卷发现，部分格鲁吉亚人对于中国在格鲁吉亚的投资也表示出怀疑的态度。通过其他国家媒体的宣传，格鲁吉亚人对于中国在海外的事业已经产生一些不好的印象。例如，中国在非洲的投资与贸易，被认为显示出一种所谓“侵略性”的特征。而当这些“问题”有可能落在格鲁吉亚人自己身上时，他们担心中国企业会通过购买土地去获取不可再生资源，甚至劝说中国人搬到格鲁吉亚居住，这样的发展对于格鲁吉亚来说不亚于杀鸡取卵，竭泽而渔。另外也有一些人担心中国企业会主要使用华人劳动力资源。许多人把中国看成一个债主，总有一天要以其他的形式向中国偿还这些债务。但格鲁吉亚律师协会指出，这些担忧是可以通过一些合适的立法得到解决与保障的。同时，在制定投资法规上，格鲁吉亚议会也应当更多考虑格鲁吉亚人民的利益，而非中国人的利益，这样可以最大程度杜绝以上问题的出现。事实上，贪污腐败才是格鲁吉亚所面临最致命的风险。如果一个政府成员或议会成员贪污其他在野党以及人民的利益，那么格鲁吉亚所面临的风险就将成真。

(四) 印度舆情分析①

1. 印度的顾虑

以中国为首的亚投行旨在构建亚洲 55 个国家的公平贸易，而印度也成为亚投行的一员。但是，2015 年 7 月，印度外交秘书苏杰生表示印度不参与“一带一路”[38]。实际上，这位外交秘书断言，亚投行的不断发展，“一带一路”不过是中国实现自己目标的一种手段，并不能促进所有成员国的发展。他还认为习近平主席未曾在开启这项大计划之前与其他成员国进行商讨[39]。

印度外交秘书的反对原因可能有以下两点：

一方面，从地理角度和国土安全角度考虑，印度对中国所作出的承诺采取小心谨慎的态度。1962 年的中印边境战争后，印度对中国充满戒心。即使两国关系在今天看来十分缓和，但印度对中国为开展海上丝绸之路而在印度洋地区的大规模建设活动依旧持怀疑态度。“一带一路”的建设将中国

---

① 印度舆情分析由 Simon WOELLNER, Sara MKHATRI, Reeza Kevin ISMAEL, Pablo RODRIGUEZ, Yacine SQALLI 完成，翻译：姚博文。

的大型沿海城市与非洲、中东以及欧洲联系在了一起。为了完成建设目标，中国已经同斯里兰卡、巴基斯坦、孟加拉国和缅甸建立了军事和海上联系，也为上述国家的港口建设进行了投资。而这些国家的港口，在印度看来，正是围绕在印度周围的“潜在军事基地”。此外，中国在印度洋上的“海上扩张”进展十分迅速。印度此番做出如此反应还和近两年来中国在印度洋地区的潜艇部署有关。但中国表示部署潜艇是为了打击亚丁湾附近的海盗势力，保护中国商船顺利航行[40]。

新德里国防研究及分析研究所中的研究员库拉纳（Gurpreet S Khurana）认为，中国的发展将在区域间构建一种新的平衡。而这个区域由许多国家组成，包括巴基斯坦（中国在巴已有海军驻军）和印度（与企图在印度洋区域发挥更重要作用的美国结盟）。

尽管中国声称21世纪海上丝绸之路的建立是为了刺激中西方国家间的贸易交换，但是印度依旧质疑中国的真实意图。

另一方面，近期印巴双方的关系紧张并不是什么秘密。事实上，从1947年两国分别独立开始，两国在边境上的军事争端时有发生，尤其是关于克什米尔地区的管辖权。两国的地缘政治关系到今天依旧十分紧张，并不利于促进双方通过经济长廊进行合作，而这一点也一直困扰着中国。

巴基斯坦和中国决定构建中巴经济走廊。中巴经济走廊全长400千米，连接了两国，世界上20%的石油在运输时（大部分运往中国）[41]都要经过该走廊。这项计划促进了巴基斯坦当地的经济发展：在大量资金投入到中巴经济走廊建设的同时，巴基斯坦也将在未来几年中提升本国的国民经济生产总值，提高其人民生活水平。此外，若中国作为贸易伙伴，巴基斯坦在国际事务中就有了坚实的后盾，此举将给印度近年来的区域间发展造成冲击。

因此巴基斯坦方面拒绝印度与阿富汗和中亚进行联系，并决定将印度排除在丝绸之路经济带之外。

同时，中巴经济走廊对中国的发展也十分重要，因为走廊的建立意味着中国境内的新疆喀什将有机会和巴基斯坦的瓜达尔港通过一条小路联通起来。中巴经济走廊也将成为旨在将亚洲和欧洲联通的“一带一路”的中枢。但是，这条走廊依旧要穿过巴基斯坦管辖内的克什米尔地区，以及中印双方共同管辖的吉尔吉特-巴尔蒂斯坦地区。[42]这也是印度怀疑中国在寻求合作时的诚实性的主要原因。

现任印度总理莫迪(Modi)认为国家利益高于一切。此外,印度外交官巴德拉库马(MK Bhadrakumar)认为注重商业和发展的莫迪主义有着十分光明的前景。莫迪充分意识到了依赖于友好的国际环境和与周边国家的经济合作的重要性。这种想法也将使印度成为区域经济合作中的重要伙伴。

2. 印度与"一带一路"

尽管印度到目前为止的对外交往与合作上并没有取得很大的成就,但对潜在机会的新思考不断加强。地理学家科恩(Saul Bernard Cohen)在印度杂志《火线》[43]中发表了他的观点。他表示,如果贯通印度洋的东西岸以及南亚次大陆,那么印度会成为唯一一个有机会追上甚至赶超中国的国家。除此之外,这位地理学家还解释了单凭印度一国为何不能实现其目标的原因,他说:"印度既没有资源,又没有政治和经济实力建设在国际范围内具有影响力的网络连接。"他还举例说,如果通过伊朗并利用查赫巴尔港使印度与中亚相连,那么印度就可以进一步利用中国建设道路,直通中亚、俄罗斯和欧洲众多地区。

因此,印度利用中印孟缅经济走廊来增加贸易的决定是十分正确的,同理,重新考虑印度在"一带一路"中所处的位置也是如此。此外,科恩还认为创建经贸联系网能增加安全感。若要在亚洲市场独立发展并与中国竞争,印度首先就应该将自己融入到"一带一路"中,并且多多利用印度和周边国家乃至欧洲国家间的联系。

另外,中国最近似乎改变了想法,正式邀请印度加入"上海合作组织"中(该组织召集亚洲和中东各国以共同促进经贸合作)。

现今印度加入"上海合作组织"能获得不小的利益。北京的一位官员否认两国间存在竞争:"中印两国间并不存在战略竞争,'周边地区'的问题更是子虚乌有。同时,中国希望受益于印度的地理优势以及区域影响力。"[44]

中国想法的改变为印度经济的增长提供了机会。首先,通过"一带一路",印度与东亚和西方世界的联系不断加强。其次,伊朗-巴基斯坦-印度石油项目将重新启动,为印度带来利益。再次,与中国、俄罗斯、伊朗、巴基斯坦共同签署能源供应协定，将加强区域间联系，构造南亚和中亚间的经济桥梁。[45]

印度总理莫迪希望进一步加强与中国之间的友好往来。他认为："两国间的显著区别，包括边境问题，不应该成为双边关系进一步发展的绊脚石。"两国都明白经济合作是互利双赢的：印度需要中国的投资，而中国也需要印度为其经济增长提供机会。[46]因此，中印两国应尽快讨论"一带一路"的建设问题。

3. 民众舆情

除了对意测中国意图的恐惧外，印度人民很有机会抓住"一带一路"所带来的机遇。这里我们将分析一位名叫埃尔芒·昌达（Hermant Chandak）的研究者的观点。他的文章原稿发表于印度智库塔克沙希拉研究所（The Takshashila Institution）网站上。[47]

一方面，这篇文章臆测了中国"一带一路"倡议的军事意图。昌达在文中解释道，横跨国家的公路、高铁、港口、管道和桥梁建设实际上给了中国展示军事实力的机会。因此，建设这些项目时，中国的军队将轻易的转移到中亚和东亚各个地区，极大地扩大了中国在亚洲大陆的影响力，特别是印度所在的地区。

而另一方面，昌达又指出"一带一路"将促进国家间的经济发展。从印度的立场出发，利用这些连接道路将会给本国的商品找到巨大的出口市场。就像曾经的丝绸之路贯通欧亚一样，"一带一路"将使光纤、铁路和海底电缆不断发展，扩大印度地区带宽，在国际范围内促进印度发展。此外，各种交通方式的利用，使"印度制造"不断地壮大。技术信息的交换以及科研方面的合作能够极大地促进本国基础设施建设的发展，同时利于展望新的项目。综上，所有国家都将通过合作提高本国的安全程度。

4. 问卷调查

小组成员开展了一项调查以分析大众观点。我们共收到了 150 份来自不同国籍的同学的反馈，其中包括了来自印度、德国、法国、加拿大、摩洛哥、美国、瑞士、匈牙利、丹麦、马达加斯加和贝宁的同学。

调查问卷的第一部分是对参与调查的人的介绍。在他们之中，54.79%

为男性,45.21%为女性;参与调查的人中将近80%为年龄段在18岁到25岁间的青年人。

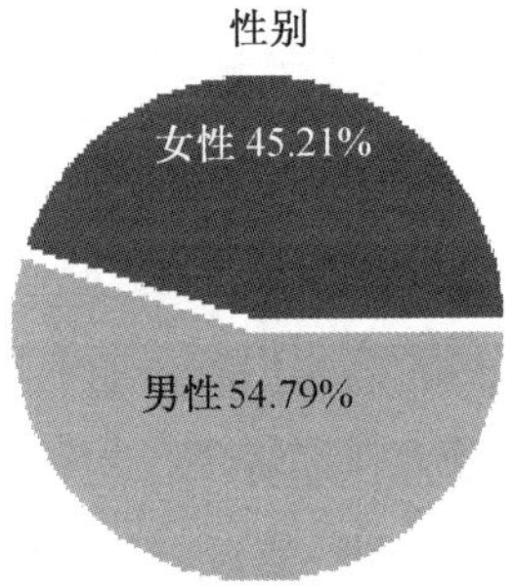

图6　印度调查对象性别比

调查问卷的第二部分主要集中对于"一带一路"的了解和对中国与印度经济的看法上。我们发现,将近80%参与调查的人都没有听说过"一带一路"。但是56%的人认为中国的经济处于飞速发展阶段,而53%的人认为印度经济发展速度较慢。

调查问卷的第三部分集中在印度方面。实际上,在了解了"一带一路"后,86.5%参与调查的人员认为印度需要加入到"一带一路"中,并与中国构建一个强劲的合作伙伴关系。

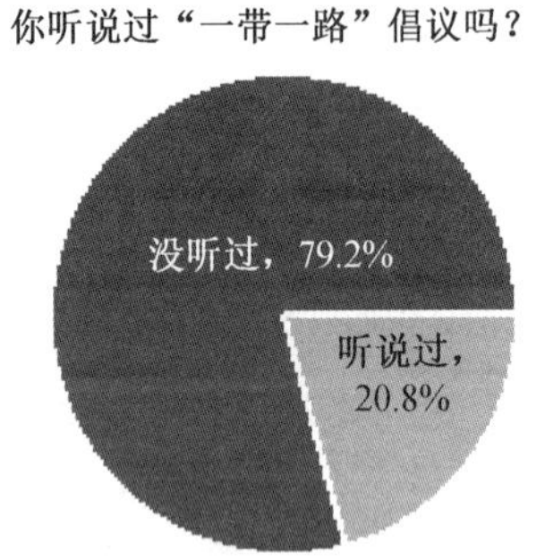

图7　对"一带一路"的了解度

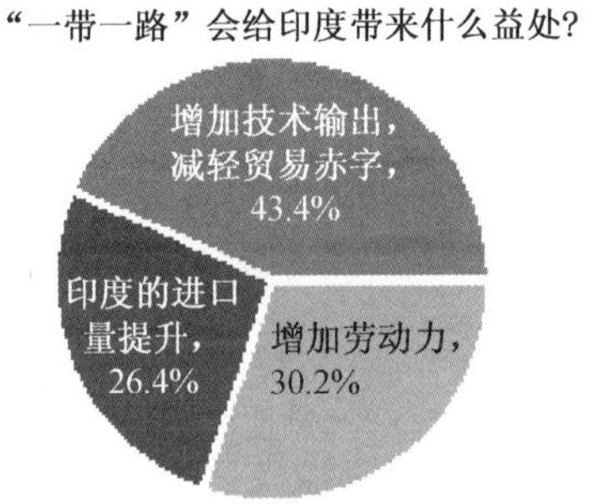

图8　"一带一路"的影响方面

另外,43.4%的人员认为"一带一路"对印度来说是个增加技术输出并进一步减轻贸易赤字的机会。30.2%的人员认为加入到"一带一路"中有利于印度增加劳动力,26.4%的人预期印度的进口量也将显著提升,因为印度将会获得价格较为低廉的原材料和商品。

调查的最后一部分着重分析世界形势。事实上,将近75%的被访者认为印度是中国、欧洲和非洲之间的一个战略要地,"一带一路"以及中印之间的合作关系更有利于欧洲的发展。32.4%的人认为欧洲国家将有更多的机会开辟亚洲市场;26.8%的人认为欧亚间国际贸易会不断加强;16.9%的人认为欧洲国家将有更多的供应商。因此,将近80%参与调查的人员认为中印间的合作关系将为欧洲带来利益。然而也有14.1%的人员认为这样的合作关系会损害欧洲利益,因为欧洲会因此失掉市场。此外,还有 9.9%的人员认为这样的合作关系会损害欧洲利益,因为欧洲与印度和中国的贸易量都将分别减少。

(五) 德国舆情分析①

1. 德国的顾虑

21 世纪的丝绸之路是中国发起的一项巨大的工程,这将涉及众多沿线国家。沿线国家的主要好处是建立以港口或公路和铁路为形式的现代化基础设施。这不仅将加强沿线的贸易和商业,同时也将大大推动合作国的经济。希望改善国内基础设施但又缺乏必要资金的国家,有机会从中获益。"一带一路"倡议将开辟新的铁路和航线来增加中国和许多其他国家之间商品、信息、商业、技术和科学知识的流动。这也将加快沿线所有国家的经济繁荣。增加信息、知识的交流也有可能提高创新和发展,将现代技术扩散到需要的地方,并可以有效地应用于区域。现代化的基础设施也能促进沿线地区游客和学生的流动。这不仅有利于许多国家旅游业的发展,也提供了一种更轻松,更便捷的方式去旅行和探索新的文化和国家,从而利用了该倡议给予的另一机会。因此,现代的丝绸之路将增加全球和区域连通性,有利于沿途所有的合作伙伴。"一带一路"倡议的另一个机会表示其政治地位和政治信息。"一带一路"的成功取决于许多国家的成功合作。这意味着,该倡议不仅代表了在覆盖几大洲的大面积范围内经济增长和财富增加的巨大机遇,也说明了建立跨境级别的政治和战略合作伙伴关系的可能性,其中包括几大经济政治强国。[48]

德国分析文章认为:尽管该倡议提供了机遇,但也蕴藏着一些国家甚至可能考虑成威胁的风险。

首先,"一带一路"由中国发起,除了经济利益以外,中国被认为还要获得在国际上和"丝绸之路"沿线地区更强的政治地位:"中国提高在这些地区的存在感,同时中国想要提升其在东南亚地区以及整个亚洲的地位,制衡美

① 德国舆情分析由 Alexander Wiedenmann, Mariya Chernyasvska, Marina Wohlan, Joline Maikath, Niclas Hildebrand 以及 Paul Leo Versley 完成,翻译:刘洋。

国、印度和俄罗斯大国的力量。”“中国的崛起使印度和俄罗斯倍感压力”,同时,“一带一路”倡议可以被视作中国为加快推进政治经济发展而迈出的坚定步伐。现代丝绸之路也带来了美国的不安,因为该倡议将美国完全排除在外,所以美国感受到了威胁,该项目将巩固中国与东南亚地区的合作。这样的担心一定程度上是中国的直接邻国共同引发的。中国崛起成为一个经济强国,这带给许多国家和地区,如印度、日本、韩国、越南、老挝和缅甸巨大的利益,但这些国家也越发感到压力和挑战,这来源于中国声称要成为新的世界大国,一些观点认为,“一带一路”倡议又迈进了一步,以加强其在东南亚的地位。一些邻国,尤其是小国家,都希望减少对中国的依赖,他们认为,“一带一路”会加强其他国家对一个更强大的中国的依赖,这使他们倍感威胁。

该倡议的另一风险把担心指向过于以中国为中心,即中国将有可能是迄今为止最大的受益国,而其他国家将只能得到边际利益。此推论的原因在于,中国将最大化利用完善的基础设施。分析文章认为,这带动中国经济的马力将远胜于带动其他伙伴国。中国向所有伙伴国提出该倡议,并欢迎他们一起协商制定实施计划。但有些人认为这是中国竞争东南亚地区巨头的驱动力。

另一个值得关注的领域是,有关现代丝绸之路的安全问题。航线必须得到保护,免受海盗和恐怖主义的威胁。为此,如果中国在沿线建立海上力量加以防范打击,会在其他国家产生较大的不信任,尤其是在当前中国领土和海洋争端的背景下。[49]

毫无疑问,“一带一路”倡议将伴随着政治和经济环境中的巨大变化而变化。机会和风险或一定程度上得以实现,或完全不会实现,但是潜在的优点和缺点的认识会最终影响特定国家对该倡议的舆论导向。因此,有必要研究这一问题,以便更好地理解,哪些是积极因素,哪些是消极因素。

2. 舆情调查

关于“一带一路”倡议的德国舆情调查分为两部分:首先,我们将试着概述从报纸、网络、期刊的作者以及关于这个话题接受采访的学者和政客那里搜集到的观点。之后,我们将分析德国人在阅读完两篇关于“一带一路”的新闻报道后的评论。

(1) 德国报纸、杂志及访谈的观点

在分析了不同的以"一带一路"倡议为话题的新闻报道和文章时,我们发现有许多积极的观点,但也有一些批判性的观点。其中抱有积极态度的是一位德国驻中国大使 Christophe Eick 博士。他指出,新丝绸之路直接通向德国,借此强调新丝绸之路对未来中德之间建立更紧密的联系有潜在影响。他希望"一带一路"倡议能够推动中德外交关系向前发展,并增强两国文化间交流。[50]

同样持积极观点的有杜伊斯堡港的首席执行官 Erich Staake,尤其是在中德之间铁路系统方面。在这里要提及的是,杜伊斯堡港是连接中国的几大洲际铁路的起点和终点,也是丝绸之路经济带和海上丝绸之路的终点。根据"一带一路"倡议,基础设施的建设和完善也会涉及铁路网的扩展。Erich Staake 提到,未来中德之间的陆路运输将越来越重要。另外,他认为,德国和欧洲企业可以从发展中获益,因为很多企业已在中国建立了生产[51]设施,铁路运输将逐渐代替航空运输和海上运输为他们供应所需。比如,将货物通过铁路从重庆运输到杜伊斯堡,平均需时仅 16 天,是航运的一半,成本比空运低 80%左右。总之,Staake 主要从经济视角出发,看到了"一带一路"倡议的发展和实施给两国带来的潜在收益。

德国社会民主党政治家,德国联邦议会德国-中国议会友好小组主席,Dagmar Schmidt 女士也给予了肯定的观点。对她来说,丝绸之路是"一幅美丽的图画",因为它不同于以往中国与欧洲和德国之间的连接,"路"意味着路上各国皆可参与。"这表示需同沿线各国之间的包容与合作。"因此,她指出许多沿线国家有机会从"新丝绸之路"倡议中取得共同利益。她还补充,"除了良好的经济伙伴关系,中国和德国还可以致力于社会、文化、政治间交流"。她说,尽管两国经济关系好,仍有必要促进文化和社会的交流,使两国关系长期保持持久稳定。[52]

接下来,我们把目光聚焦到德国驻中国大使 Michael Clauss 先生近期(2015 年 5 月)有关"一带一路"倡议所做的讲话。他也提到中德铁路接轨的重大意义。他强调,"一带一路"倡议对德国经济大有裨益,尤其对那些想尽快把商品运输到中国的德国企业家们。另外,他提到对政治方面的影响,“丝绸之路使得沿线国家的经济保持稳定,也巩固了这些国家之间的关系”。因此,他从经济和政治两方面给出了积极的看法。[53]

墨卡托中国研究所也发表了一个有意思的观点,它试图提供政治、商业和社会领域的关键信息来还原一个德国眼中真实的中国。《一带一路:丝路倡议》的作者 Moritz Rudolf 表示,中国政府通过该倡议主要追求的三大目标是:经济多元化,政治稳定和建立一个多极的世界秩序。经济上,中国希望利用新的贸易路线、市场和能源,从而不那么依赖于当前的市场资源。Rudolf 称,中国政府也希望加快贸易,填补那些目前生产能力过剩的中国企业的订单。“丝绸之路”倡议也为中国制造和生产向东南亚转移敞开大门。政治上,中国希望提高西部边境地区以及一些欠稳定国家的稳定,如阿富汗、巴基斯坦。此外,由于中国是该项目的最大资助者,Rudolf 认为,它的目的是建立依赖关系,并扩大其政治影响力,总体目标是要为多级世界秩序做出积极贡献。中国作为一个崛起中的世界大国,将积极参与国际[54]体系的改革,已认识到“一带一路”倡议是在全球树立新政治地位的关键因素之一。

此外,我们在一份由欧洲对外关系委员会(ECFR)发行的出版物中发现了一些值得注意的观点。ECFR 是一个泛欧洲的智囊团,其出版物《一带一路:中国向外大跃进》对“一带一路”进行了研究,并提供了对欧洲外交政策问题的见解。作者之一,Agatha Kratz,正在研究“一带一路”倡议的经济影响,发现“当中国经济增速下降时,它可能会错误地利用其有限的资源”。她指的是存在于巨额投资的潜在风险。中国原本打算向欧亚地区投资 9 000 多亿美元,用于加强基础设施建设,同时这笔钱也需要用于稳定中国的停滞经济。批评的声音指出,“中国正投资具有不确定性的出口市场,而不是整顿国内经济”。

除了批评,她还指出,既然该项目将提供新的市场机会,不妨利用“一带一路”的契机,将中国日益下滑的对外贸易拉回正轨。她还提到亚洲基础设施投资银行在其中扮演的角色以及迄今为止它在募集资金方面取得的巨大成功。据她介绍,对现有国际体制结构的普遍不满为亚投行积攒了高人气。不过,她也提出了一些关键问题,比如在与已设立的机构,如网络观察基金会(IWF)和世界银行的比较中,缺乏经验是否会成为亚投行的不利条件。Raffaello Pantucci 则给出了相当怀疑的态度。他提到邻国对中国可能产生的不安情绪,丝绸之路沿线国的经济疲软和政治不稳定,以及可能来自俄罗斯、美国和印度的竞争。他看到一些由参加国间文化和经济差异引起的潜在冲突,也注意到中国和非参加国,如美国之间的关系。另一位作者,François Godemont 指出,"许多细节尚不清楚"以及"倡议的最终实现可能需要很长时间","据一些资料推测可能会达 35 年之久"。他意指投资收益率的不确定性。欧洲对外关系委员会(ECFR)的观点则比较多元;他们看到了机遇、不确定性和风险并存的"一带一路"倡议。应该注意的是,这些观点更能代表欧洲的声音,而不是德国的,因为文章作者来自欧洲不同国家。[55]

可以说,大部分来自文章和访谈的关于"一带一路"倡议的观点是正面积极的。当然,必须注意的是,公开发表这些观点的人,因为职业关系,他们生活和中国紧密相连。就拿德国驻中国大使来说,我们几乎可以确信他在讲话和采访中不会提出很多批评意见,因为保持两国之间的良好关系正是他的职责所在。此外,显而易见的是,杜伊斯堡港的首席执行官将兴趣放在建设中德沿线更发达的基础设施网络上,特别是因为两国之间更好的铁路接轨也将助他生意兴隆。在评价这些观点时应该考虑到这些因素。另一方面,也发现一些学者对于"一带一路"倡议及其实施持保留意见。总之,在以新闻报道、访谈和出版物为基础的德国(或者更广泛的欧洲)关于"一带一路"倡议的舆情调查中,大部分观点是支持和肯定的,尽管一些批评的观点也夹杂其中。

(2) 网上评论分析

接下来,将呈现德国人对于一篇发表在时代周报网上的文章——《中国梦之新丝绸之路》(作者 Michael Thumann, 2015 年 7 月 10 日)的文后评论。人们对这篇文章发表了很多评论,我们可以将其分成三类:"一带一路"的积极评估、消极评估、中立评估以及无关评估。

我们会尽量进行分析,并引用一些我们眼中特别有意义的观点。比如,一方面,我们发现一条大力支持的评论,写道:"俄罗斯和中国以身作则,主张文化的网络,我认为应该无条件地支持他们。”另一方面,其他用户回复该评论,写道:“中国和俄罗斯真正想要的是发展自己的优势和力量。中国决不允许该项目涉及的其他亚洲国家享有平等的伙伴关系,这样一来,他们就不再有决定权了。”从这这一来一往的小讨论中,我们已经能看到关于该话题引发了不小的争议。很多其他用户回复了上述评论,不过,大多数观点都与“一带一路”倡议不相干,而是引发了对俄罗斯在经济中扮演的角色的广泛讨论,这不是我们的调查重点。

我们也发现了其他正面的评论,如“我希望‘金砖五国’取得圆满成功。是时候杀出一个‘对立面’了——美国/北约/欧盟不再是唯一的‘世界中心’。”如此看来,这位用户看到了“金砖五国”经济的持续增长,认为德国应该把握住发展机遇。此外,有人还说,他发觉自己一直为“丝绸之路”深深吸引,并不介意出现一个新版本。

另一位用户试图分析中国正努力沿古丝绸之路打造新经济领域的原因:“正是因为美国滥用霸权,逼迫中国设想的新经济领域。美国越向不顺从的国家施压,这些国家就越想逃脱美国的危胁。”这种说法相对比较中立,指出美国的霸权和压力正迫使像中国一样的新兴国家自主开辟新的方式,在世界之林中找到自己的立足之地。在另一篇评论中也能发现类似的想法:“美国独大的局面虽然只是在缓慢瓦解。甚至是对美国的恐慌心理也不能迫使这些国家(中国/金砖五国)做对自身有害的事。”这位用户还说:“时代和世界都在变,我认为这是好事。”这些用户相信,中国(或者更广泛意义上的“金砖五国)的经济实力将在未来提升,从而削弱现存的美国霸权。

但是,并非所有评论都是正面积极的,其他用户也表明了相对消极的态度,比如,“欧亚地区的经济将很难共同增长,主要由于社会政治和人权方面的分歧”。

为了总结对这些网上评论的调查研究,我们将提供部分数据和百分比,从而更好地了解各种评论的分布情况。在阅读了这些评论后,将它们分为上述的三类,并且统计了各类评论的数量后我们发现,41.8%的评论表明了对中国乐观积极的态度;14.9%相对消极;43.3%持中立态度或者无关我们定的主题"对'一带一路'倡议的看法以及对中国的总体态度"。事实上，很多用户离题的评论可以解释最后一类评论占高比例的原因。正如之前提到的，很多人围绕俄罗斯的经济实力和美国进行讨论，这些则对我们的舆情调查研究产生有意义的贡献。但是我们也发现，给出积极评价的人数几乎是消极评价的三倍。[56]

此外，我们对另一篇文章的网上评论也作了分析，该文发表在《法兰克福汇报》(FAZ)上，作者 Mark Siemons 写于 2014 年 7 月 1 日，题为《新丝绸之路——中国速达杜伊斯堡的原因》。文章介绍了"一带一路"倡议以及背后中国的动机。这篇文章只有 13 条评论；不过，这些评论让我们印象颇深，使我们进一步了解了德国民众对此的看法。和处理上述那篇文章一样，我们也把所有评论归为三类：69.2%的评论表明了对该项目的积极态度；15.4% 相对消极；15.4%持中立态度。我们又挑选出一些有意义的评论(原文为德语)，并呈现在下文中。

一条评论写道："欧亚大陆上人们相安无事、贸易往来——美妙的想法。但是欧洲(德国)做好心理准备了吗？美国又该身居何处呢？"这条评论表明了对该倡议的积极态度，但评论者也提出了质疑，欧洲国家，尤其是德国，将如何应对中国正一步步成为经济强国这一事实，以及这些国家是否已经准备好加入该项目，因为他们参与而美国被排除在外可能会对欧美关系产生消极的影响。

其他观点认为："经济发展以及教育、文化和经济方面的交流是打击恐怖主义、极端主义和民族主义最见效的手段。因此，与这些偏远地区建立商业往来再好不过。而中国声称的霸权地位，我看不是关键所在。如果中国经济欣欣向荣，欧洲也不会什么也没捞到：首先，我们从安全形势的改善中获益，而且肯定有剩余的工作留给我们。"因此，该用户认为，通过建立一个经济领域，也包括政治不稳定的国家，并促进各国间的文化交流，总体的政治局势可能会有所改善。此外，他认为德国/欧洲不应该惧怕中国努力发展成经济大国的势头，因为双方都能从中获得好处。在这个话题上，另一篇评论提到"非理性的恐惧[德国/西方国家]"，并强调我们应该重点关注产生的机遇以及这些机遇"带给西欧的积极影响"。其他一些评论试图拿联合团结沿古丝绸之路的国家的概念和欧盟的概念比较,并认为“中国提出的概念和目标给人更深刻的印象,也更有意义”。相比之下,欧盟更显“老旧”。

不过,也有些人对“一带一路”倡议或者中国的大体印象相对消极。一条评论写道:“在民主、社会标准和公民权利的建设上,中国当然是无私的咯?”这问题蕴含了讽刺意味,“中国发起该倡议是为了自身利益,质疑中国主要的兴趣点并不包括国际社会关心的问题,比如人权问题,而仅仅是专注于获得经济实力和国际地位”。不过,大多数评论是积极的,只有非常小部分的看法是消极的。[57]

总而言之,这份分析报告反映了同文献综述类似的一种趋势。可以顺势得到这样的结论:大多数参与该话题讨论的德国民众对“一带一路”倡议持积极态度。

(六) 马来西亚舆情分析①

1. 媒体舆情

通过研究互联网上的媒体、新闻和文章中的意见看法,可以发现马来西亚媒体对中国“一带一路”倡议的看法。在一篇文章中,作者解释了中国是如何利用这一构想增加在目标地区的影响力。中国希望能通过在“一带一路”倡议上投资数十亿元人民币来增强其在东盟地区的影响力,并以此在亚洲地区扩大影响力。

也有一些人认为,“一带一路”倡议是中国采取的对抗美国经济计划中的一部分,同时该倡议对于亚太地区的合作与安全也都十分关键。有报道称,江苏作为中国的第二大省,将会在“一带一路”倡议上面向马来西亚及欧非洲投资近30亿元人民币。

也有报道称中国方面仍会持续吸收“一带一路”沿线国家留学生,并鼓励中国学生外出到丝绸之路经济带寻找就业机会。这将不仅能鼓励文化交流,同时也能增进中国与这些国家之间的学术交流。

---

① 马来西亚舆情研究由 MOHAMAD RIDHUAN BIN MOHD AKIL(马来西亚),KATERYNA SUKHODOLSKA(乌克兰)以及 TOBIAS BODDENBERG(德国)完成,丁一苇翻译。

2. 政府观点

从媒体观察发现，马来西亚政府认为，这项倡议也应被视作所有马来西亚民众的一次机会，因为通过合作和理解，马来西亚能吸引中国投资者来增进马方经济发展，同时能为马方带来更多人才与技术以及基础设施建设所需的技能。马方政府似乎完全支持中国国家主席习近平所提出的倡议，但同时马方仍然需要关于马来西亚如何能够从中受益的建议。

除此之外，马来西亚政府还认为加入中国“一带一路”倡议，能够帮助改善马来西亚与其他国家之间的关系。中方与马来西亚之间一直被视为友好国家，通过马方参与此倡议，能够加强两国关系，实现长久发展。

马来西亚还认为，近十年来，中国一直是马来西亚最大的贸易伙伴，这一倡议将会在贸易领域上造福两国。2015 年 1 月至 4 月，相较于 2014 年同期，中马之间贸易增加 1.2%(184.8 亿美元)。基于中马双方之间已有的合作项目，马来西亚政府对此倡议寄予高度期望。

中方投资一方面可以帮助马来西亚建设基础设施，增长经济，同时中方也能从中获取投资利润。马来西亚中华总商会(ACCCIM)认为，在中国“一带一路”倡议中，马来西亚的中小型企业(SMEs)将会获得商业机会。他们还认为，中小型企业应当抓住这次机会来推销产品，而范围不仅限于马来西亚本国，而是在其他国家如中国及其他南亚国家。

3. 公众舆情

通过所有媒体、新闻和文章的观测，公众对于这一倡议还是缺乏认识和回应。这一现象很可能是由于媒体信息缺乏所导致，直到最近 2015 年 11 月份，马来西亚民众才能找到关于马来西亚能在中国“一带一路”倡议中获益的信息。由于这些原因，马来西亚民众将会需要更多时间来认识该倡议并对此有更深层次的了解。

(七) 舆情比较

1. 媒体报道数量与深度的差异

在本项目组织学生开展的 65 国研究过程中，发现各国可以搜集到的网上“一带一路”媒体报道与民众讨论，在数量以及深度上，有很大差异。大致分为以下几种情况：

(1) 完全没有“一带一路”信息，主要以一些非洲国家为代表。

(2) 只有少量信息性新闻报道，主要以各地区欠发达国家为代表。

(3) 有新闻报道、评论文章，主要以亚洲各地区经济体量靠前的国家为代表。

(4) 有新闻报道、评论文章以及交互性讨论，主要集中在欧洲国家、韩国等亚洲发达国家。

究其原因。主要包括以下三个方面：

(1) 技术因素

互联网是本项目研究资料获取的主要手段，因此，各国资料丰富程度势必受到互联网技术在该国发展阶段的影响。当今时代，互联网提供了参与公众事务的便捷通道，但当将这一结论放置于全球各个国家时，势必需要考虑国别之间的差异。

(2) 经济因素

经济因素主要体现在与中国经贸合作的体量与关系亲密程度上。经贸合作的广度和深度，影响了该国中国话题的数量以及受关注度。

(3) 文化因素

文化因素体现在诸多方面。例如，不同文化的信息来源存在差异，非洲、中亚国家比较重视面对面的交流，而欧洲更信赖文字性资料、数据等。后者因此会产生更多的文字性舆情。此外，是否乐于在公共场合(互联网是虚拟的公共场合)发表政治舆论，以及这些舆论是否会对国家政策制定产生影响，在不同国家间也存在文化差异。

2. 观点差异

不同国家对“一带一路”倡议的支持程度有所不同，这存在一些政治、经济方面的原因，但也有文化因素的影响。

(1) 政治因素

政治因素中比较显著的是意识形态、大国博弈。这里的意识形态因素，不仅包括与中国意识形态是否存在差异，更体现在是否纠结于意识形态的差异。中国支持各国走适合自身发展的道路。对此持欢迎与支持态度的国家对于“一带一路”倡议的支持也更明显。

大国博弈在舆情中体现也十分明显。一些欧洲国家将摆脱美国或俄罗斯影响,作为其支持"一带一路"倡议的理由。当然,相反的情况也同时存在。

(2) 经济因素

对"一带一路"经济影响的讨论,实则远多于政治角度的考虑。对经济利益的期待程度越高,对"一带一路"倡议越支持。

(3) 文化因素

文化因素的体现较为多样。有一种体现是部族文化。例如,不支持"一带一路"的一个理由是,中国可能在"双赢"的局面下,赢得的更多。此外,喜欢批判还是尽量不在公共环境下拒绝和说不,也会带来舆情的差异。此时,就不应因批判的声音而妄自菲薄,或因赞同的声音而误以为将一帆风顺。

四、跨文化传播建议

如前文所分析,"一带一路"的对外传播问题是"一带一路"建设特别是"一带一路"民心相通建设的关键。本研究由多国留学生共同参与,在解决舆情研究语言障碍的同时,可以引入国际化视角,以获得更加贴近真实想法的舆情分析成果。在此成果基础上,提出"一带一路"倡议跨文化传播的建议。

(一) 传播的任务:共同的认识

塞缪尔·亨廷顿在1996年《文明的冲突与世界秩序的重建》一书中基于中国人口、领土、技术快速发展而得出的中国威胁论,至今仍被引用。相比发达国家,发展中国家由于政治、经济、文化、国际地位等的自信不足,对"一带一路"倡议的认识也受到此偏见的影响。例如,由于种种历史与现实原因,格鲁吉亚人民对他们的政府及任何国外组织都报有非常怀疑的态度。该国经济不发达,政府也并不强大,但有着丰富的自然资源。中国开始在格鲁吉亚投资并建设基础设施,但格鲁吉亚舆论担心该国政府受到中国政府控制。格鲁吉亚作为一个发展中国家,随着其加入"一带一路"倡议,人们担心格鲁吉亚政府会在与大国的合作中失去实权。这种担心也是许多其他发展中国家对"一带一路"倡议还存有疑虑的一个主要原因。

因此,在传播两国政府将取得的成就时,更要传播出人民可以获得的利益,以及合作是始终将人民利益置于第一位置的,普通民众也将从“一带一路”倡议中获益。通过贸易、交通、金融、文化的连通,最终能够促进世界的稳定。任何战争或短期的不稳定最终都会对所有国家的经济造成影响。“一带一路”的传播应是建立在人文关怀共识基础上的新共识。

(二) 传播的主体:多元化主体

对“一带一路”的目的臆测,如能源目的性,对美、俄的威胁论,转移过剩的产能等,已出现在多种语言的文献中。发展中国家大多对能源目的性较为敏感,并担心由此给本国带来过度能源开采与环境污染,或政府腐败。而对于美、俄的威胁,虽然无论在东欧还是西欧的研究中,大都将之作为支持“一带一路”倡议的原因之一。但毕竟有违“一带一路”倡议包容的精神,容易陷入大国博弈、利益平衡的漩涡中。此外,国内起初十分火热的“转移过剩产能”的提法,在海外媒体中偶有出现。“一带一路”沿线发展中国家大多对于中国投资以及由此可能带来的工作岗位、经济增长持积极态度的同时,又担心中国投资使得其本国政府对中国依存度过高,“受到中国政府控制”或在合作中牺牲本国利益。鉴于“一带一路”是由中国提出的,因此对中国目的的揣测,以及对本国能获得哪些利益的期待,是并存的。如何讲好这个中国故事?

报纸、电视、广播、互联网等实则只是人类语言的延伸,并不能脱离人类的思考模式。媒体记者以及从事当代中国研究的海外学者是海外主要的传播者。与两者的加强沟通,因此显得十分重要。

此外,本项目在多国开展的调查显示:在华以及有来华经历的被访者较没来过中国的人,对中国往往持有的态度更积极,对“一带一路”倡议知晓度更高,更倾向于采取支持态度。因此,有在华留学生、外籍工作者等,在了解相关信息,进行一定思考的前提下,都可以成为传播主体。

用外国人听得懂的方式讲中国故事的中国学者,还应更多参与“一带一路”倡议的宣传与解读。根据各国兴趣点的差异,通过讲座、教学、国际会议、媒体文章等,加强与该国政府、企业、民众的交流。

最后,中国的海外工作者、赴海外旅行的中国游客……皆有可能成为传播的主体。

(三) 传播的内容:共同的事业

“一带一路”倡议的实施,应该具体考虑每一个参与国家的不同国情。历史上的丝绸之路是中国与西域各国共同智慧与勤劳的结晶,那么当下的“新丝绸之路”也是如此,只有发起国的努力和建设工程的简单复制是不可能实现的。“一带一路”作为一个共生系统,只有在相互包容补充,相互依赖的共生条件下才能够长期持续发展,而沿线国家的经济、政治、文化、制度等各个方面都存在着差异。因此,中国应该充分了解各个国家的具体国情与相关政策,寻找两国对于构建“一带一路”项目的共同点,发动沿线国家的参与热情。以匈牙利为例,中国的“一带一路”战略与匈牙利的“向东开放”政策拥有经济互补性,完全可以将两个战略计划相契合,充分考虑匈政策中的政府目标与国家现状,有助于匈牙利解决经济问题的同时,加强两国关系的相互依赖性,才能够充分利用匈牙利的国家优势,以其为连接欧洲的窗口。

从沿线国家的利益上看,“一带一路”的倡议可能会成为加快参与国经济增长、技术进步和现代化的推动力。这种积极的发展也可能改善参与国之间的政治关系。如果“一带一路”倡议成功实现了,它将成为一个强大的经济、政治网络的基础和支柱。该网络意味着增加和改善许多国家之间的互通,一定程度上也意味着世界秩序的变革,因为那些现代丝绸之路的沿线国家将共同建立一个庞大的新联盟。

从民众利益上看,发达国家民众注重经济方面的改善,例如国际合作可提供更好的工作机会、降低失业率,都更易被感知和理解。“一带一路”倡议在民众当中的普及率虽然不高,但诸多国家的问卷显示,当介绍了该倡议的内容后,持支持态度者占多数。当媒体对其进行报道时,比较常见的情况是,主要关注的是经济方面,其他方面则很少被提及,例如在意大利、蒙古等。这很有可能是因为“一带一路”倡议中,关于政策协调及人员往来的部分不会对这些国家及其人民立刻产生影响;而经济方面的改变,无论是提供更好的工作机会还是会降低失业率,更易被感知和理解。

另外,一些国家民众实则已从“一带一路”倡议下的合作项目中受益,他们知晓项目,而不知晓这一倡议。因此,可以将该国已获得成功的项目作为宣传这一倡议的“名片”。

(四) 传播的途径:有的放矢

广播、电视新闻、报纸、书籍以及其他新闻服务可能是国家形象的最有力塑造者。[58]即使是政府决策系统的成员或外交官,也不可能参与到所有国际事务中去获取经验,也需要依赖大众媒体在脑中构建世界的地图[59]。研究发现,现代技术的发展下,传统媒体越来越多应用互联网的传播方式,同时互联网新媒体的出现,使之成为日益重要的传播途径。虽然这是一个显著的趋势,但是西欧对传统纸质书籍的偏好,以及非洲、阿拉伯国家仍更信任面对面的交流同时存在。因此,传播的途径也势必需要多样化。

此外,虽然新闻媒体对于塑造中国形象与“一带一路”的形象在大部分国家起到主要作用,但实际上一切带有“中国标签”的事物都可能成为传播途径,如中国产品、中国游客的行为、在当地的中国企业乃至中国人等,皆有可能成为传播途径。

五、结 语

我们对所谓“世界”的认识,实际是对世界上“部分国家”的认识,“一带一路”倡议将带来中国与更大范围“世界”深入的交往与了解。这同时,提醒我们诸多中、外研究中的论述实则都忽略了其前提条件与局限性。例如,当将新闻报道作为舆情来源、国家形象的主要塑造者时,前提是在这个国家,具备新闻报道制作、传播能力。而这一能力水平的国别差异是显而易见的。

本项目自 2015 年 5 月开始,2015 年 6 月至 2016 年 1 月,不同组别的中外学生合作研究陆续完成。每个国别的资料搜集都有一个截止日期,但是“一带一路”舆情发展没有终结,且在诸多国家显示出日渐增长的态势。“一带一路”舆情研究,应是一个伴随“一带一路”建设推进的长期、不间断的过程。

作为经济、贸易、人口总量居于世界新兴国家首位的大国,中国在世界舞台上表现出强劲的发展势头。未来的世界格局势必将是中国持续发挥重要影响、构建更多话语权的多极世界格局。如何培养在未来世界格局下,更具国际视野,更具国际合作与竞争能力的国际化人才,是在世界范围内,高等教育需要思考的问题。美国斯坦福大学、芝加哥大学等知名大学中都设有中国研究中心，开展有关当代中国的研究与教学。2015 年德国联邦教育与研究部在《中国战略》中表示，德国高校即将开展“中国能力”建设。本研究的重要参与者是中外学生。这一中国选题加国际视角，可为中外学生融合教育提供丰富的研究与思考主题。从培养适应多元文化、多话语权的未来多极世界的人才的角度上看，中外学生融合教育极具必要性。

附录 1　主要研究人员情况(含负责人)

姓名	性别	出生年月	学历/学位	职称	行政职务	所在院系	分工
程　妤	女	1978.2	研究生/博士	副教授	孔子学院办公室主任	国际文化交流学院	总体研究方案制订与协调
宋黎磊	女	1981.3	研究生/博士	副教授	无	政治与国际关系学院	理论梳理
陆　辛	男	1980.2	研究生/博士	无	学工办主任	国际文化交流学院	参研留学生组织与指导
黄立鹤	男	1984.11	研究生/博士	讲师	院团委书记	外国语学院	统计分析
刘丹东	女	1986.12	研究生/硕士	无	无	国际文化交流学院	参研留学生组织与指导

附录 2　国别研究学者访谈提纲

一、调研背景

同济大学以交通工程、建筑工程等优势学科为引领，集合政治与国际关系、知识产权等相关学科，组建同济大学“一带一路”研究中心(筹)，开展一带一路相关研究。国际文化交流学院利用同济大学留学生资源，以及长期以来在开展中外学生融合项目的经验，开展了“‘一带一路’沿线国家的舆情研究”研究项目等。

二、调研目的

通过对“一带一路”沿线国家国别研究学者访谈，了解“一带一路”沿线国家影响“一带一路”倡议参与积极性与实施效果的因素。从而进一步指导学生研究形成成果。

三、调研提纲

1. 学者背景

(1) 研究领域及选择此领域的原因

(2) 国内该研究领域成果与研究者情况

2. 国内学者对该国别哪些领域有一定关注？哪些领域还不够了解？不了解的原因是什么？

3. 中国学者研究该国别,遇到的困难通常体现在哪些方面？如何克服？

4. 您所关注的国别在中国整体外交战略以及“一带一路”倡议中处于怎样的地位？为什么会这样？

5. 您认为,在您所研究的国别中,“一带一路”倡议实施的主要障碍、风险在哪些方面？优势、机遇在哪些方面？

6. 在该国中,是否具备形成舆论的技术、文化条件？舆论是否会影响政府政策制定？

7. 目前,据您了解,该国舆论(如果有)对“一带一路”倡议的态度和评价如何？

8. 您的研究中,是否有该国学者、学生参与？如果有,参与的必要性体现在什么方面？

9. 您对我们组织留学生与中国学生开展留学生所在国别的“一带一路”舆情研究,这一研究方式有何评价？

附录3 指导性调查问卷

调 查 问 卷

1. 你对中国的印象是(可以多选):(　　)。

A. 经济大国　B. 贸易大国　C. 外交大国　D. 政治大国

E. 科技大国　F. 历史悠久　G. 文明古国　F. 世界工厂

G. 污染严重　H. 腐败　I. 产品质量不好　J. 食品不安全

K. 社会主义国家　L. 资本主义国家

2. 你认为中国的发展，对于你的国家来说：（　　）

A. 带来发展机会　　B. 带来机会大于威胁

C. 带来威胁大于机会　　D. 带来威胁

E. 不好说

3. 你是否愿意和中国人打交道？（　　）

A. 很愿意　　B. 愿意　　C. 一般　　D. 不愿意

E. 非常不愿意

4. 你愿意和中国企业合作，或者到中国企业工作吗？（　　）

A. 很愿意　　B. 愿意　　C. 一般　　D. 不愿意

E. 非常不愿意

5. 你对中国政府的印象是（　　）。

A. 很好　　B. 好　　C. 一般　　D. 不好

E. 很不好　　F. 不了解

6. 你认为你的国家与中国的关系怎么样（　　）

A. 非常友好　　B. 友好　　C. 一般　　D. 不友好

E. 很不友好

7. 你的性别（　　）。

A. 男　　B. 女

8. 你的年龄（　　）。

A. 0～17 岁　　B. 18～44 岁　　C. 45 岁及以上

9. 你去过中国吗？（　　）

A. 没有　　B. 去过，30 天以内

C. 去过，30 天～90 天　　D. 90～180 天

E. 180 天以上

参考文献

[1] 国家发展改革委，外交部，商务部. 推动共建丝绸之路经济带和 21 世纪海上丝绸之路的愿景与行动[N]. 人民日报，2015-3-29.

[2] Fallon T. The New Silk Road: Xi Jinping's Grand Strategy for Eurasia[J].

American Foreign Policy Interests, 2015, 37(3): 140-147.

[3] Kaczmarski M. The New Silk Road: A Versatile Instrument in China's Policy. OSW Commentary No. 161, February 10 2015.

[4] 聂锐. 西方对“一带一路”的所谓“目的性”构陷及应对[J]. 湖北工业大学学报, 2015(03):18-20,32.

[5] Anholt S. Brand New Justice: How Branding Places and Products can Help the developing world[M]. Routledge, 2005.

[6] Ramo J C. Brand China[M]. London: Foreign Policy Centre, 2007.

[7] 谭峰. “一带一路”话语体系建构的两大转变[J]. 对外传播, 2015(4):34-35.

[8] 杜兰. “一带一路”倡议:美国的认知和可能应对[J]. 新视野, 2015(2):111-117.

[9] 林民旺. 印度对“一带一路”的认知及中国的政策选择[J]. 世界经济与政治, 2015(5):42-57,157-158.

[10] 杨思灵. 印度如何看待“一带一路”下的中印关系[J]. 人民论坛·学术前沿, 2015(9):37-50.

[11] 李素华. 日本对“一带一路”构想的认知和反应[J]. 东北亚学刊, 2015(3):15-19.

[12] 李秀蛟. 俄罗斯智库专家对“一带一路”的评析[J]. 西伯利亚研究, 2015(3):19-24.

[13] MH/MTI. Magyarország volt a díszvendég egy kínai turisztikai rendezvényen [EB/OL]. [2015-06-19]. Magyar Hírlap. http://magyarhirlap.hu/cikk/28252/Magyarorszag_volt_a_diszvendeg_egy_kinai_turisztikai_rendezvenyen.

[14] Hazánk. az „új kínai selyemút“ zászlóshajója. [EB/OL]. [2015-05-15]. Magyar Hírlap. http://magyarhirlap.hu/cikk/24984/Hazank_az_uj_kinai_selyemut_zaszloshajoja.

[15] GézaBódy. A régióban kiemelt partnere lehet Kínának Magyarország. [EB/OL]. [2015-05-16]. Magyar Hírlap. http://magyarhirlap.hu/cikk/25091/A_regioban_kiemelt_partnere_lett_Kinanak_Magyarorszag,

[16] Pr7/MTI. Az „új selyemút' Magyarországnak is új távlatokat nyit[EB/OL]. [2015-05-04]. Profit7.hu. http://mno.hu/gazdasag/megkezdodhet-a-budapestbelgrad-vastutvonal-modernizalasa-1295579.

[17] BLM/MTI. Orbán Viktor: Most végre pozitív irányban változik a történelem [EB/OL]. [2014-12-17]. Magyar Nemzet Online. http://mno.hu/kulfold/

orban-viktor-most-vegre-pozitiv-iranyban-valtozik-a-tortenelem-1263765.

[18] MNO/MTI. Újabb lökést kapott a Budapest és Belgrád közötti vasútvonal [EB/OL]. [2015-01-01]. Magyar Nemzet Online. http://mno.hu/gazdasag/szijjarto-peter-ez-europai-erdek-1267761.

[19] GlobalFX. Újjáéled a selyemút Pakisztán és Kína között[EB/OL]. [2015-04-20]. Magyar Nemzet Online. http://mno.hu/penzpiacok/ujjaeled-a-selyemut-pakisztan-es-kina-kozott-1282698.

[20] NT/HírTV. Nyilatkozatot írtak alá a selyemút kapcsán[EB/OL]. [2015-06-06]. Magyar Nemzet Online. http://mno.hu/hirtv_gazdasagi_hirei/nyilatkozatot-irtak-ala-az-uj-selyemut-kapcsan-1289598.

[21] Trebitsch Péter. Új Selyemút: Kína új megaprojektet készít el[N]. Kitekinto.hu. 2015.

[22] Albert, Eniko. A selyemúttal a fél világot lefednék [EB/OL]. [2015-06-08]. Magyar Nemzet. http://mno.hu/magyar_nemzet_kulfold/a-selyemuttal-a-fel-vilagot-lefednek-1289727.

[23] Pataky, István. Elmaradtak a nagy kínai beruházások[EB/OL]. [2015-06-06]. Magyar Nemzet. http://mno.hu/magyar_nemzet_gazdasagi_hirei/elmaradtak-a-nagy-kinai-beruhazasok-1289524.

[24] Buzna. Viktor. Viszlát Kína! -Hideg gulyással a keleti nyitásért[EB/OL]. [2015-07-15]. Magyar Nemzet. http://mno.hu/magyar_nemzet_magazin/viszlat-kina-hideg-gulyassal-a-keleti-nyitasert-1293715.

[25] MH/ SZL. Új kihívót kap a Világbank[EB/OL]. [2015-03-19]. Magyar Hírlap. http://magyarhirlap.hu/cikk/20208/Uj_kihivot_kap_a_Vilagbank.

[26] Tóth, Loretta. Véget érhet az amerikai hegemónia[EB/OL]. [2015-04-04]. Magyar Hírlap. http://magyarhirlap.hu/cikk/21646/Veget_erhet_az_amerikai_hegemonia.

[27] MTI Eco. Új kínai megaprojekt készül [EB/OL]. [2015-03-16]. Világgazda- ság Online. http://www.vg.hu/gazdasag/gazdasagpolitika/uj-kinai-megaprojekt-keszul-446236.

[28] Máté, T. Gyula. Bövülnek a magyarok lehetöségei[EB/OL]. [2015-04-13]. Magyar Hírlap. http://magyarhirlap.hu/cikk/22307/Bovulnek_a_magyarok_

lehetosegei.

[29] Pr7/MTI. Az „új selyemút“ Magyarországnak is új távlatokat nyit[N]. Profit7. hu,2015.

[30] Portfolio. Az új selyemút (x) [EB/OL]. [2015-05-08]. http://www. portfolio. hu/premium/az_uj_selyemut. 213970. html.

[31] Bicsér di Ádám, Nagy Gerg. Gazdaság: Jó lesz nekünk, ha Kína épít magyar vasutat? [N]. hvg. hu, 2014.

[32] MTI. Elérkeztünk az EU-Kína együttmüködés legfontosabb pillanatához[N]. Miniszterelnökség,2014.

[33] Torontáli Zoltán. A kínaiak lába elött heverünk[N]. Origo, 2013.

[34] MTI. Elérkeztünk az EU-Kína együttmüködés legfontosabb pillanatához[N]. Miniszterelnökség, 2014.

[35] 中国礼仪网. 匈牙利风俗礼仪[Z/OL]. [2012-03-16]. 北京市人民政府外事办公室. http://www. bjfao. gov. cn/video/lbly/wgfs/30491. htm.

[36] Guiediani, Lela. “Silk Road. ”[R],2014.

[37] Wikipedia. Kars-Tbilisi-Baku Railway[EB/OL]. [2017-03-06]. https://en. wikipedia. org/wiki/Baku%E2%80%93Tbilisi%E2%80%93Kars_railway.

[38] Success Stories in Key Sectors. Investing Georgia[EB/OL]. [2014]. http:// www. aucklandnz. com/invest/key-sectors.

[39] Cecire, Michael. “China's Growing Presence in Georgia. ” [N]. 2015.

[40] Deccan H. “One Belt, One Road Not International Venture: India[J]. Deccan Herald,2015,21(6).

[41] Kasturi C S. India Wrinkle on China Silk—Jaishankar Speaks Out on Absence of Consultations[N],2015.

[42] Success Stories in Key Sectors. Investing Georgia[EB/OL]. [2014]. http:// www. aucklandnz. com/invest/key-sectors.

[43] Bhattacharjee D. China Pakistan Economic Corridor (CPEC) [J]. 2015.

[44] China's actions, India's worries[N]. AngelaStanzel,2015. 7.

[45] Pitlo, LucioBlanco, The Diplomat, China's “One Belt, One Road” To Where? [EB/OL]. [2015-02-17]. http://thediplomat. com/2015/02/chinas-one-belt-one-road-to-where/.

[46] Pitlo, LucioBlanco, The Diplomat, China's “One Belt, One Road” To Where? [EB/OL]. [2015-02-17]. http://thediplomat.com/2015/02/chinas-one-belt-one-road-to-where/.

[47] Eick, Christophe, NeueSeidenstraßesoll China und Deutschlandnäherbringen[EB/OL]. [2015-04-20]. http://german.people.com.cn/n/2015/0420/c311466-8880441.html.

[48] Heck, Thomas; Sutter, Felix, PWC, China Compass [EB/OL]. [2014]. https://www.pwc.ch/user_content/editor/files/publications15/pwc_newsletter_china_compass_sommer2015_d_web.pdf.

[49] Wenhui, Zeng; Schulte, Maike, Beijing Rundschau[EB/OL]. [2015-07-27]. http://www.bjrundschau.com/Meinungen/201507/t20150727_800035689.html.

[50] Yuyao, Zhang, Peking University[EB/OL]. [2015-05-21]. http://english.pku.edu.cn/news_events/news/focus/3685.htm.

[51] Rudolf, Moritz, Mercator Institute for China Studies[EB/OL]. [2015]. http://www.merics.org/merics-analysen/china-mapping/seidenstrassen-initiative.html.

[52] Kratz, Agatha; Pantucci, Raffaello; Godemont, François, European Council on Foreign Relations[EB/OL]. [2015-06-12]. http://www.ecfr.eu/berlin/publi/ein_guertel_und_eine_strasse_chinas_grosser_wurf.

[53] NThumann, Michael, Die Zeit, Chinas Traumeinerneuen Seidenstraße[EB/OL]. [2015-07-10]. http://www.zeit.de/politik/ausland/2015-07/china-russland-ufa-brics-scoglobalisierung-seidenstrasse.

[54] Siemons, Mark, Frankfurter Allgemeine Zeitung, Warum China bald bis Duisburgreicht[EB/OL]. [2015-07-01]. http://www.faz.net/aktuell/feuilleton/eine-neue-seidenstrassewarum-china-bald-bis-duisburg-reicht-13019118.html.

[55] Kunczik M. Images of Nations and International Public Relations [M]. Routledge, 2016.

[56] Cohen B C. Press and Foreign Policy[M]. Princeton University Press, 2015.

“一带一路”国家科技人力资源利用效率比较研究

钟之阳

(同济大学高等教育研究所)

【摘要】 科技人力资源是国家最重要的战略资源,也是社会经济发展的主要动力。随着“一带一路”倡议的实施,我国开启新一轮的跨国区域经济互通互融发展合作,这将依赖于各国的科技人力资源的有利支持。本文通过当前“一带一路”主要沿线国家的科技人力资源发展状况的数据,基于沿线国家科技人力资源的需求,为这些国家的资源分配和利用提供有力的数据支撑;通过对数据进行分析,发现科技人力资源中存在的问题;使用数据包络法对数据进行分析和比较,找出这些问题背后的深层次原因,并对上述问题做出合理解释,为“一带一路”沿线国家科技人力资源规划提供辅助决策,以支持沿线国家加强科技人力资源开发与管理。

【关键词】 “一带一路” 科技人力资源 数据包络法 科技人力资源数据库

一、绪 论

(一) 研究背景与意义

2013 年 9 月 7 日,国家主席习近平在哈萨克斯坦纳扎尔巴耶夫大学提出:“为了使各国经济联系更加紧密、相互合作更加深入、发展空间更加广阔,可以用创新的合作模式,共同建设‘丝绸之路经济带’。”2013 年 10 月 3 日,习近平在印尼国会发表演讲时表示,发展好海洋合作伙伴关系,共同建设21世纪"海上丝绸之路"。由此,"一带一路"("丝绸之路经济带"和"21世纪海上丝绸之路")的战略构想正式提出,此后被写入2013年12月的《中共中央关于全面深化改革若干重大问题的决定》和2014年的《政府工作报告》,"一带一路"成为国家重要战略。2015年3月29日,习近平在博鳌亚洲论坛2015年年会做主旨演讲,"一带一路"不是独奏是合唱经济,推动亚洲基础设施投资银行同其他多边金融机构的互补共进。"一带一路"倡议是一项具有深远意义的战略,具有全新的价值导向,既为了中国人民的福祉,又为了全人类的共同利益。目前围绕"一带一路"战略,以及与此紧密相关的基础设施建设、建立"亚洲基础设施投资银行"等问题的研究方兴未艾。

随着"一带一路"战略的实施,我国开启新一轮的跨国区域经济互通互融发展合作,这将依赖于各国的科技人力资源的有利支持。

西方国家在20世纪五六十年代最先提出人力资源(Human Resources)的新概念,我国对科技人力资源的研究则更晚。随着国家经济的发展和社会的进步,科技人力资源(HRST)在科技和教育发展中发挥的作用越来越大,在国家建设的各个领域承担着带头作用,它俨然已经成为推进生产力发展水平的一个重要资源,在一些从事科研与文化建设的行业其关键性作用尤为明显。科技人力资源特性、背景以及流动情况等越来越多地受到各个国家的关注,强化其创新能力对于引进先进技术、培养高科技人力资源等方面具有重要的理论意义与实践意义。目前,引进这方面的优秀人才在美国、加拿大等国家已经上升为一项基本的人力资源国际性课题,美国对于高素质人才的专项引进方面做了较多的努力,并形成了一套比加拿大更为完整可行的人力资源创新体系。我国在最近的二三十年间才出现了科技人力资源研究课题与成果,与国外存在较大差距。对科技人力资源现状的全面考察,是制定国家人才战略、科技人力资源发展战略以及相关政策的基础性工作,同时也能直接促进我国学术界对于科技人力资源统计水平的提高。

本研究将建立一个科技人力资源指标体系,来对科技人力资源的产能利用率做出评估,给我国和"一带一路"沿线国家的资源分配和利用提供有力的数据支持,掌握沿线国家科技人力的需求,支持沿线国家加强科技人力资源开发与管理,提升本国综合实力和参与合作竞争的能力。随着"一带一路"战略的实施,区域互联互通将成为趋势,区域科技人力资源的流动变得更为频繁、管理更为复杂,科技人力资源的开发、聚集与流动将变得更为复杂,相关的研究将更好地帮助科学预测趋势。"一带一路"将推动实现区域、国别科技人力资源的互动互通,也必然会影响到我国的科技人力资源队伍,如何使我国科技人员队伍更好地参与,最大限度地发挥其潜能,也很有意义。此外,当前国与国之间对科技人力资源特别是高端科技人力资源的争夺非常激烈,加强区域、国别科技人力资源研究,对我国建设创新型国家、提高自主创新能力,实现社会经济可持续发展战略,也具有重要的战略意义。因此,加强对"一带一路"沿线国家的国别科技人力资源问题的深入研究,必将更好地服务于"一带一路"战略实施。

(二) 文献综述

1. 科技人力资源内涵研究

对于科技人力资源的重要性,一些发达国家的认识比发展中国家更早、更深刻,他们也相对更早地对国家科技人力资源的潜力产生关注。早在20世纪60年代美国已经开展了教育学位的科技人力资源统计调查,70年代美国已经建立了大学学位统计数据库。[1]

1964年,经济合作与发展组织(OECD)发布了《研究与发展调查手册》(即《弗拉斯卡蒂手册》)[2]受到全世界范围的广泛关注。

联合国教科文组织(UNESCO)于1978年提出了《科技统计国际标准化建议案》[3],1979年提出《科技活动统计手册》[4],在全国范围内开展了轰轰烈烈的科技人力资源统计调查。

1970年前后,R&D统计一直用来调查国家科技人力资源统计现状,2000年前后全世界学者已经认识到揭示国家科技人力资源的发展现状的全部内容仅用R&D指标是不够的,已经跟不上时代的创新,国家创新能力的提升需要有新的指标出现在科技人力资源的统计中。于是,1995年在OECD有关专家与欧盟科技人员的共同努力下,《科技人力资源手册》(*Manual On the Measurement of Human Resources Devoted to S & T*),也称《堪培拉手册》(*Canberra Manua*l)[5]问世。

OECD在《堪培拉手册》中指出,人力资源与科学技术的结合体,科技人力资源(HRST)是科技竞争与经济发展的决定性因素。新技术在越来越多的方面得到广泛发展和应用,一个国家在任何时点上都要适应科学技术的飞速发展和迎接新的挑战,就必须不断壮大劳动者队伍,拥有一只能够有效工作且技术能力很强的人力资源队伍。科技人力资源有两个主要鉴别标准[6],一是受教育程度;二是职业。前者在一定程度上反映了科技资源的供需状况,后者反映了科技人力资源投入量对社会经济发展的人力资源实际需求。基于上述标准将科技人力资源界定为:①完成了科技领域第五级或五级以上教育的人;②从事需要上述资格的科技职业的人。

《科技人力资源手册》对科技人力资源的基本概念、界定标准、指标体系与作用机理等进行了综合详尽的统计研究,是国际上第一个科技人力资源相关的统计研究的基础资料,国际上也在该手册基础上进行了科技创新研究及人力资源相关创新评价。经过各国学者一起努力,OECD专门设立了NESTI组织,以加强国际范围内的统计工作,共同创新相关指标,完善了科技统计研究中大部分指标的界定及统计范围。

《中国科学技术指标(2004)》提出科技人力资源是指:"实际从事或有潜力从事系统性科学和技术知识的产生、发展、传播和应用活动的人力资源。"有些学者则分别提出了不同的概念和定义。

宋加金(2004)认为,科技人力资源本质上是人力资源的一个部分,是某个国家或者地区具备较强的科研管理能力、研究开发能力或者是具有专门技术能力的人员群体的总称。[7]

谢智波和赵华锋(2004)认为,科技人力资源是人力资源中较为优秀、杰出的那部分人才,这类人才能够在利用其掌握的专门技术在生产、生活以及科学研究中发挥出较强的工作能力和较高的创造能力。[8]

徐治立(2009)认为,科技人力资源是对具有一定研究能力和专门技术能力,能够参与科技活动、促进科技发展的人们的总称。[9]

杨宏进(2010)认为,通常所说的科技人力资源是指实际从事或有潜力从事研究与发展、科技成果转化与应用、科技服务这三类科技活动的人。[10]

王玉谦(2010)给出的科技人力资源定义是:"科技人力资源是一定的区域范围内,同时具备较高的体力、心力以及脑力等素质并具备较高的文化层次和创造社会价值能力的劳动人口的总和。”具体来说，体力主要是指人的体质、精力以及运动能力；心力则涵盖了技术人员的品德、气质、意志、情感等方面；脑力则主要包含了技术人员的智力水平、知识储备以及经验积累等。[11]

2. 科技人力资源评价研究

赵玉索(2002)首先全面分析了科技人力资源所具备的特质，在此基础上针对从事自然科学研究的人员进行了分类讨论，他将全部的受访对象划分为从事基础理论研究的人员和应用与开发性研究的人员，建立了评价两种人才科研成果水平的评价标准，并提出了简便实用的能够同时分析被评价人员现阶段科研水平以及今后科研工作发展潜力的“定量化评估计分”筛选办法。[12]

张鹏、余春香和刘馨(2003)通过分析知识经济时代的典型特征，并对一些科学发展史的案例进行了详细剖析，认为现阶段的科技研发人员应当具备的素质包括好奇心、进取心和恒心；实事求是、自律的意识和能力；继承、探索和创新的精神；终身学习的意识和能力等几个方面。[13]

王文强、秦文展(2003)以科技人才进一步增强创新能力为切入点，系统的分析了科技创新人才所具备的素质的时代内涵，并有针对性的提出了现阶段加强我国科技创新人才创新能力的对策建议。[14]

罗辑壮(2003)通过分析科技人才创新的重要意义以及其主要的构成要素的基础上，认为教育创新以及完善的激励机制是提升我国科技人才创新能力的主要途径。[15]

易经章，胡振华(2003)首先对科技人才进行了界定，并从概念界定的外延出发，构建了以思想素质、业务素质和绩效结构三者为主体的科技人才测评体系，分别对定量指标和定性指标设计了详细的计算方法和标准化方法，最终形成了科技人才综合评价模型。[16]

1964 年 OECD 出版的《弗拉斯卡蒂手册》将 R&D 活动作为科技活动最基本的和核心的内容，该项指标也一直是《弗拉斯卡蒂手册》对科技活动进行测度的基础。尽管 OECD 在 20 世纪 80 年代做过断断续续的努力，但对科技人力资源的研究仍然只局限于 R&D 人员。1995 年，经济合作与发展组织、欧盟统计局联合推出了《弗拉斯卡蒂丛书:科技人力资源手册》,旨在建立一个具有"国际可比性的、一般性的科技人力资源测度框架"。随后进行的大量研究基本上都可以视为是对该手册的扩展、细化、深入以及在具体国家的应用。国外学者对于效率评价模型应用较多的是DEA方法,其中最常用的DEA模型是CCR模型和BCC模型。

Rousseau,S[17-18]将计量学与DEA相结合,选取R&D经费/GDP的比值及人口数作为输入指标,SCI论文数量以及EPO(欧洲专利局)的专利数量作为输出指标,研究比较了欧洲14个国家的科技竞争力。

Guan和Wang[19]利用DEA方法对国家自然基金的21项杰出青年基金项目所产出的SCI论文及其被引用频数进行分析,从而评价团队的研究效率。

Weining Mao和Won W. Koo[20]将DEA方法应用于农业生产领域,对1984到1993年中国29个省的全要素生产率进行测量,并提出了重视农业科技人才可以帮助提高投入产出的技术效率。

Banker et al[21]利用DEA研究了信息技术及信息技术人员的投入产出效率(回报率),研究多个阶段信息技术就如何分配与资讯科技有关的资源,使效率最大化。

Shafer和Byrd[22]提出了一种DEA的框架来测量在信息技术组织投资的效率;Ming-Miin Yua和Erwin T. J. Linb[23]利用DEA对2002年20条铁路的投入产出效率进行了研究,得出了各条铁路的技术效率和服务效率,并分析了差异原因。

Erbetta F和RappuoliL[24]利用DEA分析了意大利燃气输配业1970到1998年的规模效率和技术效率,为意大利燃气输配方案的制定提供参考意见。

3. 文献综述小结

针对现有文献综述的总结,国内外学者很多都开展了关于科技人力资源的研究,既有对其具体含义的探讨,也有对科技人力资源评价的分析,但是从目前国内外学者以及政府部门专家对科技人力资源统计的实践来看,由于科技人力资源涉及国民经济的各个行业,各国并没有全面开展针对全行业的科技人力资源统计,而是针对国家关注的重点领域或者是学者自身较感兴趣的方面进行局部性的统计研究，因此，从这个角度来看，如果想对国际间的科技人力资源发展状况进行全方位的综合评价难度较大，国外学者也大多是选取某个完整系列进行横向对比。本文以世界银行和OECD数据库为基础，采用面板数据的分析，对当前部分“一带一路”沿线国家的科技人力资源利用效率进行了综合评价，并考察了具体的影响因素，可以说是在现有研究成果基础上的一种新的尝试。

二、发达国家促进科技人力资源发展措施

(一) 美国发展科技人力资源措施

近年来，随着中国和印度这两个新兴经济体的迅速崛起，美国政府对自己未来竞争力的担忧愈加强烈。为此，2009年4月，新一届政府总统在国家科学院的年会上发表了关于科技人力资源的讲话，在讲话中鼓励科学院院士积极思考如何促进青年提升科学知识的途径。同年11月，奥巴马发表了题为“教育促创新”的主题演说，宣称要在美国全国范围内推行“教育促创新”行动计划，力争在十年时间内，使美国学生在科学及数学学科的成绩排名由现阶段的世界中游水平提升至上游。该项计划的实施，意味着美国在未来十年时间内，会进一步加强科学、数学以及技术工程等学科的教育，培养一大批能够适应新时期的复合型科技人才[25]。

1. 加快公立学校改革，进一步提升学校教育的竞争力

美国政府十分注重学校教育，并将在未来一段时期内进一步加快教育体系的改革，发展重心向公立教育转移，会不断投入巨资以为学生提供高水平的教育，让学生所接受的教育能够适应目前全球化经济的发展要求；另一方面提升教师教学水平，不断尝试教育体系的创新，提升美国基础科技人力资源尤其是中学生和大学生的学习成绩。除不断加强公立教育外，还将社区学院作为其有力补充，向高中毕业生提供世界一流的在线教育，构建全方位的教育培训体系[26]。

2. 加强科学、数学以及技术工程教育

美国政府一直以来非常重视科学、数学以及技术工程等学科的教育，认

为这些专业的学生是未来美国竞争力优势的主要源动力,因此,美国政府一直不惜成本地投入这些学科的建设,即对STEM的投入,这些具体的措施非常值得我国政府借鉴:一是在白宫科技政策办公室增设科学、数学以及技术工程的教育委员会,专门用来扶持这些学科的发展;二是设立巨额的"争优基金",专门用来鼓励这些学科的专业人员,如科学院院士、大学教授等,亲自到教学一线参与学生教育,激发基层学生的学习热情,提升他们的学习成绩;三是设立大量的关于这些学科的教育服务奖学金,鼓励这些专业的高校毕业生从事中小学教育,从基础抓起,同时鼓励各种社会资源的结合,如企业、基金会以及各种非营利组织共同出资或者提供机会,为青少年创造更多的钻研科学、数学以及技术工程知识的机会,激发学习的兴趣;四是增加这些专业的研究生与本科生数量,优化整体的人才结构;五是加强对教育科学研究的投入,鼓励这些专门的学科研究机构,研究出更加高效的教学方式以及课程设置。

3. 强化对学生的出资,增加科技人才储备

美国政府认为大学是未来国家创新的支柱,因此十分有必要使美国成为世界上大学生人口比率最高的国家,并且计划在2020年时实现这一目标。为此,美国政府也是准备在未来的十年内累计投入近2 000亿美元的资金,这一投资额相当于使人均的联邦奖学金每年增加500美元,能更好地帮助大学生完成大学教育[27]。另外,美国还斥巨资加大社区学院的现代化建设,使之真正成为大学教育的补充机构。

(二)日本发展科技人力资源措施

不断增强基础科学的科研能力,是日本自20世纪80年代就制定的重要战略目标,并且自此战略制定以来积极地推进基础科学的研发。2008年,同时有4位日本学者获得诺贝尔奖,这个消息更是极大地鼓舞了日本学术界的士气,并因此制定了50年内培养出30名诺贝尔奖得主的远大目标[28]。日本政府也意识到,整个目标的实现是离不开扎实的基础教育的,同时具备独特个性、有创造力、科研能力强的基础科学人才是在未来日益激烈的国际竞争中获取优势的基石所在,为此,日本政府推出了《基础科学力强化综合战略》,政策体现了日本政府努力打造创新性的科研环境,全面提升各个基础

学科的人才培养计划。

1. 重点推进中青年科研人才的培养

未来日本将本着公平公正的原则,建立以能力为核心的考核体系,选拔一批具有突出能力的中青年科研专家,为他们提供更好的研究条件、更多的支持资金以及更好的发展机会,早日将他们培养成日本的科研支柱[29]。为此,今后日本将进一步加强研究系统的改革,逐步形成能够将科学研究和人才培养融为一体的研究体系,并将博士和博士后作为这个体系内的主要研发力量;同时通过产学研结合的模式培养一大批具备较强实践能力的一线科研人员,这些科研人员不局限于高学历者,那些长期在基层工作岗位工作,在某以细分领域具备一定专长的生产人员也可纳入[30]。2009 年出台的"企业研究人员活用型基础研究推进事业",是针对进入大学的企业科研人员提供资金支持的,另一个同期实施的政策则主要为博士后、博士等研究人员进入生产企业提供资金支持的,希望以此方式促进基础科学与产业的融合;同时为了让国内的优秀研究人员能够在国外机构长期进行基础性研究,培养出具备国际视野的研发人员,日本政府每年都会斥巨资资助这些海外学者,这个计划被称作"研究人员国外派遣资助计划"。此外,政府还努力为更多的大学生提供深入实践的实习机会以及独当一面的工作机会,提升基础性科技人力资源的国际竞争力[31]。

2. 继续扩大研究生等国际化人才的培养规模

日本学者认为,当前研究生教育工作成功与否的标志就是能否培养出支撑国家未来的、具备国际化竞争能力的高层次人才。因此,日本政府大力推进研究生教育,并逐步加大英语授课的比例,积极吸引外国留学生,同时加大与国外科研院所和高校的合作范围和深度,推荐本国优秀人才出国深造。为了鼓励企业的研发人员进行创新,增加了"论文博士"的授予比例,使企业的研发人员也有机会通过在企业内部的研发活动获得正规学历[32]。

3. 从基础教育阶段就加强学生对科学和数学的兴趣培养

日本政府曾经花费巨大了精力对基础教育工作者进行了全国范围内的培训,旨在进一步提升教育工作者的教学素质,在教学中充分挖掘学生对于知识的好奇心,培养独立思考、自主学习的能力,逐步培养出一大批具有丰富创造力的基础性科学人才。为了配合这项政策更好的实施,日本政府还组织学者编写开发了全新的科学和数学学科的教材,强化学生对于科学和数学的学期兴趣。

4. 扩大科研投入规模的同时注重合理分配

近年来,日本相关部门开始反思,为何国内的科研经费投入逐年增加,但是科技成果产出却并不理想,经过认真的调研分析,最终确认问题的关键所在是资金分配制度,也由此开始推行"以研发人员为核心的弹性分配制度"。这一制度最早是在2009年的"最先端研究开发支援计划"中试验,贯彻一些以研发人员为核心的指导思想,灵活使用各种资金分配制度,费用的开支由负责整个项目团队的研发人员自由裁量,如用于人员劳动报酬、设备仪器费用、试验费用等。同时改变了传统的科研经费年度审查制,允许科研经费跨财政年度的使用,避免了突击使用的情况,这些举措的推行,得到了研发人员的广泛认同,充分调动了他们的积极性。

5. 完善科研辅助人才的培养

在现代科研活动中,研发活动的核心虽然是研发人员,但是辅助人员的作用也日益凸显,运转高效的辅助团队能够激发研发人员的工作热情,极大地提升研发效率。日本政府在科研辅助条件建设方面,改变了原有的以硬件配套设施投入为主的思路,改为以人为中心的硬件投入,并完善辅助人才体系建设,包括知识产权保护、广告策划、市场营销等方面辅助人才的培养。

(三) 欧盟发展科技人力资源措施

欧盟各成员国之间的政治经济联系已经超出了国与国之间的界限,作为一个超国家组织,广泛的影响着各成员国的政策以及经济事务,正是在这样的背景下,欧盟一直致力于科技人才在成员国之间无障碍的自由流动,并且十分注重科技人才的职业发展,并试图通过这样的机制来吸引全世界的优秀人才为欧盟国家服务,这也是欧盟在近年来以及后期继续努力的方向。

1. 促进科技人才在欧盟成员国之间的自由流动

欧盟委员会专职负责科技人才开发的机构认为,在欧盟研究区范围内,只有彻底清除欧盟内部的不同国家以及不同部门之间给人才自由流动带来的障碍,才能真正形成健康的开放竞争体系。要想达到这一目标,需要各成员国的共同努力，才能使跨国、跨部门以及跨公司的人才自由流动实现。

2. 关注科技人才的职业发展

欧盟各成员国早已达成共识，即科技人才只有具备了非常高的技能和素质，才能实现灵活自由的就业。处于这样的考虑，欧盟第七研发框架下专门设置了“玛丽·居里行动计划”，该计划专门为处于不同职业生涯阶段的科技人才提供具有针对性的资金扶持，如对优秀科技人员经过考核后的晋升等，欧盟各国计划该行动的第一阶段累计为超过 14 000 名科技人才提供资助。除了这个行动计划外，另外两个比较知名的是“启动资助计划”和“高级研究人员基金”，两者同属于欧盟第七研发框架下的“原始创新”专项资助计划，其中前者主要是让更多的欧洲中青年研发人员能够留在欧盟内部，从事各类科技研发活动并且帮助其快速成长为具备独立研究、能够独当一面的科技领军人才；后者主要是资助那些已经在某些领域取得重要成果的领军型科技人才。

3. 加强技能投资与技能培训

知识经济时代一个国家竞争力的最关键因素就是技能，技能是新技术和基础设施投资的最有力补充，如果技能缺乏了，所有的投资都不能完全发挥其作用。在欧洲工商管理学院发布的一篇关于欧盟区域内科技人力资源的报告中，以研发人员的素养、基本技能、职业技能与全球知识经济才能作为评价体系，用来横向比较全球范围内的技能表现，结果表明，欧盟区域的素养和基本技能得分为 B，职业技能得分为 B^-，全球知识经济的得分仅为 C，这表明，欧盟成员国的数学以及科学教育质量有待进一步加强，以提升研发人员的素养与基本技能。正因为如此，欧盟制定了一系列的政策来保证这一目标的实现，主要的措施有：投入大量的资金用于提升研发人员的基本技能，以从根本上提升欧盟的国际竞争力；鼓励青年人从事未来增长潜力巨大、科技含量高的行业；分计划、有步骤的实施，即在全面提升基本技能和素养的同时，继续扩大欧盟在优势领域的领先地位；联合公共部门与私人部门，共同完善现有劳动力的再培训体系；进一步优化欧洲结构基金的分配，侧重加强未来优势领域的培训与再培训；注重培养青年学生对科学、数学、工程以及环境保护等专业的兴趣；发展多种途径的培训方式，如网络在线教育、远程电视教育等方式，促进教育创新。

三、"一带一路"国家科技人力资源数据库体系框架

自"一带一路"战略提出以来，围绕相关国家产业投资与贸易合作产生了一股强大的热潮，对沿线国家发展战略与国内经济转型起到了巨大的正面推进作用。"一带一路"战略中涉及大量科技投资、建设，然而国内相关方面对于沿线国家的科技人力资源状况研究却仍处于起步状态。因此，构建一个宏观完整有效的"一带一路"沿线国家科技人力资源数据库，便成了迫切的需求。

（一）建设"一带一路"国家科技人力资源数据库的必要性

科技人力资源（Human resource in science & technology）这个概念，是在20世纪90年代诞生并逐渐发展而来的。1995年欧盟与经合组织在《堪培拉手册》中第一次全面系统地解释了科技人力资源的基本概念及分类标准。2008年的《中国科技人力资源发展研究报告》正式指出，科技人力资源是指实际从事或有潜力从事系统性科学和技术知识的产生、发展、传播和应用活动的人力资源，既包括实际从事科技活动（或科技职业）的劳动力，也包含可能从事科技活动（或科技职业）的劳动力。由于该概念具有一定的权威性和科学性，同时具有国际可比性和可测性，为广大研究者所采用。

科学技术的发展与创新对于一国经济的发展有着决定性的作用，凭借先进的科技水平，发达国家长期占据着相关产业链的上游地位，创造了大量的经济价值。而科技人力资源则是科技创新进步的动力源泉。缺乏完整准确的科技人力资源统计信息，以及科学可靠的评价体系，就难以制定合理的科技战略和政策，从而影响科技产业的规划发展，也更无法判别一国在科研与创新的潜力。

"一带一路"战略涉及遍布亚非欧三大洲的65个国家，发展中国家占其中的绝大多数。这些新兴国家人力资源丰富，是理想的投资目的地。2014年，中国对外直接投资存量达8 826.4亿美元，位列全球第八位，其中对"一带一路"沿线国家的直接投资存量为924.6亿美元，占中国直接对外投资存

量的10.48%。而这一数据在2009年仅为200.68亿美元，在短短五年时间内就增长了700亿美元，增幅高达360%，而且仍有巨大的增长空间。

随着我国经济增长速度放缓，产业转型迫在眉睫。提高GDP科技含量，与对外开拓更大市场的需求交织。“一带一路”战略的提出，为急于“走出去”的国内企业、高校与科研机构提供了广阔的舞台。以华为、联想为代表的科技企业是中国对外投资的中流砥柱，而科技企业往往需要招揽本地科技人才。同时，国内高校、科研机构也积极响应走出去的号召，合作办学、科研日益频繁。以上种种科技活动都造成可对“一带一路”沿线国家科技人力资源的大量需求。然后国内对“一带一路”沿线国家人力资源研究尚处于起步阶段，缺乏系统有效的统计信息，涉及科技人力资源方面，更是处于严重的“不透明”状态。面对庞大而陌生的新兴市场，国内科研企业机构却缺乏最直接有效的科技人力资源信息，从而在国际竞争出于被动地位。因此，有必要对“一带一路”沿线国家，构建建设一个体系科学合理、信息准确可靠的科技人力资源数据库，为国内的企业机构的海外科技活动提供决策支撑，同时也能为国家制定更加合理的对外科技发展政策的制定提供依据。

(二) 6^N数据库体系框架

构建针对一个国家可靠有效的科技人力资源数据库，首先要提出一套科学合理的科技人力资源评价体系。通过总结国内外专家学者的最新研究，以及世界各国尤其是欧美发达国家有关科技人力资源的权威规范报告，结合国内企业机构的实际需求与“一带一路”沿线国家的国情，本文总结出科技人力资源相关的六方面信息。不仅包括传统的科技人力资源相关系的指标数据，也将科技人力资源所处的背景，实际应用的方面囊括在内。将科技人力资源所处的外部环境与内部关系相结合，为国内的企业机构的海外科技活动提供决策支撑，并为国家制定对外科技发展政策的制定提供依据。从而在考虑科学研究逻辑上的严谨的同时，也考虑了作为决策支撑依据的实际需求。这六方面包括：国家概况、人力资源信息、科技人力资源信息、科研机构概况、行业人力资源信息以及行业基础设施信息(图1)。而每方面又可以继续下分为细类，从而形成6^N形式。

1. 国情概况

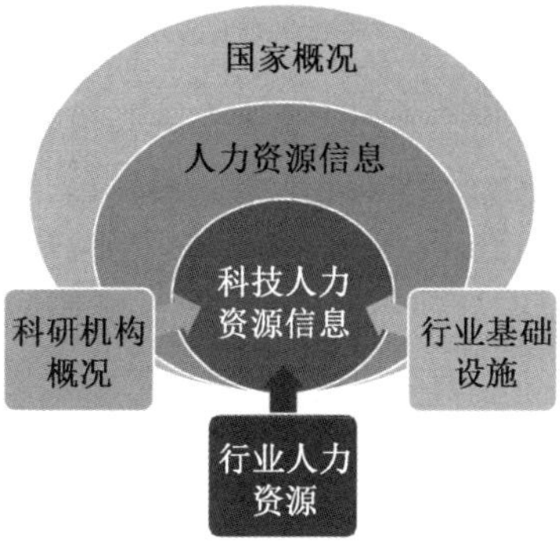

图 1　科技人力资源的内外部关系示意图

国情概况是一国的基本情况，包含经济、地理、人文等多方面的基础数据，其中尤以经济相关数据最为重要。"一带一路"沿线国家经济增长潜力巨大。根据国际货币基金组织《世界经济展望》(WEO)数据库相关数据计算可知，2015 年"一带一路"沿线国家 GDP 总规模为 21 万亿美元，占世界经济总量的 29%；人口数量为 44 亿，约占世界总人口的 63%。国情概况对数据库使用者而言，是了解目标国家，形成宏观印象的第一步。同时与其余五方面有着密切关系。

2. 人力资源概况

人力资源在 6^N 数据库中有两方面的意义、第一，人力资源是科技人力资源的背景，科技人力资源是总人力资源的背景。人力资源的一些特征对科技人力资源有着重要影响甚至决定性的作用。在考察目标国科技人力资源的同时，也需要对总人力资源信息有宏观的认识。另一方面，企业、科研机构在"一带一路"国家进行科技活动时，也需要大量普通人力资源为科技人才提供支持。这部分主要包含的下层数据有总劳动力数量，劳动力年龄结构，劳动力受教育程度等。

3. 科技人力资源概况

科技人力资源信息是 6^N 数据库的核心信息，其重要性不言而喻，其内容上应该考虑实际需求，以行业、领域为基础进行划分，这是第二层。每一领域中应将按照人力资源从事的具体分工不同进行细致的划分，如设计、制造、管理等，并可依照具体需要继续细分。底层应以对应科技人力资源的受教育程度、层次构成，具体数量等信息为主。

4. 科研机构概况

同科技人力资源不能脱离科研机构而单独存在，科研机构是科技人力资源的盛装容器和生产源泉。因此，目标国家科研机构概况也不是不可或缺的信息。以上数据都直接影响了企业机构对外海落脚点的选择，如 2015 年，同济大学等国内三所铁路科研强校决定与印度合作建设印度第一所铁路大学时，就首先与印度克勒格布尔工学院合作开展铁路专业教学。科研机构概况的划分应与科技人力资源部分相对应，方便查询。

5. 行业人力资源概况

科技活动都有着相应的行业背景。在产学研日益紧密结合的今天，目标国行业人力资源和行业基础设施信息都是不可忽视的重点。在现实情况中，企业需要考察对外输出国的相应行业的实际情况，是否存在可以合作的相关企业，是否存在可以在当地采购的原料、设备，是否有必要在当地开设分支机构，如果开办是否有足够的从业人员的，其薪资待遇的水平如何等。

6. 行业基础设施概况

行业基础设施现状对科技活动也有很大影响。对于科技企业而言，相关领域的基础设施现状是必须掌握的市场信息，在制定企业发展计划时，对目标国该领域基础设施状况缺乏了解，就会脱离实际，而在竞争中落于下风。对于高校和科研机构而言，行业基础设施既是服务目标，也是实践基地，科研合作最终还是要落脚于解决所在国的经济、社会等各方面问题，尤其是"一带一路"国家大多仍比较贫穷，对于实用技术需求缺口较大，掌握更多现实信息，可以更好地促进国际合作科技活动的开展。

随着"一带一路"战略的深入推进，中国与在"一带一路"沿线国家，围绕科技人力资源展开的合作将日趋频繁。在 6^N 数据库中，所录入的数据信息，不仅包括传统的科技人力资源相关系的指标，也将科技人力资源所处的背景，实际应用的方面囊括在内。在将繁杂的数据信息整体划归为六大类的同时，又将信息细分为多个等级，从而做到了详实结合、层次分明(图 2)。

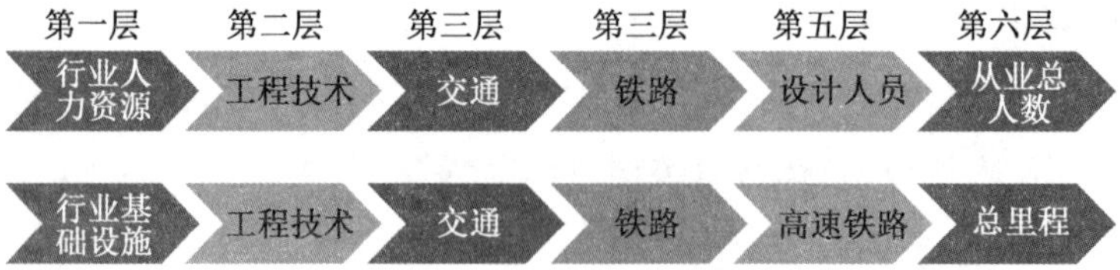

图 2 行业人力资源与基础设施信息结构

无论是研究者，从业者，企业决策制定人，国家战略制定机构，都能从中汲取有用信息指导实践活动，为我国"一带一路"战略背景下对外科技活动提供更为全面、科学的依据与参考。

四、"一带一路"国家科技人力资源发展现状分析

OECD发布的《科技人力资源手册》中对科技人力资源统计的解释，科技人力资源是满足下列条件之一的人："一是完成科技领域的大专及以上学历或者教育的劳动力，二是虽然不具备以上的正式资格，但一直从事需要上述资格才能胜任的工作人员或者科技人员"，一个国家的科技人力资源综合是按照"资格"与"职业"两种界定标准来共同计算的。本文将以OECD的公开数据，按照数据可得性选取包括中国、捷克共和国、爱沙尼亚、匈牙利、波兰、罗马尼亚、俄罗斯、新加坡、斯洛伐克、斯洛文尼亚、土耳其等在内的11个国家进行统计，并从科技人力资源数量、人员构成、研发投入以及经费来源等四个方面考察"一带一路"主要国家的科技人力资源发展现状。

(一) 科技人力资源总量分析

根据OECD和UNESCO统计的数据，我国科技人力资源(HRST)数量在所有"一带一路"国家中占绝对优势，如图3所示。2014年，我国HRST总量遥遥领先排在第二的俄罗斯，是其HRST总量的4.5倍，也是本文研究对象剩下的9个国家HRST总量之和的8.5倍。我国自2004年来HRST数量保持迅速增长，从2009年至2014年，平均年增长率为13.62%。其他十个国家除俄罗斯外，各国HRST数量均有不同幅度的增长，其中土耳其和捷克增长最快，如图4所示。土耳其自2005年来平均增幅为13.28%，捷克在同期平均增幅为5.23%。而俄罗斯HRST总量总体呈下降趋势，自2005年来HRST数量平均跌幅为9.96%。从各国HRST数量来看，充分说明我国科技人力资源发展迅猛，是科技人力资源大国。

尽管从总量上看，我国的科技人力资源总量位列65个"一带一路"国家第一，但这很大一部分是由我国庞大的人口基数造成的。若继续计算各国HRST数量占"每千就业总量"(per thousand total employment)这一指

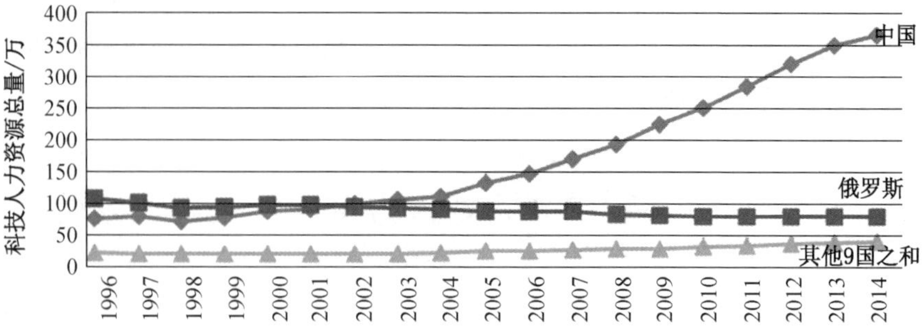

图 3 中国与各国科技人力资源数量对比

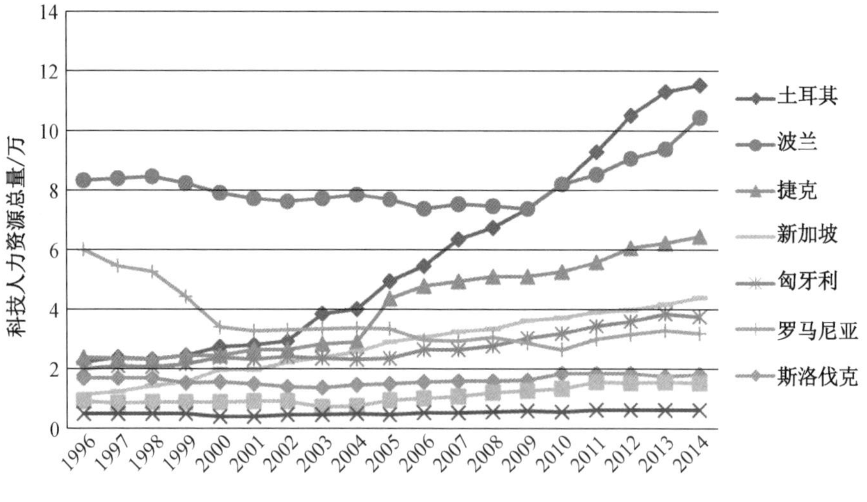

图 4 1996—2014 年其他 9 国科技人力资源总量情况

标,我国的科技人力资源人均情况虽然在过去十多年中稳步上升,但在 11 个国家中排倒数第三(图 5)。按照这一指标,2014 年我国 1 000 个就业量中科技人力资源数量仅占 4.83,同期俄罗斯这一指标为 11.49,斯洛文尼亚为这 11 个国家中最高,为 12.86。在这 11 个国家的过去十多年间,俄罗斯和罗马尼亚这一指标下降明显,而斯洛文尼亚、新加坡和捷克均有较大的增幅。从全球范围来看,根据 UNECO 的数据,发达国家普遍这一指标较高,2012 年这一指标最高的是丹麦为 31.84,亚洲最高为韩国 22.72。值得一提的是,除斯洛文尼亚之外,其他“一带一路”的东欧国家如捷克共和国、爱沙尼亚、立陶宛、匈牙利、斯洛伐克、拉脱维亚、克罗地亚和俄罗斯都在排进全球前 20。

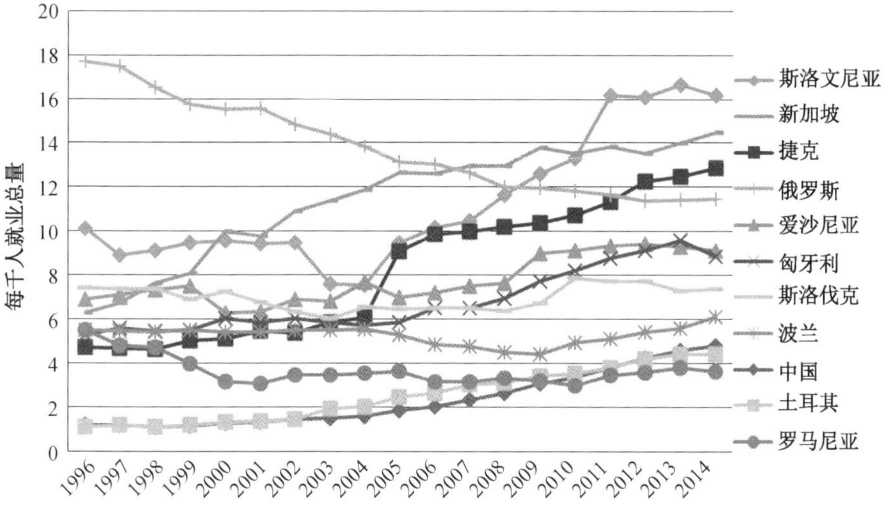

图 5　各国科技人力资源平均水平

以上数据说明"一带一路"的东欧国家的人均科技人力资源水平总体较高。中国的科技人力资源数量虽然有了大幅度提高，但是从人均水平来看，与发达国家乃至其他发展中国家尚有较大的差距。

(二) 科技人力资源构成分析

按照 OECD 对成员国的统计指导来看，其将科技人力资源的来源分为四个部分，分别是企业、政府机构、高等教育机构以及私人非营利组织机构等内部的科技人力资源，选取 11 个国家在 2005 年、2009 年以及 2013 年时的科技人力资源构成进行分析(表 1)。

表 1　各国科技人力资源构成情况　　(单位:人)

国家和地区 \ 年份		2005	2009	2013
中国	企业	—	2 185 241	3 712 375
	政府	—	489 080	590 413
	高等教育机构	—	509 366	715 430
	私人非营利机构	—	—	—

(续表)

国家和地区 \ 年份		2005	2009	2013
捷克	企业	27 278	33 480	45 285
	政府	13 880	14 776	14 966
	高等教育机构	23 998	27 215	32 173
	私人非营利机构	223	317	290
爱沙尼亚	企业	2 249	3 122	2 767
	政府	991	1 072	1 140
	高等教育机构	4 591	5 543	6 247
	私人非营利机构	124	167	130
匈牙利	企业	9 394	16 488	25 816
	政府	11 627	10 100	9 309
	高等教育机构	28 702	25 934	23 112
	私人非营利机构	—	—	—
波兰	企业	17 875	18 519	37 996
	政府	21 966	23 115	27 176
	高等教育机构	83 433	79 261	80 223
	私人非营利机构	157	28	240
罗马尼亚	企业	16 647	11 147	11 512
	政府	10 258	9 018	12 966
	高等教育机构	13 889	22 126	18 716
	私人非营利机构	241	129	181
俄罗斯	企业	496 706	432 415	405 268
	政府	272 718	260 360	262 000
	高等教育机构	43 500	48 498	59 116
	私人非营利机构	283	1 160	645
新加坡	企业	19 542	20 880	23 376
	政府	3 023	3 792	4 046
	高等教育机构	11 957	16 716	19 853
	私人非营利机构	—	—	—
斯洛伐克	企业	4 821	3 569	4 889
	政府	4 252	4 645	4 398
	高等教育机构	13 199	17 159	18 465
	私人非营利机构	22	15	71

（续表）

国家和地区 \ 年份		2005	2009	2013
斯洛文尼亚	企业	5 033	8 054	12 743
	政府	2 841	3 640	3 018
	高等教育机构	4 695	5 332	5 494
	私人非营利机构	31	19	17
土耳其	企业	18 479	38 657	69 018
	政府	11 372	13 105	13 894
	高等教育机构	67 504	83 281	113 409
	私人非营利机构	—	—	—

通过上表对 11 个国家的对比，总体来看大部分国家的高等教育机构则是该国 HRST 主要来源，而中国和俄罗斯的 HRST 构成都是以企业中的 HRST 为主。从纵向比较来看，大部分国家企业 HRST 数量呈上升趋势，政府部门的 HRST 数量占比则下降明显，只有俄罗斯和罗马尼亚的企业 HRST 有所下降。匈牙利和斯洛文尼亚两国的企业 HRST 增长迅猛，在不到十年间增长了一倍多，为此也影响了该国 HRST 构成的格局。各国的企业 HRST 和政府 HRST 两者的此消彼长，这也从侧面反映出企业作为市场经济环境下的创新主体越来越重视科技人力资源的开发和培养。

五、基于 DEA"一带一路"国家科技人力资源利用效率比较

（一）模型的构建

1. DEA 模型

国家科技人力资源利用效率计算方法主要有参数方法和非参数方法两大类。参数方法主要使用随机前沿生产函数分析法（Stochastic Frontier Analysis，SFA），非参数法则使用数据包络分析法（Data Envelopment Analysis，DEA）。SFA 和 DEA 都是前沿分析方法，度量出的都是相对效率，但它们在构造生产前沿的方法，计算结果的稳定性等方面有明显的差

异。DEA 方法与 SFA 等参数方法相比,DEA 方法可以直接处理多投入和多产出指标的复杂问题,无需知道生产函数具体形式等优点。国家科技人力资源是多投入和多产出的复杂项目,而且非常难确定其生产函数关系,所以国家科技人力资源利用效率适合运用 DEA 方法进行评价。本文采用 DEA 方法对"一带一路"沿线国家科技人力资源利用效率进行分析,避免了主观性因素的干扰,减小了系统误差,得出较为客观、全面的评价结果,据此提出的建议,对"一带一路"沿线国家提高科技人力资源利用效率的现实工作有一定的参考价值。

根据假设前提的不同,DEA 方法可分为 CCR 模型和 BCC 模型,前者是 DEA 方法中应用最广泛的模型,主要处理"规模报酬不变"假设下的决策单元相对有效性评价问题。科技人力资源具有明显的知识经济特征,知识的特殊性质一定程度上抵消了传统生产要素的边际收益递减规律,造成了高技术企业创新边际收益的不确定性,因此本文采用 BCC 模型,在"规模报酬变动"的假设下对"一带一路"沿线国家科技人力资源利用效率进行评价,深入分析科技人力资源投入与产出有效性和规模收益情况,并通过投影分析为非有效国家提出针对性的改进目标和方案。

2. BCC 评价模型

假设有 n 个待评价的决策单元,使用 m 种投入要素,生产 s 种产出。对于每一个决策单元 DMU_j 都有对应的效率评价指数:

$$h_j = \frac{\sum_{r=1}^{s} u_r y_{r,j}}{\sum_{i=1}^{mn} v_i x_{i,j}}, i = 1, 2, \cdots, m; r = 1, 2, \cdots, s; j = 1, 2, \cdots, n$$

其中 $x_{i,j}$ ——决策单元 DMU_j 第 i 种要素的投入量, $x_{i,j} > 0$;

$y_{i,j}$ ——决策单元 DMU_j 第 j 种产出的总量, $y_{i,j} > 0$;

v_i ——第 i 种投入的权系数;

u_r ——第 j 种产出的权系。

以第 j_0 个决策单元的效率指数为目标,以所有决策单元的效率指数为约束,即可构造 C^2R 模型:

$$
\begin{cases}
\max h_{j_0} = \dfrac{\sum\limits_{r=1}^{s} u_r y_{r,j_0}}{\sum\limits_{i=1}^{m} v_i x_{i,j_0}} \\
s.t. \dfrac{\sum\limits_{r=1}^{s} r_r y_{r,j}}{\sum\limits_{i=1}^{m} v_i x_{i,j}} \ll 1, j = 1, 2, \cdots, n \\
\qquad u \geqslant 0, v \geqslant 0
\end{cases}
$$

使用 Charnes-Cooper 变换对式(1)进行转化，取对偶形式，并进一步引入松弛变量 s^+ 剩余变量 s^-，将不等式约束转化为等式约束，可得：

$$
\begin{cases}
\min Q \\
s.t. \sum\limits_{j=1}^{n} \lambda_j x_j + s^+ = \theta x_0 \\
\qquad \sum\limits_{j=1}^{n} \lambda_j y_j + s^- = y_0 \\
\lambda_j \geqslant 0, j = 1, 2, \cdots, n \\
\theta \text{ 无约束}, s^+ \geqslant 0, s^- \leqslant 0
\end{cases}
$$

运用式(2)的最优解 θ^0、λ^0、s^{+1}、s^{0-}，即可判定决策单元的有效情况。

考虑到科技人力资源边际收益的不确定性，在 CCR 模型中引入 $\sum \lambda_j = 1$，构建 BCC 模型，将综合效率分解为纯技术效率和规模效率，进一步判断决策单元是出于不变还是递减状态。

当被评价单元为非 DEA 有效时，通过投影分析构造一个新的决策单元，使新决策单元为 DEA 有效，令 $\widehat{x_0} = \theta x_0 - s^-$，$\widehat{y_0} = y_0 + s^+$，$(\widehat{x_0}, \widehat{y_0})$ 是该决策单元的原始值 (x_0, y_0) 在前沿面上的投影，它相对于原决策单元变为有效，需在原有基础上改变 $(\Delta x_0, \Delta y_0)$，即投入冗余量 $\Delta x_0 = (1-\theta)x_0 - s^-$，产出不足量 $\Delta y_0 = s^+$。

运用 DEA 方法，从效率、有效性、规模收益及投影分析四个方面，对部分“一带一路”沿线国家进行了科技人力资源利用效率的评价与分析。首先运用BCC模型对每个国家科技人力资源效率进行评价，测度不同国家综合效率、纯技术效率以及规模效率，比较不同国家科技人力资源利用效率高低，分析效率差异原因；然后通过规模收益分析，判断不同国家科技人力资源规模收益情况，进一步分析影响科技人力资源利用效率原因；最后运用投影分析方法，深入分析非DEA有效国家投入冗余和产出不足情况，探究影响国家科技人力资源利用效率的根本原因，找出制约国家科技人力资源利用效率的关键因素，提出相应改进目标与方案。

（二）指标的选取与评价指标体系的构建

1. 指标体系构建

通过对文献的梳理，在科技人力资源投入方面，学者们在研究中常用的指标有：科学家与工程师占科技活动人员的比重、研究与开发(R&D)人员工作当量、每万人工程技术人员规模、科研经费支出额、科研经费支出占GDP的比重等[33-36]。在科技人力资源产出方面，学者们在研究中常选取新产品销售收入、新产品产值占工业产值的比重、发明专利申请量、技术市场成交合同额、高新技术产业增加值、技术市场的成交合同数、研究与开发(R&D)项目数、科技论文数等指标[33-35, 37-38]。利用科技人力资源而得到的产出一般可以分为可直接测量的产出和不可直接测量的产出，可直接测量的产出主要是经济指标，不可直接测量的产出主要是知识，能够较好反应知识产出的指标有发明专利申请数(个)、研究与开发(R&D)项目数(个)等。

科技人力资源是动态活动和静态活动的有机结合形成的整体，覆盖了投入、产出的全部内容，因此以投入和产出作为基本维度，以建立科技人力资源利用率的评价指标体系。

综上所述，结合前人的研究成果，本文在深入分析科技人力资源含义的基础上，参考了我国的科技人力资源评价指标、美国的科学与工程评价指标体系以及WCY等相关的指标体系同时以稳定性、可比性、科学性、有效性、简明性五项原则对指标体系进行搭建。本文涉及两种生产力输入要素，分别是人力资本投入和经费投入。人力资本可以提高劳动生产力，所以本文将人力资本投入细分为R&D研究人员和研究技术人员。R&D研究人员是指参与新知识、新产品、新流程、新方法或新系统的概念成形或创造，以及相关项目管理的专业人员。包括参与R&D的博士研究生(ISCED97第6级)。按照人事部的统计规范,用专业技术人员这一指标来衡量专业技术类劳动者数量与占比。本文中科技类的三个指标都是经过它们计算出来,这里不再重复。值得注意的是,目前我国已经将非公经济单位的专业技术人才和国有企事业单位专业技术人员指标共同作为专业技术人员的统计的范围,这在1999年以前的科技统计研究中都具有一定的片面性,随着科学技术的向前发展,科技人力资源评价标准及指标的科学性日渐完善。本文专业技术人员只统计农、工、科研方面的那些具有优秀创新意识的人才。还有一个投入要素就是经费的投入,本文使用的指标就是研发经费支出占GDP的比例,研发经费支出是指系统性创新工作的经常支出和资本支出(国家和私人),其目的在于提升知识水平,包括人文、文化、社会知识,并将知识用于新的应用。R&D包括基本研究、应用研究和实验开发。这3个投入类指标是很多学者研究科技人力资源时的最重要指标,尤其是发达国家,科研投入类指标在其评价体系内占据了最重要的位置。

本文统计了两种输出要素,分别是直接输出和间接输出。直接输出指标有科技期刊文章、专利申请(非居民)和专利申请(居民)。专利是直接表现科技产出成果,在科技创新及相关评估分析中的作用显而易见。再加上由于专利数据在相关网站和统计资料中比较容易获取,且数据来源比较可靠并与创新竞争力评价具有很多内部联系,况且专利数据只在少数年份会发生量变,大多时候具有客观统一的评价标准,体系相对其他类型指标比较一致,所以是创新评价中极为普及的一类指标,本文中专利申请指的是在世界范围通过《专利合作条约》程序或向国家专利部门提交的专利申请,目的是对一项发明(即提供一种新的做事方法或对某个问题提供一种新的技术解决方案的产品或程序)拥有专有权。专利权在有限的期限内为专利所有者的发明提供保护,一般为20年。科技期刊文章指标是衡量科技人力资源创新产出能力的一个重要指标,科技期刊的文章领域包括和工程类文章:物理、生物、化学、数学、临床医学、生物医学研究、工程和技术,以及地球和空间科学。发表的科技论文分为国内论文与国际论文两大类,该指标常被用来作为衡量科技人力资源创新研究的产出指标,论文发表数量主要是看相关文献被引入三大论文系统 SCI、EI 等的情况。本文输出要素的间接输出指标为高科技产品出口，是指具有高研发强度的产品，例如航空航天、计算机、医药、科学仪器、电气机械，数据按现价美元计。

基于以上评价指标的说明，根据“一带一路”沿线国家科技人力资源的具体情况，可将科技人力资源的投入产出分为 7 个三级指标(表 2)。

表 2 “一带一路”国家科技人力资源利用效率评价指标体系

一级指标	二级指标	三级指标
投入要素	人力资本投入	R & D 研究人员(每百万人)
		科技从业人员
	经费投入	研发经费支出占 GDP 百分比
输出要素	直接输出	专利申请(非居民)
		专利申请(居民)
		科技期刊文章
	间接输出	高科技产品出口(现价美金)

2. 数据来源

本文在“一带一路”国家科技人力资源利用效率评价指标体系的基础上，通过世界银行(The World Bank)和 OECD 数据库里收集整理并获取了“一带一路”部分沿线国家 2013 年科技人力资源投入产出数据，具体如表 3 所示。

表 3 “一带一路”国家科技人力资源投入产出数据

指标 国家	科技期刊文章	专利申请(非居民)	专利申请(居民)	高科技产品出口	研发支出占GDP百分比	R&D研究人员(FTE)	科技从业人员(FTE)
保加利亚	2 677.30	15.00	282.00	112.79	0.65	1 692.51	494.19
捷克	14 022.40	97.00	984.00	2 104.45	1.91	3 249.89	1 795.35
爱沙尼亚	1 425.80	17.00	25.00	130.76	1.74	3 338.51	801.48
格鲁吉亚	468.40	219.00	114.00	2.01	0.13	561.63	135.45
匈牙利	6 249.30	66.00	642.00	1 447.07	1.41	2 522.85	780.69
哈萨克斯坦	879.00	378.00	1 824.00	306.94	0.17	734.05	176.15
立陶宛	2 185.40	20.00	117.00	178.21	0.95	2 887.16	480.48
拉脱维亚	1 206.80	8.00	113.00	92.52	0.60	1 801.82	529.74
马来西亚	17 720.10	6 006.00	225.00	6 037.83	0.94	1 159.08	106.15

（续表）

指标 / 国家	科技期刊文章	专利申请（非居民）	专利申请（居民）	高科技产品出口	研发支出占GDP百分比	R&D研究人员（FTE）	科技从业人员（FTE）
波兰	28 753.30	174.00	1 199.00	1 222.05	0.87	1 850.72	380.08
罗马尼亚	11 163.60	53.00	4 237.00	285.76	0.39	944.93	252.25
俄罗斯	35 542.30	16 149.00	993.00	865.58	1.13	3 073.09	486.54
斯洛伐克	4 729.90	26.00	28 765.00	757.44	0.83	2 717.59	329.51
乌克兰	7 217.80	2 556.00	1 572.00	218.90	0.76	1 165.18	217.23

（三）实证研究

本文选择比较成熟的DEA分析软件DEAP2.1进行计算，在计算时选择投入导向模式，采用多阶段算法，对模型进行计算，立足点是通过调整投入来实现对各国的科技人力资源效率的提高，表4是以原始数据为基础计算后整理得到的部分结果。

表4 "一带一路"部分沿线国家科技人力资源的利用率的DEA评价结果

国家	综合效率	纯技术效率	规模效率	规模报酬
保加利亚	0.129	0.131	0.988	递增(irs)
捷克共和国	0.290	0.571	0.507	递减(drs)
爱沙尼亚	0.028	0.049	0.572	递减(drs)
格鲁吉亚	0.140	1.000	0.140	递增(irs)
匈牙利	0.204	0.307	0.667	递减(drs)
哈萨克斯坦	0.590	1.000	0.590	递增(irs)
立陶宛	0.077	0.080	0.967	递减(drs)
拉脱维亚	0.068	0.071	0.963	递增(irs)
马来西亚	1.000	1.000	1.000	不变(—)
波兰	1.000	1.000	1.000	不变(—)
罗马尼亚	1.000	1.000	1.000	不变(—)
俄罗斯	1.000	1.000	1.000	不变(—)
斯洛伐克	1.000	1.000	1.000	不变(—)
乌克兰	0.540	0.598	0.902	递增(irs)

当综合效率为1且没有冗余时，则称决策单元为DEA有效；当综合效率为1且存在冗余时，则称决策单元为DEA弱有效；当综合效率不为1时，则称决策单元为DEA无效。后两种情况下，产业都有提高的空间。综合效

率为1的决策单元,从生产函数角度讲,既是技术有效,也是规模有效的。而纯技术效率为1的决策单元仅是技术有效,不一定是规模有效的。表5和表6分别是原始数据得出的各单元投入冗余值和产出不足值。

纯技术效率是指在既定投入量情况下,产出量是否已达最大状态,是否可以通过优化投入要素结构或加强管理等手段增加产量。

规模效率是综合效率与纯技术效率之间的比值,它反映的是DMU投入量的变化与其所引起产出量变化之间的关系,规模效率越接近于1,表示现阶段生产规模越合适,生产率也越大。

规模收益有三种状态:规模收益递增(irs)、规模收益不变(—)和规模收益递减(drs),规模收益递增指当投入按比例增加时,产出比例的增长高于投入比例的增长,此时生产规模偏小;规模收益不变是指产出与投入同比例增长,此时生产规模处于最佳状态;规模收益递减是指当投入按比例增加时;产出比例的增加低于投入比例的增加,此时生产规模偏大。

由表4可见,14个“一带一路”沿线国家,其中只有马来西亚、波兰、罗马尼亚、俄罗斯、斯洛伐克这五个国家是DEA有效状态,他们均达到了最优状态。

格鲁吉亚和哈萨克斯坦这两个国家都呈现出纯技术效率为1,而综合效率却小于1的情况,由此我们可以看出造成这两个国家综合效率得分偏低的原因有两个方面:其一这两个国家存在规模效率无效,经分析由于该国家属于规模报酬递增类型,所以要改变规模无效现状必须扩大科技人力资源规模;其次就是这两个国家的科技人力资源实力不强。

从表4中我们可以看出保加利亚、立陶宛、乌克兰和拉脱维亚的纯技术效率分别为0.131、0.080、0.598和0.071,而他们的规模效率为0.988、0.967、0.902和0.963,由此验证了导致这四个国家科技人力资源投入产出非DEA有效的主要因素是规模效率较低,说明限制这四个国家综合效率的主要原因是规模效率,因此提高综合效率的主要手段是优化当前技术效率,通过优化投入要素结构或加强管理等手段增加产量,从而提高生产率。

捷克、爱沙尼亚和匈牙利这三个国家的纯技术效率值分别为0.571、0.049和0.307,规模效率值分别为0.507、0.572和0.667,由此我们可以发现这三个国家的纯技术效率和规模效率均数值偏小，并且这三个国家的规模报酬均呈现递减的状态，所以这三个国家不仅要优化当前技术效率，通过优化投入要素结构或加强管理等手段增加产量，还要相应的缩小科技人力资源规模。

相对有效参考前沿面分别为马来西亚、波兰、罗马尼亚、俄罗斯、斯洛伐克这五个国家，14 个国家里，拉脱维亚、保加利亚、格鲁吉亚、乌克兰和哈萨克斯坦的规模报酬均呈现递增的状态，所以这五个国家可以参考以上五个国家的科技人力资源投入的分布比例，优化调整各自国家的各项投入指标，在合理利用现有资源的同时，应考虑多方面筹措资金，扩大科技人力资源，从而提高国家的科技人力资源利用率。

表 5 投入冗余值汇总

国家	研发支出占 GDP 百分比	R&D 研究人员	研发技术人员
保加利亚	0.000	269.299	177.087
捷克共和国	0.896	11 235.902	11 522.867
爱沙尼亚	0.677	938.599	448.727
格鲁吉亚	0.000	0.000	0.000
匈牙利	0.440	899.819	587.542
哈萨克斯坦	0.000	0.000	0.000
立陶宛	0.000	875.095	138.169
拉脱维亚	0.000	568.646	259.938
马来西亚	0.000	0.000	0.000
波兰	0.000	0.000	0.000
罗马尼亚	0.000	0.000	0.000
俄罗斯	0.000	0.000	0.000
斯洛伐克	0.000	0.000	0.000
乌克兰	0.001	0.000	85.890

表 6 产出不足值汇总

国家	科技期刊文章(篇)	专利申请(非居民)	专利申请(居民)	高科技产品出口
保加利亚	0.000	90.964	425.515	0.000
捷克共和国	0.000	9 777.897	0.000	0.000
爱沙尼亚	0.000	12 232.554	209.594	0.000
格鲁吉亚	0.000	0.000	0.000	0.000
匈牙利	0.000	7 391.019	0.000	0.000

(续表)

国家	科技期刊文章(篇)	专利申请(非居民)	专利申请(居民)	高科技产品出口
哈萨克斯坦	0.000	0.000	0.000	0.000
立陶宛	0.000	5 237.538	0.000	0.000
拉脱维亚	0.000	755.342	1 239.348	0.000
马来西亚	0.000	0.000	0.000	0.000
波兰	0.000	0.000	0.000	0.000
罗马尼亚	0.000	0.000	0.000	0.000
俄罗斯	0.000	0.000	0.000	0.000
斯洛伐克	0.000	0.000	0.000	0.000
乌克兰	898.721	0.000	0.000	3 945.845

由表 5 可见,在 14 个国家中格鲁吉亚、哈萨克斯坦、马来西亚、波兰、罗马尼亚、俄罗斯和斯洛伐克这 7 个国家,均没有出现投入冗余的情况,均达到最佳状态。乌克兰的研发支出占 GDP 百分比这一指标近似为 0,所以可以说乌克兰在这一指标上没有出现冗余的情况,但是乌克兰在研发技术人员这这一指标上存在很大的冗余情况,所以可以适当缩小研发技术人员的投入,从而达到科技人力资源利用效率的最优状态。保加利亚、捷克、爱沙尼亚、匈牙利、立陶宛和拉脱维亚这 6 个国家在 R&D 研究人员和研发技术人员这两项指标上都存在很大的冗余值,所以应该减少对这两个指标的投入,避免浪费资源的情况,使科技人力资源利用效率达到最佳状态。由表6可见,在科技期刊文章和高科技产品这两项产出指标中,除了乌克兰产出不足以外,其他 13 个国家均达到最佳状态,所以乌克兰应该加大科研经费的投入,加大教育的支出来提高科技期刊文章和高科技产品出口的量。再看专利申请这两项指标,可以看出捷克、匈牙利立陶宛均在专利申请(非居民)这项指标上有很大的产出不足的地方,而专利申请(居民)均达到最佳状态。保加利亚、爱莎尼尔和拉脱维亚这三个国家的居民专利申请和非居民专利申请均出现产出不足的状态,专利申请产出不足,说明这几个国家的创新能力不足,技术发展活动不活跃,社会活力有待加强。

(四) 目标改进值分析

根据以上计算结果,5 个 DEA 综合有效国家构成了 DEA 的效率前沿面,各决策单元在生产前沿面上都有“投影”,根据投影定理计算出的目标改进值代表决策单元同时达到技术有效和规模有效的理想情况。使决策单元达到技术有效时的目标改进值代表技术效率达到最优的情况。前沿面上的国家目标值与原值相同,其他国家的投入要素需要相对减少,产出可以相对增加。本文选择的是投入导向模型,即在产出不变时实现投入最小化,此时主要考虑调整的是投入指标。两种情况下投入指标的目标改进值变化比例如表7所示。

表7 非DEA有效投入产出调整

国家	投入产出调整	投入指标			产出指标			
		研发支出占GDP百分比	R&D研究人员(FTE)	科技从业人员(FTE)	科技期刊文章	专利申请(非居民)	专利申请(居民)	高科技产品出口
保加利亚	初始值	0.650	1 692.510	494.190	2 677.300	15.000	282.000	112.790
	目标值	0.650	1 423.211	317.103	20 487.399	205.748	2 583.453	863.099
	改进幅度	0%	16%	36%	665%	1272%	816%	665%
捷克	初始值	1.910	3 249.890	1 795.350	14 022.400	97.000	984.000	2 104.450
	目标值	1.014	2 013.988	272.483	24 543.330	9 947.675	1 722.290	3 683.407
	改进幅度	47%	38%	85%	75%	10155%	75%	75%
爱沙尼亚	初始值	1.740	3 338.510	801.480	1 425.800	17.000	25.000	130.760
	目标值	1.063	2 399.911	352.753	29 274.030	12 581.592	722.886	2 684.719
	改进幅度	39%	28%	56%	1 953%	73 909%	2792%	1 953%
匈牙利	初始值	1.410	2 522.850	780.690	6 249.300	66.000	642.000	1 447.070
	目标值	0.970	1 623.031	193.148	20 382.275	7 606.280	2 093.902	1 447.070
	改进幅度	31%	36%	75%	226%	11 425%	226%	0%
立陶宛	初始值	0.950	2 887.160	480.480	2 185.400	20.000	117.000	178.210
	目标值	0.950	2 012.065	342.311	27 419.127	5 488.468	1 467.941	2 235.912
	改进幅度	0%	30%	29%	1 155%	2 734%	1 155%	1 155%
拉脱维亚	初始值	0.600	1 801.820	529.740	1 206.800	8.000	113.000	92.520
	目标值	0.600	1 233.174	269.802	17 075.557	868.538	2 838.235	1 309.107
	改进幅度	0%	32%	49%	1315%	10 757%	2 412%	1 315%
乌克兰	初始值	0.760	1 165.180	217.230	7 217.800	2 556.000	1 572.000	218.900
	目标值	0.759	1 165.180	131.340	12 965.482	12 965.482	2 628.079	4 311.803
	改进幅度	0%	0%	40%	80%	407%	67%	1 870%

表 7 中的改进幅度越大，说明原值与目标值的差距越大，也说明该指标的调整空间越大。表 7 中没有达到纯技术有效的国家有保加利亚、捷克、爱沙尼亚、匈牙利、立陶宛、拉脱维亚和乌克兰，这与前面的结论一致。这 7 个非 DEA 有效国家的投入比例都发生了一定比例的变化，但是总体调整不大。本文选择投入导向模型，即通过减少投入来实现既定产出，然而在这样的理论基础上，投入调整的力度并不大。同一国家同一指标的调整比例，综合有效比纯技术有效情况下的调整比例大，而其中的差额部分即是由规模不合适导致的需要调整的比例。由表我们可以看出，所有的非 DEA 有效指标产出改进幅度非常大，说明这 7 个国家产出调整空间很大，他们应该在减少投入的情况下，让自己的产出以达到 DEA 有效。表 7 中看出保加利亚、捷克、爱沙尼尔、匈牙利、立陶宛、拉脱维亚和乌克兰均有投入量冗余的现象和产出不足的现象，应该减少投入，增加产出来达到 DEA 最佳规模收益。

六、结论与建议

应用 DEA 模型对“一带一路”部分沿线国家科技人力资源利用效率进行分析，结果表明，规模效率成为影响科技人力资源综合效率的关键因素，绝大部分国家处在规模递减阶段，科技人力资源人员数量方面的投入指标冗余较大。本文的研究不仅拓宽了衡量科技人力资源效率的方法范围，还对我国的科技人力资源管理实践有一定启示。

第一，不断健全科技人力资源绩效考核制度。科技人力资源的工作属于脑力劳动，其工作绩效多数是以思想、创意、发明等形式表现出来的，具有无形性，很难以货币来准确的衡量，这就决定了科技人力资源的绩效难以考核，然而不公正的考核结果无疑会影响到科技人力资源的工作积极性和工作效率，此时健全科技人力资源绩效考核制度，用定量化的评价体系来衡量、考核不确定的科研活动，避免使用过多的定性化指标而导致评价结果的主观性。

第二，精简科技人力资源队伍，培养高层次复合型人才。研究结果表明，“一带一路”沿线国家科技人力资源的人员数量对其利用效率不但没有直接的促进作用，反而在某种程度上制约其利用效率的提升，这主要是由于科技人力资源的质量参差不齐，此时精简科技人力资源队伍，培养高层次复合型人才，对高技术产业科技人力资源总体的利用效率的提升有着重要的意义。

第三，充分发挥政府职能作用，强化政策支持。加强政府调控和引导，优化国家高技术企业创新环境，制定并实施有利于高技术企业创新的政策和措施，建立有效的科技人才引进机制，培育和完善高技术企业风险投资机制，从人员和经费两个方面，解决高技术企业创新产出不足的问题，提高国家科技人力资源创新规模效率。

第四，优化研发人员和经费比例。可以重点增加研发成果应用活动人员和科技培训费，科技开发奖励经费等支出，优化研发人员和研发经费比例，加大技术引进、改造和吸收费用，提高引进技术的利用率和消化吸收速度提高技术利用率，以行业内高效率国家为参照对象，提高生产经营和管理水平，提升研发人员素质，优化研发资金使用效率，提升国家科技人力资源利用效率。

科技人力资源利用效率也需要选择合适的国家作为标杆对象，不断缩小科技人力资源利用效率与发达国家的差距。需要指出的是，DEA 方法衡量的只是相对效率，而不是绝对的效率指数，具体的数字大小并不能代表绝对效率的高低。

总之，国家科技人力资源效率受经济与政策环境、产业环境三重因素的影响，为改善“一带一路”沿线国家科技人力资源活动现状，全面提升科技人力资源利用效率，必须从以上四个层面着手，结合每个国家的实际情况，采取针对性改进方案和措施，促进国家科技人力资源的健康可持续发展。

参考文献

[1] OECD. OECD Science, Technology and Industry Outlook [R]. France: 2002.

[2] OECD. Proposed Standard Practice for Surveys of Research and Experimental Development [R]. France: 1964.

[3] UNESCO. Recommendation concerning the International Standardization of Statistics on Science and Technology [R]. France: 1978.

[4] Diarmuid Murphy. Statistics on scientific and technical information and

documentation：a methodological approach[R] France：UNESCO，1979.

[5] OECD. The Measurement of Scientific and Technological Activities：Manual on the Measurement of Human Resources Devoted to S & T [R]. France：1995.

[6] 中国科学技术协会.中国科技人力资源发展研究报告[R].北京：中国科学技术出版社，2008：55-57.

[7] 陈晓红，罗珊，安宁.论“泛珠三角”区域科技人力资源的优化配置[J].科技管理研究，2007(9)：142-144.

[8] 谢智波，李向东，赵华峰.科技人力资源开发潜力综合评价[J].软科学，2004(18)：86-87.

[9] 徐冶立.试论科技人力资源的意义、属性及配置开发管理[J].科技管理研究，2009.6：62-64.

[10] 杨宏进，邹珊刚.我国R&D人力资源配置分析[J].科研管理，2010，26(2)：96-103.

[11] 王玉谦.发挥人才比较优势[J].中国人才，2010(4)：19-22.

[12] 赵玉索.青年科技人才的筛选标准及方法[J].科学学与科学技术管理，2002(6)：34-36.

[13] 张鹏，刘馨，余春香.当代科技人才素质研究[J].重庆工业高等专科学校学报，2003(3)：54-57.

[14] 王文强，秦文展.试论新时代科技人才的创新素质[J].科技与管理，2003(1)：99-102.

[15] 罗辑壮.适应未来科技发展高校科研管理应采取的对策[J].黑龙江高教研究，2003(4)：43-46.

[16] 易经章，胡振华.科技人才测评指标研究[J].湖南工程学院学报(社会科学版)，2003(01)：129-134.

[17] Rousseau S.，Rousseau R. Data Envelopment Analysis as a Tool for Constructing Scientometric Indicators[J]. Scienometrics，2007(40)：45-56.

[18] Rousseau S.，Rousseau R. Measuring the Scientific Wealth of European Nations：Taking Effectiveness into Account[J]. Scienometrics，2008(42)：75-87.

[19] Guan，J. C.，Wang，J. X. Evaluation and Interpretation of Knowledge Production Efficiency[J]. Scientometrics，2004，59(1)：131-155

[20] Weining Mao，Won W. Koo. Productivity Growth，Technological Progress，and Efficiency Change in Chinese Agriculture after Rural Economic Reforms：A DEA

Approach[J]. China Economic Review，2011(8)：157-174.

[21] Banker R. D.，Kauffman R. J.，Morey R. C. Measuring Gains in Operational Efficiency from Information Technology：a Study of the Positran Deployment at Hardee's Inc[J]. Journal of Management Information Systems，1990，7(2)：29-54.

[22] Shafer S. M.，Byrd T. A. A framework for Measuring the Efficiency of Organizational Investments in Information Technology using Envelopment Analysis[J]. Omega，2012(28)：125-141.

[23] Ming-Miin Yu，Erwin T. J. Lin. Efficiency and Effectiveness in Railway Performance using a Multi-activity Network DEA Model[J]. Omega，2008(12)：1005-1017.

[24] Erbetta F.，Rappuoli L. Optimal Scale in the Italian Gas Distribution Industry using Data Envelopment Analysis[J]. The International Journal of Management Science，2012(36)：325-360.

[25] 卜鸥.重庆市科技人力资源的现状与发展策略[J].经济研究导刊,2009(22):32-35.

[26] 王华轲.加快中部地区科技人力资源开发,推动中部崛起进程[J].高等函授学报(哲学社会科学版),2009(03):98-99.

[27] 李慧云.大中型工业企业科技人力资源开发利用能力的综合比较研究[J].统计研究,2003(4):127-130.

[28] 宋卫国.科技人力资源国际竞争[J].科学与管理,2003(8):22-26.

[29] 张平淡,王奋.关于科技人力资源状况统计指标体系的探讨[J].科技进步与对策,2003(6):68-70.

[30] 李明明.河南省科技人力资源配置研究[D].郑州:郑州大学,2010.

[31] 张吉炎,张建设.安徽科技人力资源开发战略研究[J].中国科技论坛,2010(11).

[32] 高文,唐洁,李红.关于科技投入指标的分析与思考[J].科研管理,2009(3):121-124.

[33] 商登.基于数据包络分析(DEA)的新疆人力资源开发和利用效率分析[D].乌鲁木齐:新疆大学,2008.

[34] 李燕萍,施丹.中部六省科技人力资源创新能力的比较研究[J].科技进步与对策,2008(1):176-179.

[35] 韩伯棠,王莹.中国科技人力资源评价指标体系构建方法研究[J].北京理工大学学报(社会科学版),2006(12):31-35.

[36] Monica Gaughan, Stephane Robin. National Science Training Policy and Early Scientific Careers in France and the United States[J]. Research Policy, 2004, 33(4): 569-581.

[37] Chen chungjen, Huang Jingwen. Strategic Human Resource Practices and Innovation Performance. The Mediating Role of Knowledge Management Capacity [J]. Journal of Business Research, 2009, 62(1): 104-114.

[38] Adnane Belout. Effects of Human Resource Management on Project Effectiveness and Success: toward a new Conceptual Framework[J]. International Journal of Project Management, 1998, 16(1): 21-26.

"一带一路"国家知识产权人才培训模式研究

佘力焓
（同济大学经济与管理学院）

【摘要】《推动共建丝绸之路经济带和21世纪海上丝绸之路的愿景与行动》是我国在2015年提出的重要行动计划。我国将对"一带一路"沿线国家展开基础设施、能源、跨境光缆、新兴产业的合作等，亟需大批知识产权优秀人才。然而，"一带一路"国家处于东亚经济圈和欧洲经济圈之间的经济凹陷带，知识产权制度的发展不均衡，知识产权人才匮乏，现行的知识产权人才培训模式无法满足需求。本研究从"一带一路"建设中知识产权人才培养所面临的问题出发，从宏观到微观的分层分类对"一带一路"国家知识产权人才的结构进行分析，反映出"一带一路"国家知识产权人才培训的逻辑体系及面临的机遇和挑战。最后构建"一带一路"国家知识产权人才培训的创新模式，完善国际和国内各主体良性互动的知识产权人才培养机制，为"一带一路"国家知识产权人才建设贡献出我国的智慧和力量。

【关键词】"一带一路"　知识产权　人才　培养模式

一、引　　言

2013年下半年，中国国家主席习近平在出访中亚和东南亚国家期间，先后提出共建"丝绸之路经济带"和"21世纪海上丝绸之路"的重大倡议，得到国际和国内的高度关注[1]。由于"一带一路"涉及大量的高新技术的投资与合作，知识产权人才逐渐在战略推进中得到重视。然而，部分"一带一路"沿线国家知识产权制度不完善，参与的知识产权国际协作制度较少，知识产权专业人才匮乏,民众的知识产权意识淡薄,对于知识产权的掌握和利用缺乏主动性;基于知识产权制度体系的不完整,即便是在已经建立知识产权法律制度的国家,知识产权工作人员依然匮乏,专利审查的专业人员不足,涉外的知识产权人才短缺,等等。由此带来的是“一带一路”国家中多数国家的知识产权运用普遍不足,对于涉及技术的专利等知识产权运用甚少,有的国家的发明和实用新型授权量为零,对知识产权的理解局限于商标等领域,多数“一带一路”国家公众的知识产权意识淡薄,本国公民的专利授权量为个位数。

长期以来,我国对外贸易知识产权人才问题集中关注在美、日、欧等发达国家和地区,与“一带一路”沿线国家,尤其是中亚地区的国家进行经贸往来时,较少考虑到知识产权人才培养的问题。主要是因为在此之前,我国与这些国家的经贸往来的总量少,产业合作的层次不高,企业没有过多考虑到知识产权方面的长远规划和战略布局,对此,在知识产权人才培养方面的研究并未得到重视。当“一带一路”启动后,我国对“一带一路”沿线国家将进行基础设施、能源、跨境光缆、新兴产业的合作等,投资量加大,技术层次提高。在这个投资贸易的过程中,亟需大批知识产权优秀人才。知识产权人才水平的高低将直接影响到科技创新的积极性的高低,影响我国在“一带一路”国家投资和发展的信心,进而影响“一带一路”建设的可持续性。

二、目前研究现状评述

(一) 文献综述及评价

在国内,关于知识产权人才培训的研究存在不同的观点和视角。有学者对当前知识产权培训的模式进行反思和重构[2],针对知识产权管理人才的培训模式进行修改,提出基于胜任素质模式的知识产权管理人才培训架构[3];有学者从企业对于知识产权人才需求的角度,从企业知识产权培训的特点、工作规律等方面的分析入手,结合具体企业的知识产权培训案例,提出符合企业知识产权工作规律的分层分类的知识产权培训模式[4]。有的知识产权实务界人士认为,企业知识产权培训体系建设是企业知识产权战略实施的重要支撑[5],对此,需要加强企业管理者的知识产权培训工作[6]。还有学者对于知识产权人才培训的效果评估进行研究[7]，为培训模式的完善总结经验和教训。国内的知识产权人才培训模式的研究主要是针对企业，并且是对于我国自身的知识产权人才培训模式的考虑，较少考虑到帮助其他国家和地区的人员开展知识产权培训工作。

在国外，有学者认为，知识产权培训是知识产权全球化发展的必要工作；在 WIPO 的倡导下，应尽可能地在各国推广知识产权培训工作，从而消除各国之间知识产权的制度隔阂，促进知识产权文化和人员的交流；同时，研究细致地分析了知识产权培训的模式，强调了扩大知识产权培训覆盖面的必要性[8]。有学者分析了知识产权培训工作对于企业进行贸易拓展的作用，在他的研究中，知识产权培训工作主要从专利、商标、著作权和商业秘密展开[9]。还有学者提出，理性的知识产权法律教育应注重法学理论、政策和实践的结合，鼓励有实践经验的人能够在工作中更具创造性[10]，同时，基于科技的发展，知识产权的培训工作的方式可以进一步拓展，采用远程教育的模式[11]，因地制宜地进行知识产权信息的传递和人员的培训。

国内外研究之不足：①知识产权法学者们对知识产权人才培训模式的了解相对全面，但研究主要集中在定性分析，定量的实证研究较少；②现有的海外研究主要集中于欧、美、日等发达国家和地区的知识产权保护水平，对于“一带一路”国家和地区的研究较少；③一带一路”战略实施中的知识产权人才培训的理论和实务研究不够，切合“一带一路”国家战略需求的知识产权人才培训模式较少；④现有研究中往往忽略了不同发展中国家之间差异性，也没有考虑到我国国情的特殊性。我国具备一定自主创新实力，知识产权制度较为全面，知识产权人力资源建设仍有待提升。因此，知识产权人才培训工作需要针对我国和“一带一路”国家的具体情况具体分析。

(二) 研究的意义及应用前景

1. 研究的实际意义

《推动共建丝绸之路经济带和 21 世纪海上丝绸之路的愿景与行动》是我国在 2015 年提出的重要行动计划。丝绸之路经济带和 21 世纪海上丝绸之路的美好愿景将历史和现实联系起来，并赋予其国家战略的时代意义。“一带一路”贯穿亚欧非大陆，从国际的大环境中观察，目前“一带一路”的两端是当今国际经济最活跃的两个主引擎:欧盟和环太平洋经济带,中间的国家处于两个引擎之间的“塌陷地带”。部分“一带一路”沿线国家知识产权制度不完善,参与的知识产权国际协作制度较少,商标维权不到位,专利申请、审查和授权体系不完备,商业秘密保护意识淡薄等,知识产权维权面临困境,解决问题的途径之一是加强“一带一路”国家的知识产权人才培养。

2. 研究的理论意义

“一带一路”规划推动上下游产业链和关联产业的协同发展,推动建立科技合作发展的机制。在这个过程中,知识产权人才已经成为“一带一路”建设中的一种现实需求,但“一带一路”国家知识产权人才培训模式的理论研究在“一带一路”建设中持续跟进不够,理论的迟滞使得相关的制度未取得有影响的改变。在我国已有的知识产权人才培训模式中,虽然已有相关的建议和措施,但更多的是本国人员的培养,涉及“一带一路”相关国家和地区的培训并不多,并未在国家战略的体系中运用,对于整个知识产权人才培训模式的理论形态也没有较大触动。在“一带一路”视域下对知识产权人才培训模式进行研究,将结合具体的国家战略对海外知识产权保护及国家利益之间的关系进行更深刻的认识,同时,通过对“一带一路”沿线国家知识产权法律体系的研究,以期为“一带一路”建设中知识产权人才培训模式提供理论建议。

3. 应用前景

“一带一路”战略促进中国与沿线国家之间资源、能源、基础设施的互联互通,促进区域的南南合作、南北互动、共生共荣、合作共赢,而且也有利于在新的国际环境中推动全方位国际合作。本项目研究我国与“一带一路”国家展开知识产权人才培训所需的适宜性创新模式,并对此完善我国知识产权国际合作的政策规划。研究成果可应用于我国与“一带一路”国家之间进行知识产权人才合作的政策制定和规则考量;可应用于评价推动新兴产业人才合作和加强科技人才合作的创新效果;可应用于国际和国内两方面技术创新的持续发展的人才交流探讨;可应用于在共建研究中心、国际技术转移中心等合作共建等方面知识产权人力资源及保护对策的确定。我国对于“一带一路”国家知识产权国际协作的人才培养机制的确定及政策规划将影响到“一带一路”科技合作和科技创新的积极性,影响我国在“一带一路”国家投资和发展的信心，进而影响“一带一路”战略目标的实现。

加强人才政策沟通是“一带一路”建设的重要保障。“一带一路”国家的资源禀赋各异，知识产权状况各有其自身的特点：有的国家知识产权制度不完善，参与的知识产权国际协作制度较少，知识产权创新能力弱，如孟加拉、柬埔寨等国；有的国家知识产权制度相对完备，具有知识产权法律和政策体系，积极参与知识产权国际合作，知识产权创新在国民经济发展中有重要作用，如马来西亚、沙特等国。合作开展重大科技攻关，共同提升科技创新能力是“一带一路”战略目标之一，对此，本项目针对“一带一路”国家创新能力的差异性和特点进行研究，针对不同知识产权创新能力的国家进行层次区分，从而因地制宜的考虑在不同利益相关者之间的进行知识产权人才协作创新的模式，提出解决差异性问题的政策规划，构建多层次的宏观知识产权协作交流机制，深化利益融合，促进技术发展，达成知识产权创新的新共识。“一带一路”国家可以根据自身的知识产权发展战略和政策与我国进行充分的交流对接，协同推进区域知识产权合作的规划和措施，协商解决合作中的知识产权问题，共同为技术创新和大型科技项目实施提供政策支持。

三、“一带一路”国家知识产权的境况及人才问题分析

（一）“一带一路”国家知识产权的发展现状

“一带一路”贯穿亚欧非大陆，从国际的大环境中观察，目前“一带一路”的两端是当今国际经济最活跃的两个主引擎：欧盟和环太平洋经济带，中间的国家处于两个引擎之间的“塌陷地带”。当前，通过知识产权政策体系、知识产权法律制度的结构、商标和专利的申请量和授权量、著作权和商业秘密诉讼案例、所参与的知识产权国际协作制度的类型和数量、知识产权国际协作途径在本国知识产权保护中所发挥的具体作用等可以将“一带一路”国家的知识产权水平区分为不同层次。比如知识产权政策法律体系处于萌芽期的国家柬埔寨、孟加拉；具有知识产权政策法律体系但收效甚微的国家哈萨克斯坦、格鲁吉亚；具备知识产权政策法律体系且具有现实功能的国家土耳其、马来西亚；国内知识产权政策及法律较为完善且国际协作广泛的国家沙

特,等等。

柬埔寨是典型的农业国,工业并不发达,其农产品主要出口国是美国、德国、英国、新加坡和日本。其本国政府对知识产权关注不多,专利在本国并未有足够的重视,虽然制定了专利法等相关知识产权法律,但至今没有一项发明专利和实用新型专利的授权,拥有一定数量的注册商标,不是专利合作条约和商标注册马德里协定的成员国,对外知识产权合作的渠道主要是通过相关的双边贸易协定,主要集中在美国、日本和中国。

孟加拉同样是一个农业大国,全国80%以上的人口从事农业生产,政府对知识产权同样关注不足。其本国的知识产权制度源自英国殖民时期,专利法制定于1911年,后来在1933年增订了专利法规则,两部法律一直沿用至今。也就是说,孟加拉在1971年脱离英国殖民统治独立后,国家对旧有法律进行了全面的修改或重新颁定,而专利法几乎被忽视,原有的专利法形同虚设。但1912年的版权法和1940年的商标法分别在2000年和2009年进行了重新修订,著作权和商标权在该国可以获得一定程度的保护。本国的专利申请主要来自国外,而商标申请主要来自国内。目前对外合作的渠道主要是通过TRIPS和GATT等贸易协定,同时,也是巴黎公约、伯尔尼公约和WIPO的成员国,没有参加专利合作条约和商标注册马德里协定。

格鲁吉亚是巴黎公约、伯尔尼公约、马德里议定、TRIPS、海牙协定的成员国,但并未加入专利合作条约。哈萨克斯坦是专利合作条约的成员国,2014年,来自中国的发明专利申请为7件,实用新型申请为6件,外观设计申请为6件,商标申请为57件①。长期以来,中国对外贸易知识产权战略集中关注在美、日、欧等发达国家,与"一带一路"沿线国家,尤其是中亚地区的国家进行经贸往来时,较少考虑到知识产权保护的问题。主要是因为在此之前,中国与这些国家的经贸往来的数量少,产业层次不高,企业没有过多考虑到知识产权的布局。

① 如无特别标注,文中数据均来自于"一带一路"国家知识产权负责人培训班,详情见 http://news.tongji.edu.cn/classid-15-newsid-46821-t-show.html 2015-12-27.

土耳其国内有完备的知识产权法律体系，覆盖专利、商标和设计，是WTO和TRIPS的成员国，加入EPC和WIPO。土耳其专利局成立与1994年，是科学、工业和技术部下属的专门机构，拥有432名雇员，其中包含60名专利审查员和120名商标审查员，参加了13个知识产权国际协议。土耳其专利局提供有效而全面的知识产权保护以确保本国的科技在全球范围内的竞争力，并致力于成为世界上领先的知识产权机构。同时根据本国的发展情况制订了设计战略、地理标志战略，并且在2015年提出知识产权国家战略的制订计划。搭建技术转移平台，设立专利池，发布专利合作者信息，出版刊物，定期公布数据，并为专利技术的商业运行寻求资助。

马来西亚有较为完善的知识产权管理机构，经过1983年、1990年和2003年三次的改革，形成了马来西亚知识产权联盟（Intellectual Property Corporation of Malaysia），总计雇员425人，其中专利工作人员110人，商标工作人员104人，工业设计工作人员17人，版权工作人员11人，其他工作人员183人。其知识产权法律体系较为完整，主要有2002年的马来西亚知识产权合作法案（Intellectual Property Corporation of Malaysia Act），2000年的集中电路布图设计法案和地理标志法案，1996年的工业设计法案，1987年的版权法，1983年的专利法和1976年的商标法。其中比较有特点的知识产权措施是建立马来西亚遗传资源数据库，为国家生物资源的多样性提供保护，避免授予不当的专利，为专利审查员提供技术支持。在国际合作方面，马来西亚是WIPO的成员国，参与了巴黎公约、伯尔尼公约、TRIPS、PCT、尼斯协定、维也纳协定等。

沙特阿拉伯专利局成立于1982年，在2013年成为PCT和PLT的成员国。机构员工有90人，其中高级管理层有10人，审查员40人，助理审查员5人，专利信息专员4人，法律工作人员5人，客户服务人员6人，行政工作人员20人。40位审查员中，10人具有硕士学历，30人具有本科学历。从2010年到2014年，在沙特提交专利申请最多的是沙特本国申请人，共计1 851件，占总申请量的40%；其次是来自美国的申请849件，占18%；中国申请人提交的专利申请排名第10位，为78件，约占全部申请的2%。自2003年到2012年，沙特阿拉伯国内专利申请量年平均上升25%。在国际合作方面,目前已经建立合作关系的有 GCC 专利局[①],中国国家知识产权局和摩洛哥工业与商业产权局(Moroccan Industrial and Commercial Property Office);正在商谈建立国际合作关系的有 EPO,塔吉克斯坦的国家专利信息中心和韩国知识产权局等。同时,积极参与了 WIPO 组织的多项国际合作项目。

由此可见,“一带一路”国家的知识产权发展并不均衡。对于以农业发展为主的国家而言,并不重视专利等知识产权在本国的制度建立和保护,多数国家没有加入 PCT 等条约;一些发展中的大国比较注重本国知识产权制度体系的建立,并积极参与国际协作。国际知识产权规则历来是国内知识产权制度发展和完善的重要依据。“一带一路”国家,无论是在发达国家还是发展中国家,无论是对于国际组织还是民间组织,无论是对于私人机构还是公共部门,知识产权制度都正在成为一种重要的基本法律制度。知识产权已经成为关系国家发展、国际贸易和国际合作的重要问题。应该看到,由于经济和社会发展的不平衡,知识产权在国际上已经成为热点问题,有关知识产权的争议也时有发生。通过知识产权人才的交流与合作可以促进知识产权领域的国际对话和国际合作不断发展,推动知识产权制度向既要履行相关国际条约义务也要符合本国国情的方向发展。

(二)“一带一路”国家知识产权人才问题的思考

首先,“一带一路”沿线国家知识产权专业人才欠缺。“一带一路”连接东亚经济圈和欧洲经济圈,中间的广大腹地主要是中亚、西亚、中南半岛等国家和地区。这部分地区的科技发展相对缓慢,一部分国家的知识产权制度处于萌芽阶段,有的国家甚至没有专利的法律制度,缺乏专门的知识产权人才。

其次,“一带一路”沿线国家的知识产权人才缺乏国际交流与合作。基于本国的知识产权状况,“一带一路”相关国家参与的知识产权国际协作较

---

① The GCC Patent Office (GCCPO) is a regional patent office based in Riyadh, Saudi Arabia, within the Secretariat General of the Gulf Cooperation Council (GCC). It was established in 1992 and began operations in 1998. The GCC Patent Office grants patents valid in all GCC member states. The first GCC patent was granted in 2002.

少，有的国家不是 PCT 的成员国，多数国家对 PPH 更是了解甚少，因此，"一带一路"国家知识产权人才缺乏国际交流机会，对世界范围内知识产权协作制度缺乏了解，不利于海外资本的投入和利用，不利于在"一带一路"合作中海外的技术研发和转移，进一步影响到国与国之间的技术投资和利用。但是，"一带一路"中部分国家虽然不是 PCT 或 PPH 的成员国，却是美、日在亚洲展开区域经济合作的成员，可以享有在美、日之间部分的人才培养资源。

最后，"一带一路"相关国家的知识产权民众意识堪忧。由于知识产权制度的欠缺，知识产权文化尚未建立，在已经设有知识产权制度的国家，其知识产权的发展仍处于初级阶段。"一带一路"国家民众对知识产权知之甚少，对知识产权的了解主要为商标权，对于专利这类与科技紧密相连的知识产权保护制度缺乏利用的主动性。有的国家（例如：柬埔寨）的发明和实用新型授权量为零，由于本国公众的知识产权意识淡薄，本国公民的专利授权量为个位数，仅有的专利授权多数为外国申请人获得。

对于不同的知识产权发展境况，中国需要因地制宜制定相关的知识产权策略，以促进和鼓励"一带一路"的技术投资和贸易。

四、"一带一路"愿景中知识产权人才培养的必要性

"一带一路"贯穿亚欧非大陆，在拓宽贸易领域、加快投资便利化进程、推动新兴产业合作、优化产业链分工布局、加强科技合作等方面，知识产权人才起着至关重要的作用。如果没有有效地解决知识产权人才问题，将影响到"一带一路"的整体建设。

面对这样的局面，"一带一路"战略需要建立一个维系中国和"一带一路"国家的知识产权人才培养保护的机制，用以有效应对上述的各种知识产权挑战。作为一项"共商、共建、共享推进沿线国家发展战略的相互对接"的系统工程，"一带一路"战略有可能是迈向建立"一带一路"地区范围内知识产权人才联合机制的第一步，并且将受到"一带一路"国家的重视。这是因为，知识产权人才培养是"一带一路"战略实施的应有之义。第一，"一带一

路”战略的时代背景蕴含知识产权人才的需求。“共建‘一带一路’是顺应世界多极化、经济全球化、文化多样化、社会信息化的潮流,秉持开放的区域合作精神”的结果,与此对应的是,知识产权人才是维护全球自由贸易体系和开放型世界经济的主要推动者。第二,“一带一路”战略的合作重点需要知识产权人才。“一带一路”战略合作重点涉及国际技术转移、共建联合科技研究中心、科技人员交流等,知识产权人才是科技成果的运用和技术投资必不可少的工作参与者。第三,“一带一路”战略的合作机制要求知识产权人才。在双边合作和多边合作机制中,知识产权人才交流与互信是上海合作组织(SCO)、中国-东盟“10+1”中涉及的议题。第四,“一带一路”战略的美好未来涵盖知识产权人才的发展。“一带一路”战略愿景是中国与沿线国家一道,稳步推进技术项目建设,知识产权人才将同“一带一路”战略共同发展,为“一带一路”的建设保驾护航。

知识产权人才的缺乏将妨碍“一带一路”的推进,有必要在“一带一路”的建设中构建知识产权人才培养的模式,并进一步开展具有前瞻性的知识产权人才培养机制。“一带一路”的合作重点涉及基础设施建设、配套完善道路安全防护设施和交通管理设施设备、加强能源基础设施互联互通合作、推进跨境光缆等通信干线网络建设等,同时促进沿线国家加强在新一代信息技术、生物、新能源、新材料等新兴产业领域的合作,合作开展重大科技攻关。专业的知识产权人才可以为这些重点的合作项目的顺利开展提供智力支持和人力资源。如果知识产权人才欠缺,合作项目得不到有效的推进,将面临智力劳动成果流失,科技创新的积极性降低等后果,并将容易导致在合作中的纠纷且难以得到妥善的解决,从而影响“一带一路”建设的可持续性。

有效的知识产权国际合作机制是“一带一路”战略实施的“稳压器”,也是“推进器”。新的国家安全法明确表示“国家加强自主创新能力建设,加快发展自主可控的战略高新技术和重要领域核心关键技术,加强知识产权的运用、保护和科技保密能力建设,保障重大技术和工程的安全。”在“重大技术和工程的安全”方面,知识产权是维护国家安全的重要基础之一。

五、“一带一路”建设中知识产权人才培养的构想和可行方式

在复杂的国际环境下，中国应如何构建“一带一路”中的知识产权人才培养的政策体系和法律规则，以确保知识产权人才工作的顺利进行，并展开前瞻性的知识产权战略布局；如何与“一带一路”沿线国家构建良性互动的知识产权协同创新机制，加大知识产权的实施和利用，共同提升科技创新能力；如何打造有助于“一带一路”的区域经济安全和发展的知识产权协作共同体，实现合作共赢的发展之路。

其一，中国与“一带一路”国家的知识产权创新政策及法律制度的协调机制。知识产权协作是通过政府在知识产权国际合作领域的积极参与，充分发挥自身的国际话语权，结合国际趋势，集中于本国范围内的知识产权保护，考虑国际合作环境下知识产权制度的制定和执行，为本国的技术创新提供更高更大的平台。在“一带一路”战略的推进下，中国与“一带一路”沿线国家的知识产权创新政策和法律制度相互影响的程度加大，在比较法的视野下研究中国与“一带一路”沿线国家的知识产权创新政策和法律制度的差异性和协调方式，为本国的科技在“一带一路”战略布局提供先机。

其二，中国促进“一带一路”知识产权协作及激励创新的政策规划与建议。结合在目前已有政策、法律及创新环境，根据中国企业在“一带一路”国家进行知识产权合作的需求，研究在当前知识产权协作机制框架内所能实施的激励创新的制度安排；研究中国推进知识产权海外布局和促进科技创新的策略，并针对当前的知识产权协作机制提出完善的政策建议。同时，分析国际知识产权合作的发展对“一带一路”建设所产生的影响，研究对于知识产权布局所需的具有前瞻性的政策规划。

(一) “一带一路”建设中知识产权人才培养的构想

鉴于知识产权人才对于“一带一路”战略实施的重要性，中国需要考虑有关“一带一路”国家知识产权人才培养的问题，并为之进行努力。

第一，“一带一路”知识产权人才培养的领域和范围。“一带一路”知识

产权人才培养的范围并不是战略一开始就越广泛越好，而是要有针对性，在具体实践中还是要根据"一带一路"项目的现实需要，依孰轻孰重的原则安排先后次序。在目前的技术投资领域，可以优先考虑专利人才的培养。在人才培养的范围方面，可以根据培养内容的不同来进行区分：针对基本的知识产权法和规则的培训，可以邀请"一带一路"国家的全部成员参加，针对专利审查或者具有双边合作性质的国际协作，则可以根据双方国家的现实需求来调整培训的方式和内容。

第二，"一带一路"知识产权人才培养的方式。通过推动"一带一路"沿线国家与中国知识产权的双边协议或条约，来完善知识产权的人才培养方式。双边合作的方式能使签约国家将知识产权人才问题更为集中地得到处理，并能使双方国家的知识产权制度得到协调和统一化，在未来的全球专利一体化建设中减少彼此合作的摩擦。具体的方式可以考虑为"一带一路"国家的知识产权人才来我国参加集体的学习和交换性质的工作，或者我国的知识产权专业人员到"一带一路"国家参加相关的合作交流活动。

第三，"一带一路"知识产权人才的合作。通过"一带一路"来建立中国与"一带一路"国家的知识产权人才交流互访机制不失为一种合理的方式，但同时部分"一带一路"国家也参与了 WIPO 等国际组织的培训，如何协调双边合作与国际合作两者之间的关系是值得考虑的问题。双边合作可以促进两国在知识产权领域的深入交流，互惠互利，从知识产权外交方面考虑也有其积极的作用。国际合作的参与范围更大，合作者更多，有时可能产生与双边合作重复的内容，但是从合作途径及合作效率来说，国际合作可以有更多的选择。尤其是在 WIPO 的平台之上，任何国家的知识产权局都是处于平等的地位，从而对国际知识产权事务具有平等的决定权，对于"一带一路"国家促进自身的知识产权具有积极的作用。

第四，"一带一路"知识产权人才互访的外交战略平台。中国需要善用"一带一路"知识产权人才互访的平台来增信释疑，促进不同国家知识产权制度和文化的协调与融合，构建中国知识产权外交战略的平台。知识产权外交拓宽了既有的外交空间，从国家的政治、经济等传统的外交领域拓展到知识产权合作领域，具有优势互补和兼顾一般的原则，通过促进知识产权的国际合作实现"一带一路"人才交流和信息、技术及设备等资源的共享,促进重点领域的知识产权合作和发展,推动我国和"一带一路"国家的共同进步。

第五,"一带一路"知识产权人才的智库机制。智库建设是当今国家推进知识产权建设的重要手段,我国可以国家知识产权局为主导,以各高校和科研机构的国家知识产权战略研究基地为依托,建立并完善"一带一路"国家知识产权人才智库建设。

(二)"一带一路"建设中知识产权人才培养的可行方式

通过知识产权人才培养的国际合作提高参与知识产权国际事务的能力,发挥我国在"一带一路"中的建设性作用,推动知识产权国际规则的变革沿着健康方向发展,维护我国与"一带一路"国家的共同利益,提升知识产权问题上的国际话语权。目前,发达国家纷纷加大对纳米技术、微电子技术、光电、生物技术以及先进材料、绿色智能技术等重点科技领域的前瞻部署,旨在抢占未来科技制高点,以期构筑新的知识产权国际秩序。随着我国知识产权事业能力的不断提升,通过积极开展知识产权对外的人才交流与合作,可以增强我国在上述领域的主动性和创造性,最大限度地维护我国在新兴产业和重点技术领域的国家战略利益。

就当前的"一带一路"建设而言,知识产权人才的培养主要集中在以下三个方面:

其一,推动"一带一路"国家的知识产权人才建设。目前"一带一路"沿线国家的知识产权制度不健全,正处于逐渐建设的阶段。中国可以推动以"一带一路"建设为核心的知识产权人才建设,支持沿线国家培养基于自身发展需要的知识产权人才。从某种意义上说,我国积极主动地参与帮助"一带一路"国家知识产权人才的建设既满足了我国在"一带一路"中的自身定位,对于我国在"一带一路"建设中的发展具有积极意义,也提升了沿线国家的知识产权制度建设,促进该国的科技进步与发展。

其二,推动"一带一路"国家与我国的知识产权人才的双边合作与交流。中国政府制定《推动共建丝绸之路经济带和21世纪海上丝绸之路的愿景与行动》,目的是让古丝绸之路焕发新活力,沿线各国互利合作迈向新的历史高度。人才的双边合作能使签约国家的知识产权人才问题更为集中的得到处理,知识产权人才的流动能使双方国家的知识产权制度的构建得到协调和统一化,在未来的全球专利一体化建设中减少彼此合作的摩擦,尤其是在知识产权保护、技术投资监管和知识产权执法等行政法律方面。

其三,参与承担“一带一路”沿线国家的一部分知识产权培训工作。“一带一路”国家的知识产权规则处于构建和完善之中,参与的专利领域国际协作制度有限,且自身对于专利申请和审查工作的处理能力有限。在知识产权领域,中国国家知识产权局作为世界五大知识产权局之一,具有良好的专利工作经验和优秀的知识产权人才,可以参与承担“一带一路”沿线国家的一部分知识产权培训工作,比如,国家知识产权局主办,同济大学承办的对于“一带一路”国家知识产权局人员的培训会议。通过知识产权人才培训工作的参与,能够有效改善“一带一路”部分国家知识产权工作的现状,并进一步培育这些国家自身的工作能力,改进知识产权保护的状况。

通过知识产权人才培养消除知识产权的智力资源的匮乏对自由贸易构成的障碍,并减少国际贸易中知识产权的扭曲和阻力。同时,新技术的发展引发了不同国家对专利制度的利益诉求出现分化,围绕新技术发展以及国际贸易问题而产生的国家利益冲突日趋激烈。由于不同国家所处的技术发展阶段不同,相关知识产权人才培养工作的重心不同。新兴经济体如中东的沙特,则通过积极参与国际合作不断提升知识产权国际影响力,密切结合本国的传统产业或优势竞争产业进行全球战略谋划。马来西亚和印度尼西亚采取的知识产权人才策略密切结合同时期产业发展的国际竞争环境:在技术赶超期,加强本国知识产权人才培养,注重为国内企业提供赶超和“二次创新”的制度环境;在技术成熟期,提高知识产权保护标准,扩大专利保护范围,加强知识产权人才的对外交流与合作。我国对于“一带一路”国家知识产权人才交流和培养,同样体现了将国家知识产权战略与国家对外技术交往政策策略的相互融合,对于国际经济技术贸易交流起到积极的推动作用。通过知识产权人才培养,加强知识产权领域的国际合作和交流,充分学习借鉴知识产权国际经验,努力提高在国际贸易和技术活动中掌握和运用知识产权的整体能力和水平,为技术引进和创新创造良好的国际环境。

“一带一路”国家知识产权人才培训模式,具体是指实施知识产权培训的标准形式，包括培训需求的评估、培训项目的内容考量、培训进度的设计、培训成果的转化和运用，等等，对于这一系列的工作都有其基本的程序和特定的做法。目前，我国已经开始尝试进行了一系列的关于“一带一路”国家的知识产权人才培训工作，培训模式将为培训单位提供一个完整的思路，使“一带一路”知识产权人才培养更为规范化和体系化，这有助于“一带一路”知识产权人才培养的长期性和可持续性。培训模式需要根据“一带一路”战略的目标来确定，“一带一路建设是一项系统工程，要坚持共商、共建、共享原则，积极推进沿线国家发展战略的相互对接。为推进实施一带一路重大倡议，让古丝绸之路焕发新的生机活力，以新的形式使亚欧非各国联系更加紧密，互利合作迈向新的历史高度”[①]。知识产权是一门实践性、法律性和技术性很强的学科，培训效果难以用量化的指标来衡量，传统的培训模式难以直接适用。对此，针对“一带一路”国家知识产权人才培训工作需要选择一个有效的培训模式，制定一个切实有效且长期的培训计划，对增强“一带一路”国家知识产权的意识，提升知识产权从业人员的专业素养和能力，提高“一带一路”国家对于知识产权的管理、保护和运用水平。

由于“一带一路”国家知识产权呈现不同层次的特征，对于“一带一路”国家知识产权人才培养也可以采用分层次的培训模式。对于基础的知识产权知识和信息交流，可以由“一带一路”国家集中展开培训；而对于具体的知识产权培训课程，则可以根据不同国家的知识产权发展近况具体分析。

其一，对于“一带一路”中多数农业国家而言，由于这些国家的知识产权制度本身并不完善，知识产权意识淡薄，知识产权的培训需要从基本的工作开始。从最简单的知识产权规则开始推动知识产权的文化的普及，规范在技术合作中的知识产权行为，逐步推动专利法的建设，同时完善商标法的建制和著作权法的运用。培养知识产权的国际合作渠道，进行国际法相关人才的培养。可以援助或支持这些国家的学者、管理人员、技术人员及可能参与知识产权工作的人到中国进修，逐步建立起这个国家的知识产权体系。

---

① 国家发展改革委、外交部、商务部：《推动共建丝绸之路经济带和21世纪海上丝绸之路的愿景与行动》，2015年3月28日，http://www.mofcom.gov.cn/article/resume/n/201504/20150400929655.shtml.

其二,对于“一带一路”中一部分发展中的大国而言,知识产权的人才培训可以针对国家比较重视的领域展开。有部分国家提出了知识产权强国战略,并针对知识产权问题展开评估,对知识产权管理人员应该以能力培养为主,培养他们熟练掌握知识产权的法律法规以及专利申请、审查和授权等知识。对企业的知识产权人员则根据工作岗位的不同区分不同的培养需求。企业高层管理者、知识产权专业管理者、研发人员、销售人员和一般员工等不同岗位,对于知识产权的掌握程度不一样,培训的内容也应该有所区分。企业高层管理者需要的是对于知识产权宏观战略的把握和了解,而知识产权专业管理者则应该是企业中最需要全面了解专利的人,需要熟练掌握知识产权的法律法规以及专利申请和审查、软件著作权登记制度、商标的申请、授权和转让,知识产权运营和管理,以及知识产权侵权诉讼的提起和应对,等等。研发人员在对于技术的研发过程中,需要注意规避已有的专利,避免落入现有技术的范围从而使专利申请无法获得授权,即便已经获得授权,也需要考虑对于侵权的规避。销售人员和一般员工需要的是知识产权普及性培训,同时,在高校和科研机构中开始培养相关知识产权人才,注重知识产权的国际合作与交流,使知识产权人才有良性的互动,希望通过对外的学习和借鉴提高自身的知识产权能力。国家努力开拓各种适当的知识产权国际合作方式,以促进本国的技术走向世界。

其三,对于一部分主要依靠对外贸易发展的国家而言,国家大力支持知识产权国际合作,鼓励技术资源的输入和输出,不仅培养知识产权专业人才,还非常注重人才的质量和知识产权素养。对此,知识产权人才的培养可以主要从知识产权国际合作的渠道来开展,促进我国与这些国家的合作与交流,在人才培养和交流方面着手,开展国际知识产权论坛,通过圆桌会议的形式交换观点,促进共同的进步。对此还可以进行分层分类开展培训,从知识产权意识、知识产权技能和知识产权学术三个类别展开培训。知识产权意识主要是从知识产权的国民意识为切入点,树立和增强知识产权创新、保护和运用的观点和态度。知识产权技能是提高知识产权专业人员对专利等技术信息的判断和运用能力。知识产权学术主要是高校和科研机构之间进行知识产权理论与实践结合的研究,提升知识产权人员的学术素养,推动知识产权的前沿理论发展。

六、策略与展望

(一) 注重协调机制设计,发挥“一带一路”国家的主体作用

“一带一路”贯穿亚欧非大陆,处于东亚经济圈和欧洲经济圈之间的凹陷带,在法律上融合了大陆法系和英美法系,同时存在伊斯兰宗教法;种族、语言、文化在各国之间存在较大差异,制度理念也各不相同。伴随技术兴起的知识产权制度在各国的法律中虽然都有或多或少的体现,但并没有在较大范围上达成一致。在不同知识产权水平和不同法律文化的国家之间构建知识产权合作渠道,尤其需要注重协调机制的设计,主要体现在以下三个方面:

其一,设立知识产权协调机构。可以通过国家之间双边协议或多边条约的形式,组建“一带一路”的知识产权跨国协调机构,主要负责协调国家与企业、政策制定者与投资人、国家与公众这三个层面的知识产权联系;还可以通过知识产权联席会,进一步协调在“一带一路”国家出现的知识产权纠纷。

其二,建立机构内部的协调机制。知识产权协调机构的人员来自“一带一路”各国,本身存在法律文化和制度理念的差异,可以通过对某项具体项目的特点、资源和市场等要素进行综合考虑,形成若干“知识产权讨论主题”,由相关国家具有知识产权事务处理经验的人员合作探讨,发挥协同效用,弥补单方决定时的信息不对称。

其三,促进协调主体的对话。在“一带一路”战略实施中,我国与“一带一路”国家的政府部门、科研院校和企业之间缺乏充分的协调,尚未形成协同效应。可以不定期举办由政府官员、知识产权服务机构、律师、专利商标专业从业人员、企业和学界代表参加的知识产权对话会议,对“一带一路”知识产权问题展开研讨,共同寻求对策。

(二) 鼓励知识与人才的流动,注重培养跨国知识产权专业人才

强调培养具有知识产权专业知识和技能的创新人才是确保“一带一路”

战略顺利实施的重要因素之一。一方面,注重通过高等教育培养通晓“一带一路”国家语言和法律的科技创新人才;另一方面,有针对性地开展国际知识产权教育合作,并在“一带一路”国家推广中国的高等教育,提供奖学金,吸引各国学生来华学习知识产权,并推荐其中的优秀人才到“一带一路”相关企业工作。

为此,主要可以有以下两个方面:其一,鼓励知识产权人才在中国和“一带一路”国家之间流动。对于人才培养而言,跨国之间的交流有利于促进知识产权制度差异性的融合,为跨文化沟通提供智力支持;其二,鼓励知识产权人才在高校、企业和政府机构等多元主体之间流动。不同机构的人才流动有利于知识在不同需求和位置的更新,通过人才的流动推进知识的更替,有利于创新知识产权人才培养模式。

(三) 优化知识产权国际合作机制,形成知识产权区域合作网络

“一带一路”国家当前的国际合作机制并不完善。基于知识产权制度已经明显落后的现实,“一带一路”国家一方面需要逐步建立本国的知识产权法律体系,另一方面需要扬弃外来的知识产权法律制度。为此,建议我国的策略如下:

其一,引导“一带一路”国家的知识产权国际协作机制建设。知识产权国际协作条约使技术在全球能够更加快速的获得法律保护,从而进一步促进了技术在世界范围内的转化、交易和投资。通过引导“一带一路”国家参与知识产权国际条约或协议,将国际法、国际惯例或国际公约的某些要求融入“一带一路”国家的法律体系中,从而在程序或实体上减少“一带一路”国家法律与国际社会普遍接受的法律制度之间的差异,促进国家和地区间的知识产权法律合作。

其二,打造“一带一路”知识产权共同体。在我国与“一带一路”国家知识产权制度所形成的良性互动之后,可以加大知识产权的实施和利用,共同提升科技创新能力。知识产权的交互投资和利用所形成的“一带一路”知识产权共同体将惠及“一带一路”的成员各方,形成良好的知识产权保护氛围,培育民众的知识产权意识,有助于“一带一路”的区域经济安全和发展。

参考文献

[1] 车玉明.扎实实施"一带一路"重大战略,努力打造全方位对外开放新格局[N].人民日报,2014-10-11(1).

[2] 邹开亮,侯特.江西省科技人员知识产权培训的反思与重构[J].高等继续教育学报,2014(3):50-54.

[3] 顾丽娜.基于胜任素质模型的知识产权管理人才培训研究[J].价值工程,2010(10):48-50.

[4] 王海军.企业知识产权培训模式刍议[J].科技与法律,2010(6):36-38.

[5] 张林锋,杨五.企业知识产权战略实施的重要支撑——企业知识产权培训体系建设[J].中国发明与专利,2010(5):85-86.

[6] 朱兴国.为企业管理者补课——国家知识产权局企业知识产权培训工作综述[J].知识产权,2001(1):27-28.

[7] 张锦锐.知识产权人才培训效果评估[J].学会,2002(1):26-27.

[8] Peter K. Yu, Intellectual Property Training and Education for Development[J]. American University International Law Review, 2012, 28(1): 311-354.

[9] Kassman, Herbert S. Intellectual Property, International Business and the Export rading Company-some Basic Training[J]. Boston University International Law Journal, 1983, 2(2): 231-238.

[10] Christine Haight Farley, Peter Jaszi, Victoria Phillips, Joshua Sarnoff, Ann Shallect, Clinical Legal Education and the Public Interest in Intellectual Property Law[J]. Saint Louis University Law Journal. 2008(52): 735-748

[11] Le Moal-Gray, Michele J. Distance Education and Intellectual Property: The Realities of Copyright Law and the Culture of Higher Education[J]. Touro Law Review, 2000, 16(3): 981-1036.

丹麦在“一带一路”领域的地位与作用

苏 平 赵萍丽 陈宽宇
(同济大学政治与国际关系学院)

【摘要】 随着“一带一路”战略的逐步推进,中国“对外开放”和“走出去”的步伐随之加快,在新的国内、国际环境下,中国也在不断探索更好更优的开放战略。本文运用访谈、调研等研究方法,在开放性地区主义的理论框架下,将丹麦作为“一带一路”战略版图扩大并不断改造升级的重要站点,运用中等强国的外交视角,考量了中国和丹麦两个国家在“一带一路”平台上进一步合作的可行性、必要性和重要性,并提出一系列解决方案。本文主要从绿色环保、生物制药和海洋运输三个维度,对中丹双边合作进行探讨,强调在“一带一路”背景下,中国通过与域外国家合作交流共建的方式,以达到量与质的并存,推动“一带一路”战略的深化发展。

【关键词】 “一带一路” 开放性地区主义 丹麦

一、导 言

经过30多年的改革开放,中国对外经济形势出现了重大转变。随着经济全球化和地区一体化的发展与深入,中国在国际舞台上的角色愈来愈重要,融入世界经济的主动性也越来越强。对外开放成为国家战略的重要组成部分之一,也是中国在地区战略和世界战略上着重考量的因素。在内部和外部的双重影响下,国家未来发展方向和国家战略布局将会发生重大调整。

目前,国内部分行业产能过剩,资源能源对外依存度持续攀升。在此背景下，“全面提高开放型经济水平”逐渐替代沿用多年的“扩大对外开放”提法，将目标明确指向提升中国在国际经济体系中的地位，为全球化日益加深时代背景下我国的国家发展战略设定了目标，指明了方向，具有重大的理论价值和实践意义，这也是“一带一路”倡议应运而生的直接原因。

作为新形势下我国扩大全方位开放的重要举措，“一带一路”战略正成为我国构建对外开放新格局、引领经济进一步融入世界的强力引擎。“一带一路”战略是地区战略的表现形式之一，而且其所涉及的沿线国家也不是封闭的、不变的，势必会随着“一带一路”战略的持续升级，在时间和空间上不断延展和扩大，更多的地区和国家被纳入“一带一路”战略版图中，并发挥举足轻重的作用。事实上，“一带一路”倡议也的确得到了丝绸之路经济带沿线国家乃至欧洲、南美洲国家的响应，其间虽绝大部分是发展中国家，但也有不少发达国家在为积极进入中国的“一带一路”战略版图而努力，并不断探索在“一带一路”建设中的角色定位与新型合作方式。其中，丹麦作为中国“一带一路”战略的“北欧驿站”，不仅可以带动北欧加入“一带一路”战略网络，而且可以参与“一带一路”沿途及周边区域的战略联通，对于中国与欧洲尤其是北欧地区的经贸合作与发展有着重要的战略意义。中丹两国长期稳固的外交关系，以及丹麦独有的一些优势，都有助于丹麦成为中国“一带一路”战略的合作者。

但是，“一带一路”战略的实施过程中，在获得其正外部性效应的同时，也不可避免地有一些负外部性影响[①]。由于中国拥有自主创新的产业比例较低，“走出去”的主要产能仍然集中在航天、铁路和核电等领域，人力物力的投资比重大；中国以基础建设为首的优势产业在输出的过程中，不可避免地对当地生态产生一定人为干预，重者则会遭到强烈抵制；在加快释能的过程中，国内经济的稳步提升，产业结构的升级转型也是不可忽略的问题。除此之外，通过扩大“一带一路”辐射范围，在与西欧、北欧等西方发达国家的交往又蕴含更多的战略考量，也面临更多的外交盲点。如何促进战略改造

① 门洪华. 从开放型大国到开放型强国——中国对外开放战略的总结与展望[C]. 国情报告·第十一卷·2008年(上). 党建读物出版社、社会科学文献出版社，2012：178.

升级，进一步扩大“一带一路”版图，处理好与沿线国家的合作伙伴关系，重塑中国国家形象与企业形象，在战略推进过程中加强与主要大国的沟通互信等，都是政策制定者和实施者需要认真思考和谋划的重要问题。

二、“一带一路”战略与国家战略体系

在经济全球化和地区一体化并行发展的当今世界，“科学完备的国家战略体系至少应包括如下相辅相成的三个层面：国家战略、全球战略和地区战略”①。其中，国家战略是地区战略和全球战略的基础和前提；地区战略是国家战略外溢的表现，是一个国家在自己所在区域的事务中发挥地区性大国作用的经营战略；全球战略则是一个国家放眼长远，为成长为世界性强国并能够型塑世界格局而进行谋划。可见，国家战略、地区战略、全球战略，这三者是层层递进、相辅相成的关系。因此，对中国而言，“一带一路”战略是整个国家战略体系的一部分，它是地区战略的一种表现形式，也必然要以国家战略为前提和基础，以全球战略为最终目标。

(一) 以国家战略为基础，向全球战略推进

“一带一路”战略首先是以国家战略为内核进行推动的，在切实分析了当今中国存在的机遇和挑战后，通过重建“丝绸之路经济带”和“21 世纪海上丝绸之路”，在政治、经济和文化等方面全面提升软、硬实力，以达到“富民强国”的基本追求。而完善国家战略的根本目的，是构建完整的国家战略体系，使得国家战略能够向全球战略平稳过渡，提升中国在全球的综合实力，真正实现国际社会的参与和共享，塑造“负责任的大国”形象。

1. 重视国家战略，“练好内功”是关键

“一带一路”战略，“既带来机遇，也存在风险，问题的关键在‘练内功’”②，要加强国家战略的实施，增强国家实力。这是因为，仅仅依赖对外开

① 门洪华. 从开放型大国到开放型强国——中国对外开放战略的总结与展望[C]. 国情报告·第十一卷·2008 年(上). 党建读物出版社、社会科学文献出版社，2012：181.

② 门洪华. 对中国对外开放战略的若干思考[J]. 开放导报，2008(3)：19.

放而没有内在体制的深刻转型，没有国内一体化作为战略依托，则中国对全球经济的接轨只能是一种泡沫式开放，也终将不可持续。也就是说，要真正做到“走出去”，使沿线国家“有求于我”，其根本保障在于重视国家战略，做强我国的“国家实力”，通过“练好内功”，走“魅力折服”的道路，即打铁还需自身硬。

尽管近40年来，我国经济总量已居世界第二，经济建设的巨大成就迅速提升了国家的硬实力，使我国初步具备了走出去的整体力量。但总的来说，我国的国家综合实力大而不强。中国社会科学院宏观经济运行与政策模拟实验室的预测结果显示，在2011—2015年、2016—2020年、2021—2030年三个时间段内，我国经济潜在增长率区间分别为7.8%～8.7%、5.7%～6.6%和5.4%～6.3%，增速递减的趋势非常明显。[①] 不仅如此，在产品质量、生产效率、产业结构、科技创新、资源使用、军事实力等方面，我国也与发达国家有很大的差距。同时，由于改革进入攻坚阶段，社会矛盾凸显，我国也面临着诸如低效甚或无效的制度危机、主流价值观边缘化的危机等严重问题。因此，要持续有效推进“一带一路”战略，必须把国家战略摆在重要位置，注重提高我国自身的“国家实力”，把“练好内功”作为解决和应对“一带一路”战略挑战的关键。

首先，要把创新驱动发展作为“练好内功”，推进“一带一路”战略持续有效实施的第一要务。党的十八届五中全会提出：必须把创新摆在国家发展全局的核心位置，不断推进理论创新、制度创新、科技创新、文化创新等各方面创新，让创新贯穿党和国家一切工作，让创新在全社会蔚然成风。以科技创新为例：当前，为了提升发展质量，我国往往通过向发达国家购买或者与之进行合作的方式获取新技术。虽然短时间内解决了技术难题，但是由于自主创新能力还不强，许多关键技术、核心技术依然受制于人，先导性战略高技术领域科技力量更是薄弱，这势必降低我国对“一带一路”沿线国家的吸引力和影响力。为此，必须把创新驱动发展作为第一要务，从根本上提振

① 陈学慧.新常态，一个具有历史穿透力的战略概念——访中国社会科学院副院长李扬[N].经济日报，2014-12-10(6).

我国经济社会发展的引擎,增强我国经济走出去的"动力"。

其次,要把全面深化改革作为"练好内功",推进"一带一路"战略持续有效实施的根本保障。改革是发展的强劲动力,坚持全面深化改革,破除一切不利于科学发展的体制机制障碍,为经济社会持续健康发展提供持久动力。当前,我国全面深化改革覆盖经济体制改革、政治体制改革、文化体制改革、社会体制改革、生态文明体制改革,以及党的建设制度改革等六个方面,是系统性、整体性、协同性的综合改革,但仍然面临着"思想观念的束缚"和"利益固化的束缚"。因此,必须围绕上述六个领域进行全面深化改革,全面提升国家治理体系和治理能力的现代化,从根本上保障我国经济社会发展的活力,增强我国全方位走出去的"底气"。

当然,后发国家"修炼内功",不论是创新还是改革,都需要同时使用两条腿走路:一条路是"自学成才",自我钻研,自我开发,自我提升;另一条路则是"拜师学艺",向发达国家学习先进的科学技术、管理经验,治理理念等。

2. 将全球战略作为"一带一路"战略的最终目标

全球战略是国家战略体系在宏观层面的体现,是以国家战略为基础,依托地区战略发展的顶级目标。在新时期,基本的"富民强国"目标已经远远不能满足中国的战略需求,在国内的经济、社会发展到可观水平时,如何在国际社会扩大话语权,参与国际体制的建立与国际公共物品的提供,将是中国作为"负责任的大国"所应追求的目标。

就中国目前现状而言,完善全球战略至少需从以下几个方面着手:第一,在融入已有的国际制度的基础上,积极参与构建新型国际政治经济秩序。第二,不断扩展参与全球化的形式和内涵。第三,与相关国家寻求更多更广泛的共同利益。

"一带一路"战略构想正在孵化出全球战略的基本雏形:"打造政治互信、经济融合、文化包容的利益共同体、命运共同体和责任共同体。"①"一带一路"沿线国家目前已包括 66 个,其中大多为新兴经济体和发展中国家,总

① 新华社. 推动共建丝绸之路经济带和 21 世纪海上丝绸之路的愿景与行动[DB/OL]. (2015-03-28)[2016 - 06 - 28],新华网:http://news. xinhuanet. com/world/2015 - 03/28/c_1114793986. htm.

人口约46.5亿，经济总量约达30万亿美元，分别占全球的65.9%和40%，目前，以“一带一路”战略为核心的双边、多边合作成果丰富。一条以亚欧大陆为主体，并不断向四周延伸的经济体系平台正在发展并巩固，以此实现参与国的经济增速、社会发展，同时也是中国实现内部经济转型、发展与周边国家友好关系的强有力的动力。

显而易见，“一带一路”战略的提出是全球化的必然结果，也是中国在新时期的发展背景下寻求构建国际新秩序，积极参与国际竞争的体现。基于之前单纯以经济为导向的区域合作与地区援助，中国的外交方向逐渐转向全球软实力的自我提升。同时，“一带一路”战略向全球战略推进的过程也应遵循共商、共建、共享的原则，并将这三个原则放在同等重要的地位，以便将战略成果切实运用到本国、本地区乃至全球范围内，从而将原有的单一经济导向型合作，逐渐延伸至人文交流、新能源、高科技、社会福利等多个方面。这也是不断扩大并深化与他国共同利益的必要方式。此外，接受国际规则的约束，积极承担国际责任和义务，对塑造良好的国际形象也十分重要。

（二）秉持“开放地区主义”，推动“一带一路”战略持续升级

如前所述，地区战略是一种中间层次的战略经营思路，是国家战略成长为全球战略的必经阶段。作为地区战略的表现形式之一，“一带一路”战略也是一种中间层次的战略经营思路，而且，“一带一路”战略持续以开放主义为指导思想，其所涉及的沿线国家不是封闭的、不变的，势必随着“一带一路”战略的持续升级，在时间和空间上不断延展，不断扩大。

因此，一方面，“‘一带一路’建设具有空间范围、地域和国别范围上的多元、开放和包容性，需要区域内各国共同推进合作进程，通过打造互利共赢的利益共同体把各国紧密联系起来”①；另一方面，“一带一路”建设还将突破现有的地域框架，继续向西延伸。

1. 开放地区主义的内涵和特点

开放地区主义，是20世纪90年代以来在区域经济一体化的基础上生发

① 王优玲.“一带一路”战略构建我国对湾开放新格局[DB/OL].(2015-01-04)[2016-04-05]，新华网：http://news.xinhuanet.com/fortune/2015-01/04/c_1113870302.htm.

出的一种新形式,“是指在相对明确的地域基础上,在开放观念的主导下,以区域内部合作为核心,持续向区域外拓展的地区主义整合”①。开放地区主义与区域经济一体化的不同在于,它的“地区”概念更为宽泛,不仅强调区域内经济体之间的合作,而且还对区域外的经济体秉持一种开放性的态度,不具有排他性。APEC 于 1992 年正式提出开放性地区主义这一概念,以支持全球多边贸易自由化的发展。在 1994 年的一份报告中,APEC 对“开放的地区主义”作了如下阐述:“我们建议贯彻 APEC‘开放的地区主义’原则,是期望区内的贸易和投资自由化措施可以远远延伸至 APEC 成员的疆界之外。”②拉美的“开放的地区主义”则表现出“排而有限,封而不闭”的时代特点,就是既兼顾各国之间相互依存关系,又强调面向国际市场竞争的开放性。

可见,开放地区主义是对原有的封闭的一体化模式的革新,将视角内部互利共赢向区域外利益延伸,将对内开放和对外开放更好地结合。开放地区主义的出现,不仅使经济体制、政治体制、文化历史更为相似的国家之间的合作成为可能,也为社会制度不尽相同、文化多样化和异质性更强的国家之间的合作开辟了广阔的前景。

对于开放地区主义的特点,学者们的认识基本相似。③ 其特点主要有以下几个:

第一,开放性。开放性包括对内的开放,它要求区域经济成员间的相互开放,不搞歧视,实际减少经济交往中的区域内障碍;还包括对外的开放,即对非区域组织成员的开放,对非成员经济体也不搞歧视,目的是不设置并减少经济交往中的区域外障碍。

第二,非制度性。区域组织成员间不受特定的条约与协议的约束,组织本身的运作也不依赖于条约与协议,而是在成员国自愿的基础上达成的一致,以推进区域内外的合作。

---

① 苏浩.东亚开放地区主义的演进与中国的作用[J].世界经济与政治,2006(9):44-51.

② 周涛.“开放的地区主义”释义[J].国际商务研究,1998(5):31.

③ 宋玉华,阮燮富.论开放的地区主义—APEC 的最佳选择[J].世界经济,1996(10);韦倩青,黄溪航.“开放的地区主义”浅析[J].大众科技,2004(10);等.

第三，非约束性。又被称为“非超国家性”，即它不是一个超国家实体，不要求建立超国家的地区性行政和决策机构，各成员拥有经济和管理的决策权，但需建立成员间的地区协调和协商机构。这些机构只是提出建议、行动议程和方案或一般原则，供成员体执行时参照。它坚持自愿联合，协商一致，不搞多边谈判。因此，它不意味着建立一个“超级国家”机构以代替现有的民族国家或代替成员体政府执行某些职能。

第四，市场驱动为主的经济合作运作机制。开放地区主义的运作机制是以市场驱动为主，辅之以区域机构和成员政府的政策推动，以加快区域经济合作进程。

可见，开放地区主义是一种“软性的”“柔性的”“弹性的”区域主义，更是一种新型的区域经济合作模式，是符合经济全球化大趋势的地区一体化组织原则，它不同于自由贸易区，而是一种其边界有一定伸缩性的、全新的经济合作组织形式。

2. 以开放地区主义为导向的“一带一路”战略

在“和平与发展”仍然是当今世界两大主题的时情下，在全球化与地区一体化并行发展的世情下，在中国经济实力增强且产能外溢的国情下，“开放地区主义”可以成为我国构建全方位开放新格局的战略指导思想，以推动我国地区战略的不断升级，也是“一带一路”战略的根本指向。

首先，“一带一路”具有内部的开放包容性。“一带一路”以古丝绸之路为蓝本，贯穿欧亚大陆，东始亚太经济圈，西至欧洲经济圈，力图在欧亚大陆范围内打造互联互通的经贸网络。其本身就是基于区域性质的、强调内部合作的经济共荣圈，又不断以“命运共同体”的概念加强成员国之间的相互依存，逐渐加强与其他发展中国家乃至发达国家在经济上的相互交叉和相互依赖。

其次，“一带一路”战略在空间上不断延展。当前，就“一带一路”战略的覆盖范围来看，主要包括 65 个国家和地区：东亚的蒙古，东盟 10 国、西亚 18 国、南亚 8 国、中亚 5 国、独联体 7 国，以及中东欧 16 国。如前所述，“一带一路”战略是中国地区战略的表现形式，但不应囿于既有的划定范围，而应服务于中国的整个国家战略体系，具有全球战略思维，对“一带一路”战略不设物理边界和思维边界，使沿线国家的范围不断扩展。国家主席习近平2015年9月22日在美国华盛顿州当地政府和美国友好团体联合举行的欢迎宴会上发表演讲时提出，“‘一带一路’是开放包容的，我们欢迎包括美国在内的世界各国和国际组织参与到合作中来”[①]。这在理念层面加强了“一带一路”战略面向全球市场的开放性特质。

因此，“一带一路”战略可以说是亚太经济一体化或亚洲经济一体化的初步尝试，作为“开放区域主义”理论的实践，其具有以下几个特点：(1)多样性。“一带一路”沿线国家的政治状况、经济发展水平和宗教文化习俗均有着较大的差异，大体可以分为中国、中亚南亚东南亚国家和大欧洲三大板块，甚至在板块内部也有着极大的经济悬殊。中国在处理与不同国家的经贸联系时也采取了不同的应对措施，从而加深双边关系，扩展共同利益，加深互利共存。(2)延展性。“一带一路”战略不仅限于经济带沿线国家之间的互联互通，力图将版图向四周延伸，鼓励更多的国家、国际组织加入共同建设中，是一种外向型的区域合作机制。(3)多层次性。“一带一路”战略基于经济发展的区域合作，不断在其他领域寻求扩充。目前，文化交流、教育共享以及高新科技的平台已经在许多国家间搭建，在这一过程中，中国也逐渐“师夷长技”，内化其他国家的经验成果，增强自身软实力。

三、全球战略中的中丹关系——在“一带一路”战略背景下

在开放区域主义的框架内，“一带一路”倡议得到了丝绸之路经济带沿线国家乃至欧洲、南美洲国家的积极响应，其间虽绝大部分是发展中国家，但也有不少发达国家在为积极进入中国的“一带一路”战略版图而努力，并不断探索在“一带一路”建设中的角色定位与新型合作方式。而丹麦以其特殊的地理位置、与中国的独特关系，在“一带一路”战略向西乃至北欧延伸中，具有独一无二的重要作用。

① 习近平谈“一带一路”：欢迎世界各国参与其中[DB/OL].(2015-09-23)[2016-07-28].中国新闻网：http://www.chinanews.com/gn/2015/09-23/7540818.shtml.

(一) 基于中等强国外交视角评估中丹关系

有学者指出,中等强国专指这样一类国家,即综合国力发展态势良好,拥有可观的物质基础或至少也应是把持、操控某个战略性资源行业的关键国家,能够在无须仰仗大国鼻息和外力协助的情况下,参与国际秩序规制的有限运作,具备适度实现本国战略意志的足够权威①。一般认为,中等强国在国际体系中居于中间位置且在国际事务的解决上倾向于多边主义。与之相反,大国是国际行为中具有关键性影响和作用的核心力量。丹麦和中国则分别扮演了这两种角色。丹麦作为世界公认的中等强国②,加上其独特的地理位置,在中国的外交战略蓝图中具有一定影响。

由于中等强国话语权较弱,国际影响力低,一般很容易被国际社会以及主要大国忽视。但事实上,中等强国在国际社会中一直扮演着“中坚力量”的角色。一方面,中等强国是世界级大国的“候补队员”。由于中等强国经济发展水平较高,仅次于现存的几个大国,加之在某些特定领域具有不可替代优势,很容易成为新时期的主要力量成为“一超多强”格局中的重要一极。而身为中等强国,大多数国家也期望成为国际社会的关键力量,不断寻求国际事务中领导权的获得。此类情况多发生于新兴的发展中国家,但也不排除某些发达国家的可能。另一方面,事实证明在国际行为中,中等强国的倾向性将直接导致结果的走向。亦即是说,一个国家更多的获得中等强国的支持,在国际事务的协调中将有更大的优势。以美国为首的大国、强国已经开始将关注点集中至中等强国,企图拉拢这些国家以获得国际事务中的优势地位。

而丹麦在中等强国的身份外又具有特殊的国际行为特性,一方面与北欧诸国有着强烈的价值认同,中立主义外交传统深厚;另一方面它又是斯堪的纳维亚半岛与美国和欧盟关系最密切的国家之一,外交蕴涵着战略考

① 丁工. 中等强国与中国周边外文[J]. 世界政治,2014(7):25.

② “加拿大、澳大利亚、丹麦、荷兰、瑞典、挪威等几个世界公认的发达世界的中等强国参与国际事务都有类似特点。”赵晨. 国内政治文化与中等强国的全球治理——基于加拿大的考察[J]. 世界经济与政治,2012(10):81.

虑。① 因此,丹麦的外交行为在平稳、中立的状态下暗藏主动性,例如近些年积极发展与中国的伙伴关系。但不难看出,丹麦在与中国的交往中,尽管全力将双边合作置于重要位置,但对双边敏感问题又采取搁置模糊态度,全面的战略互信仍需双方的努力。

对于中国而言,丹麦的中等强国身份与中国在经济、社会以及全球治理领域内有着较多的共同利益,并且存在着以"一带一路"为代表的诸多成熟平台,优势互补通力合作是两国交往的首要前提。其次,中等强国的"中间阶层"位置能够有效地在大国和大国、大国和小国间取得平衡,中国则可借力丹麦来制衡大国、稳定小国,发挥在外交领域的灵活性和主动性。最后,在两国关系敏感问题上应采取慎重态度,尤其是涉及美国的国际问题,避免将更多国家和问题卷入两国关系中。

(二) 中丹两国关系的不利因素及其规避

丹麦是典型的北极国家,北极地区利益是丹麦对外利益的重要构成之一,中国未来将会愈来愈多地参与北极治理体系中,而恰当处理北极地区事务将会是中丹两国关系发展延伸的着眼点。中丹两国在政治、经济以及社会领域合作的障碍主要集中于环境因素、格陵兰因素、美国因素等方面,分析障碍对合作产生的影响将会直接决定合作的程度,与未来中丹两国关系的发展方向联系密切。

1. 环境因素

首先,北极地区海冰面积减少为北极航道的开通提供了可能性。"北极航道"未来可以形成新的"大西洋—太平洋轴心航线",是北美、北欧和东北亚国家之间最近的海上通道,亚、欧和美洲之间的航线将缩短 6 000～8 000 公里。② 但是由于北极气候恶劣多变、常年浮冰、航行救援无法保障等问题,"北极航道"目前无法正式开通。另外,通航天数、航道归属、航行安全保障、航道污染防治等方面的问题也尚未出台政策解决。由此可见北极航道的通

---

① 王联合. 从"平民行为体"到"战略行为体"——冷战后丹麦外交与安全政策评析[J]. 国际论坛,2006(1):65.

② 何奇松. 气候变化与北极地缘政治博弈[J]. 外交评论:外交学院学报,2010(27):117.

航条件具有不确定性，风险巨大，如果没有足够的应对措施，不仅北极地区的环境将遭到破坏，航行过程中的人员安全也无法保证。

除此之外，北极资源及能源极为丰富造成北极之争愈演愈烈。据美国地质调查局的统计，北极地区拥有900亿桶石油，1 669万亿立方英尺的天然气，440亿桶的液态天然气。[①] 然而，油气资源的开发可能会带来石油泄漏和环境污染。气温上升使得北极的永久冻土融化，同时造成基础设施建造和维修成本较大幅度提升。由于北极气温低、纬度高，有害物质容易滞留在北极且不易扩散。一旦发生泄漏，影响将是长期且不可逆的。

总而言之，全球变暖造成的北极海平面上升、冰盖融化使得北极的资源越来越多地呈现在世人面前，航道的开通也将促进全球贸易与投资。然而，北极治理体系的缺陷也随之逐渐显现。未来中国参与北极地区的开发，需妥善处理经济发展与环境污染以及安全的关系。

2. 格陵兰因素

格陵兰是丹麦的海外自治地，内政独立但外交、国防与财政相关事务仍由丹麦代管。丹麦在北极的利益几乎均与格陵兰相关，造成了它在丹麦北极战略中举足轻重的地位，且格陵兰一旦独立，将会使丹麦失去“北极国家”的身份。因此，如何处理与格陵兰之间的关系无论对丹麦还是对中国都尤为重要。

自从2009年格陵兰自治政府成立后，其政治与经济仍然依附于丹麦。另外，即使格陵兰在经济上完全独立，它依旧需要丹麦提供的油气资源。然而在北极理事会中丹麦作为代表出席会议，实则发表意见的多为格陵兰人并且丹麦的大部分北极战略也是依据格陵兰观点制定的。[②] 除此之外，格陵兰在油气资源的采集方面积极提高自身的能力与技术、招募人才。同时，格陵兰拥有兼具经济与安全意义的铀矿、稀土、铁矿等矿产资源。因此，格陵

① Charles K. Ebinger & EvieZambetakis. The Geopolitics of Arctic Melt[J]. International Affairs, 2009, 85(6):1215-1232.

② Coco C. A. Smits, Jan P. M. van Tatenhove, Judith van Leeuwen. Authority in Arctic governance: changing spheres of authority in Greenlandic offshore oil and gas developments[J]. Int Environ Agreements, 2014(14): 329-348.

兰与丹麦之间的关系将决定格陵兰在北极理事会中的地位以及丹麦在北极事务中的地位。丹麦于2014年12月15日正式向联合国大陆架界限委员会提出正式文件，主张该国拥有包含北极点在内的89.5万平方公里的北极区域的主权。丹麦这一领土主张的目的是拉拢寻求独立的格陵兰人，格陵兰大学历史文化系主任托基尔德·谢尔高同意上述看法并认为丹麦政府此举是为了向格陵兰人显示其与丹麦联盟的好处，因为格陵兰自己无权也无力提出此种主张。① 所以中丹北极关系的进一步发展方向取决于格陵兰的独立倾向及结果。

除了格陵兰的独立倾向，岛上原住民的利益保障也值得重视。北极地区约有人口1 044万，其中原住民大约占人口总量的20%，在格陵兰岛大部分均为原住民。② 随着气候变化，原住民传统的生活方式相应发生改变、北极天气变化莫测和冰面稳固度下降均直接影响着原住民的生活质量。原住民的生活状况由于资源的使用权受到威胁而每况愈下，类似资源能源开发过程中不能得到应有的获益以及经济利益受到威胁等问题越来越多。当全球都想寻求北极利益时，原住民的利益保障问题往往会被人们所忽略。

2013年3月，外交部发言人华春莹就中国企业在丹麦投资引起的误会在记者招待会上发表声明。可见格陵兰的资源与能源开发与丹麦-格陵兰关系以及原住民利益息息相关，中国如何做到深化与格陵兰合作的同时避免引起丹麦与原住民的不满也成为中丹经济、政治合作需要注意的问题。

3. 美国因素

北极于美国而言不仅关系到政治、军事、经济、资源以及科学技术的发展，还关系到美国在全世界范围内的核心利益。美国因素以北极事务为核心，辐射到两国经济、政治的交流，其在中丹两国关系发展中，是重要考量因素。

---

① Patrick Barkham. Why Does Denmark Think It Can Lay Claim to the North Pole? [EB/OL]. (2014-12-16)[2016-05-30], http://www.theguardian.com/world/shortcuts/2014/dec/16/why-denmark-thinks-it-can-lay-claim-to-north-pole.

② Susan Joy Hassol. Impact of a warming Arctic: Arctic Climate Impact Assessment[M]. Cambridge: Cambridge University Press, 2004: 6.

1984年，美国国会正式通过了《北极考察和政策法》，该法案将美国在北极地区的军事部署、能源开发以及科学考察紧密地联系到一起。1994年9月，克林顿政府就生态平衡、能源开发、国土防卫等问题颁布了《美国北极政策指令》。随后，美国政府又推出了新的《2009年美国北极政策指令》，该政策决定吸收北极原住民参与北极议题，并重申了北极与美国国土安全的重大关系。[①] 2013年5月奥巴马政府公布了最新美国北极战略，该战略优先追求三大事项，即在北极开采油气、矿产和增加其他形式的经济活动。另外，美国已在阿拉斯加州建立多个军事基地，准备了可覆盖北极的军事支持网络。2015年8月召开的北极问题国际会议前夕，美国表示北极地区一直是美国国家安全和繁荣的优先战略选项，随着北极地区出现新机遇和挑战，美国对其关注度开始提升。2015年至2017年，美国担任北极理事会轮值主席国，这也为美国提供了影响该理事会议程的重要机会。

除此之外，美国与格陵兰自第二次世界大战以后联系紧密。第二次世界大战期间，格陵兰曾一度由美国代管，战后又归还丹麦。格陵兰的地理位置对于横越北极的空中交通有重要意义。1941年4月，美国根据《格陵兰防务协定》取得了在格陵兰建立军事设施的权利。[②] 美国和北大西洋公约组织在这里建有2个防导弹的预警系统，西北部的图勒有庞大的美国空军基地和北极科研站，西南部有美、丹联合军事基地。冷战期间，位于格陵兰岛西北部的图勒军事基地成为美国监视前苏联的关键岗哨。冷战结束后，美国不仅打算对军事基地的雷达系统进行更新和升级，还想将其作为导弹防御系统的重要一环。格陵兰对于美国而言是其北极战略部署的关键之地，而格陵兰也在争取独立的过程中寻求美国的帮助。美国于2004年8月与格陵兰自治政府签署了允许美国对图勒基地雷达站进行大规模更新换代的文件，随后格陵兰发现图勒基地问题是帮助其实现完全独立的一个机遇。格陵兰自治政府副主席莫茨菲特指出，美国总统布什2001年上台以后曾经绕过丹麦政府，要求加强双方在图勒基地以及其他与自治政府直接相关的事务方

① 白佳玉，李静. 美国北极政策研究[J]. 中国海洋大学学报(社会科学版)，2009(5)：22-24.

② 邴金伏. 美国在海外的军事基地[J]. 国际研究参考，1988(11)：23.

面的合作。由此可见美国在格陵兰问题上对丹麦是一个威胁，而丹麦、格陵兰和美国三边微妙的关系将决定未来北极地区的部分走向。

美国目前是否支持格陵兰独立尚未可知，但是其在格陵兰建立的战略防御体系使之成为丹麦发展北极战略的障碍。与此同时，中国、美国、丹麦、格陵兰四方之间协调将决定最终的局势与中丹的合作进程。因此，美国因素对于中丹双方都是需要应对的挑战。

(三) 重视丹麦作用发挥，推动“一带一路”战略纵深延展

1. 丹麦是“一带一路”战略的“北欧驿站”

在地理位置上，丹麦地处欧洲大陆西北部的日德兰半岛上，四面环海。丹麦在东部与俄罗斯隔海相望，临波罗的海；在北面跨厄勒海峡、卡特加特海峡和斯卡格拉克海峡与挪威、瑞典这两个重要的北欧国家紧密为邻，南向与德国接壤，延伸至欧洲大陆中部，将欧洲大陆自北向南联通起来，成为斯堪的纳维亚半岛与波罗的海地区的重要通道，被誉为“西北欧桥梁”。首都哥本哈根是丹麦重要的政治、经济、文化中心，也是北欧地区最大的城市之一。哥本哈根作为北欧重要的交通枢纽，聚集了哥本哈根空港、马尔默港口等位列斯堪的纳维亚半岛第一第二的运输中枢，此外，公路、铁路和水路三栖枢纽也十分发达，拥有通向全欧洲的交通通道。因此，丹麦可以说是世界

丹麦地理位置示意图

最重要的交通枢纽之一。在北欧乃至整个欧洲地区，它不仅是陆地与海洋的地理要塞，更是区域内的经贸纽带，对于带动北欧加入“一带一路”战略网络，参与“一带一路”沿途及周边区域的战略联通，在中国与欧洲尤其是北欧地区的经贸合作与发展方面有着重要的战略意义，是“一带一路”战略在北欧地区的重要驿站。

从经贸关系上来看，丹麦基于其自身优越的地理位置，将北欧市场的潜力与欧盟市场的广阔集于一身，具有很广泛的合作前景。1973年，丹麦正式加入欧洲共同体，是最早加入欧盟集团的北欧国家，因此其自身具有较为深厚的欧盟传统。另一方面，丹麦地处北欧得天独厚的富庶市场，在政治经济上又与欧盟保持着相对独立的关系。据统计，2015年，从欧盟28国进口占丹麦总进口的69.2%，对欧盟28国出口占丹麦总出口的60.5%。[①] 但由于丹麦并未加入欧元区，在金融体制方面保持一定独立性，作为相对更稳定的经济体，丹麦在一定程度上能够缓冲有可能产生的一系列经济风险，如2009年起的希腊债务危机引发的欧洲经济动荡。另据《国际商报》，丹麦利率在欧洲国家中长期维持低水平，接近于零(2015年以来甚至降至负利率)，通货膨胀低，国家债务水平低，就业状况也优于许多其他欧洲国家。基于稳定的整体经济状况，丹麦是得到国际三大信用评级机构AAA级评级的少数国家之一，而在法治、廉政以及知识产权保护方面，丹麦也居世界领先水平。因此，在目前“一带一路”战略背景下，丹麦作为中国与北欧乃至欧洲经贸往来重要中转站，其优质的市场环境和稳定的经济状态对于中国而言，是进一步开拓欧洲市场、拓展“一带一路”经济带的“桥头堡”。

2. 作为全面战略伙伴，中丹两国有深厚的合作基础

中丹之间长期较为稳固的外交关系，以及丹麦独有的产业优势，都有助于丹麦成为中国“一带一路”战略的重要合作者。

首先，中丹两国双边关系长期友好，合作基础牢固。丹麦是最早承认新中国国际地位，并于1950年5月11日同中国建交，是最早同中国建立外交

① 国别贸易报告. 2015年1～9月丹麦货物贸易及中丹双边贸易概况[DB/OL]. (2015-11-10)[2016-06-30]. 中华人民共和国商务部网站：http://countryreport.mofcom.gov.cn/record/qikan110209.asp? id=8058.

关系的西方国家之一,同时也是"多世纪以来唯一一个同中国有着不间断外交关系的西方国家"[①]。不仅如此,中丹两国于2008年正式建立了全面战略伙伴关系,丹麦成为唯一与中国签署了全面战略伙伴关系的北欧国家。近年来,丹方支持中国成为北极理事会观察员,反对欧盟对华光伏产品进行反倾销调查,并于2015年3月28日宣布申请成为亚投行创始成员国,成为亚投行第一个来自北欧的创始成员国。目前,双方高层互访愈加频繁,政治互信逐步加强,经贸往来不断深化,双边合作不断深入。据丹麦统计局数据,2015年度,中丹两国货物和服务的总贸易额达到了1 166亿丹麦克朗(约合1 146亿元人民币),同比增长6%。中国是丹麦在全球的第六大贸易伙伴及欧盟以外的第二大贸易伙伴,目前约有500家丹麦公司在华开展业务,超过20家在中国的药学、可再生能源及食品安全行业开展研发活动。[②]

其次,中丹双方在产业结构和市场体量方面互补优势明显。丹麦拥有诸多传统和新兴优势产业,也是世界上在研发方面投资最多的国家之一,在海运、海事与渔业,环保与绿色能源,生物科技与制药,旅游,农业与食品安全,研发、设计与创意产业,养老护理与医疗保健等7大产业方面,知识、创新和技术都处于领先世界的水平。这恰好迎合了中国近年来在新兴产业方面的需求,尤其是可再生能源、绿色技术和文化产业等,将会为中国的产业升级创造巨大上升空间。与此同时,中国广阔的消费市场和相对雄厚的资本对于以中小企业为主的丹麦而言,有着巨大的吸引力,在促进科研成果产业化、拉动就业和活跃资本市场方面有着积极效应。多年来,中丹企业间的合作力度逐步加大,合作势头越来越好,有力地促进了中国相关产业的进步。以国家可再生能源中心为例,它就是在中丹项目支持下成立的国家级的可再生能源决策支撑机构,在科学研究和政策制定方面为国家可再生能源领域提供了可靠支持。而中国传统优势产业如铁路、航空和核电等与丹麦的新兴产业并不冲突,原则上不存在直接的竞争关系,反而可以营造成"共享市场"的良好合作伙伴关系,能够带动中国制造和中国资本进一步打开欧洲

① 栾国鎏. 打造中丹合作"升级版"[N]. 国际商报,2015-5-18(A01).
② 黄婧. 丹麦女王访华促中丹经贸合作迈上新台阶[N]. 中国联合商报,2014-05-05(B01).

市场，占据一席之地。事实上，“一带一路”战略不仅有利于中国企业走出去，加快释能，更可以通过“一带一路”经济带的拓展延伸，促进国家整体产业升级和经济结构转型。因此，丹麦因其自身在科学技术领域和经济建设方面的骄人成就，以海洋运输、绿色环保等优势产业为首，将会在“一带一路”战略升级建设中发挥举足轻重的作用。

四、丹麦在“一带一路”战略中的地位和作用

中丹两国在政治、经济以及社会领域具有极大的互补性，也因此弥补了地理空间的劣势，成为历史悠久的良好合作伙伴。目前，“一带一路”战略提出为中丹两国在新时期的合作创造了新的平台，在开放地区主义的理论背景下，丹麦凭借自身在独特领域的绝对优势，逐渐发挥在“新丝绸之路”中的战略作用，形成新的双边合作态势。基于已有的研究基础，本文着重从绿色环保、生物制药、海洋运输等三个方面，就中丹两国的产业合作发展进行探讨。

（一）丹麦绿色环保产业在“一带一路”中的作用

1. 重视生态文明建设是共建“一带一路”基本方针之一

中国于2013年正式提出“一带一路”倡议，截至目前，已得到60多个国家和国际组织的积极响应。对于推动“一带一路”建设，中国提出一系列解决方案，包括加强政策沟通、道路联通、贸易畅通、货币流通和民心相通等。“五通”中的“道路联通”“贸易畅通”以及“货币流通”都属于经贸合作，经济与贸易是“一带一路”建设的根基和先导。通过大型基础设施的投建、经贸投资规模的扩大，以及投资水平的提高，不断释放沿线国家合作潜力，可以为沿线国家“政策沟通”和“民心相通”创造条件、奠定基础，促进我国与沿线国家的合作在规模、水平以及维度上不断扩大与加深，为沿线各国发展增添新动力。

然而，中国企业在“走出去”的过程中，进行以交通运输、核电、航空等产业为主的基础设施建设以及工业项目的投资，由于存在技术可行性、管理有效性与环境可持续性等多重影响条件，必然会对当地自然环境造成一定程度上的

损害。而对于自然生态环境的保护也是投资市场十分关注的议题。2015年9月24日,在西安召开的欧亚经济论坛生态与环保合作分会上,来自“一带一路”沿线的俄罗斯、塔吉克斯坦、吉尔吉斯斯坦、白俄罗斯等12国环保部门的代表表达了对绿色经济的诉求,无论是资本还是市场,都需要积极制定相关政策,加快产业升级,保护生态环境。[①] 因此,如果沿线国家和地区的生态乃至人文环境在“一带一路”推进过程中遭到破坏,即使双方经贸合作成功,也势必会直接伤害沿线国家和地区的国民感情,难以达到“民心相通”的目的,最终也必将给经贸合作带来负面影响。要想实现互利共赢,使得中国企业顺利“走出去”,并消解这一过程中与当地市场的隔阂与矛盾,立足更长远的发展空间,就必须将眼光放长远,在“一带一路”战略改造升级的过程中,给予生态环境问题以高度重视,注重发展与沿线国家和地区良性互动关系。

事实上,保护环境与重视生态文明建设已经纳入了“一带一路”基本方针之一。在《推动共建丝绸之路经济带和21世纪海上丝绸之路的愿景与行动》中,中国政府明确表示“在投资贸易中要突出生态文明理念,加强生态环境、生物多样性和应对气候变化合作,共建绿色丝绸之路”。中共中央政治局会议于2015年4月1日审议通过的《关于加快推进生态文明建设的意见》更是明确提出:“必须从全球视野加快推进生态文明建设,把绿色发展转化为新的综合国力和国际竞争新优势。”同时,党的“十八大”报告也明确指出:“建设生态文明,是关系人民福祉、关乎民族未来的长远大计。”然而,将生态文明的理念由话语转向实际行动,却是需要政府、企业和人民共同努力的一项事业,尤其是在“一带一路”倡议的背景之下,如何在不破坏当地生态环境的条件下促进中国企业更好更快地“走出去”,同时能够通过“一带一路”这一平台,不断促进绿色经济的发展,进一步加强国内生态环境的保护,提升国民福祉,必将是多方智慧与努力的共同成果。

2. 中国绿色环保的现状及丹麦的比较优势

近20年来,环境问题的爆发与经济发展水平呈现正相关的趋势,尤其是

① 郭婧.“一带一路”国家瞄准绿色经济——2015欧亚经济论坛生态与环保分会代表共议绿色丝绸之路建设[N].中国环境报,2015-10-08(6).

空气、水资源等方面都遭到不同程度的污染，由自然环境引发的社会问题也逐渐加剧。2015 年 6 月 4 日，《2014 中国环境状况公报》正式出台，该报告由环境保护部会同国土资源部、住房和城乡建设部等主管部门共同编制，其中，在全国开展空气质量新标准监测的 161 个城市中，仅有 16 个城市空气质量年均值达标。[①] 京津冀、长三角、珠三角等重点区域和直辖市、省会城市及计划单列市共 74 个城市中，海口、拉萨、舟山、深圳、珠海、福州、惠州和昆明 8 个城市的细颗粒物（$PM_{2.5}$）、可吸入颗粒物（PM10）、二氧化氮（NO_2）、一氧化碳（CO）和臭氧（O_3）等 6 项污染物年均浓度均达标，其他 66 个城市存在不同程度超标现象。[②] 全国土壤总的点位超标率为 16.1%，而耕地土壤点位超标率高达 19.4%。[③] 目前，绿色环保产业在中国仍然是缺口很大的行业。第一，由于国家正处于工业化蓬勃发展的阶段，经济效益的提升必然带来生态环境方面的代价，环保问题亟待解决；第二，中国现处的发展阶段，没有足够多的人力、物力和财力大规模投入绿色产业的研发和推广；第三，随着经济水平的逐步提高，人民对于生活质量愈来愈关注，对环境改善的呼声也越来越高；第四，在中国企业大量“走出去”的今天，“中国制造”在国际市场上也遭遇了瓶颈，在环境生态保护方面诟病重重。

与中国现状相反，丹麦在节能减排和绿色产业方面一直走在世界前列，在环境保护方面的技术处于世界领先地位。它是世界上第一个设立环境部的国家（1971 年丹麦成立了环境部），也被誉为世界上最环保的国家之一。与此同时，丹麦在实现环保的同时并没有影响经济的发展，相反，从 1990 年到 2015 年间，丹麦的碳排放减少了 20%，经济总量却增长了 40%，[④]堪称“绿色经济的领头羊”。目前，丹麦超过 10%的出口是来自绿色产业，有超过 46 家研究机构钻研环境保护、清洁技术领域的研发，超过 22 000 家丹麦公司

---

① 环境保护部发布《2014 中国环境状况公报》16 个城市空气质量年均值达标，145 个城市空气质量超标[N]. 中国环境报，2015-06-05(1).

② 环境保护部发布《2014 中国环境状况公报》[DB/OL]. (2015-06-04)[2016-04-30]. 中华人民共和国环境保护部网：http://www.zhb.gov.cn/gkml/hbb/qt/201506/t20150604_302855.htm.

③ 薛欢，沈良. 保护地下水资源应防治结合[N]. 中国环境报，2015-10-12(2).

④ 陈婧. 国情虽然不同丹麦经验仍可借鉴[N]. 中国青年报，2015-11-28(3).

生产或销售绿色技术和服务，超过8%的劳动力投入该领域。①

丹麦在节能环保领域的成就涵盖各个方面，尽管由于其国家面积、人口以及地理位置在一定程度上对于绿色经济的实施有“先天优势”，中国在此方面没有足够多的借鉴意义。但丹麦政府在公共政策领域对于促进绿色经济的发展，也做出许多时效性和创新性并存的举措，可以为中国治理环境问题提供很多解决思路。以新能源领域为例，早在20世纪90年代，丹麦就开始关注能源方面政策法规的制定，制定切实可行的能源计划，以鼓励新能源产业的健康发展。彼时，丹麦在鼓励新能源产业集群发展方面，一是制定了有法律约束效力的系列政策，二是为新能源以及衍生行业提供长期性的补贴。对于产业投资方，丹麦政府也相应提供各类创新性的优惠政策，包括股东税负减免、提高收购价格下限等。利好政策很快辐射到社会层面，新能源产业被认为是一项长期、稳定且具有高收益的投资对象，农场主争相在自己的农场里设置风能发电机。国内新能源产业的初获成功加之政府的积极推动，丹麦新能源产业很快成为海外投资者青睐的对象，从而促进了新能源产业建设的成功。

3. 中丹两国绿色环保产业有良好的合作基础与合作前景

丹麦与中国的绿色环保产业有一定的合作基础，尤其是在新能源领域的产业合作颇有成效，在立法、科研、财政以及绿色解决方案等方面都有合作。据统计，1998年至2014年，丹麦环保技术对中国的出口翻了一番，并且为中国工业的改造升级注入新鲜血液。如，2010年3月，安徽合肥市有两个节能环保项目申请了丹麦政府的B2B(企业对企业)计划。丹麦驻华使馆针对其中一家环保公司的具体需求，联系了丹麦三家潜在的合作伙伴，均为当地优良的污水处理企业，并邀请该环保公司赴丹麦进行实地考察。一年后，基于既有的合作协定，中方全面引进丹麦的先进技术和产品，实现整体技术的全面提升，同时中丹双方企业还在专业性问题的攻坚上进行了共同研发、合作，取得了较大的进展。与此同时，中丹两国绿色环保产业的合作在官方层面的互通交往上也

① 姚冬琴. 专访丹麦环境大臣克尔斯滕·布罗斯博：丹麦超过10%的出口来自绿色产业，过去6年，丹麦环保技术对中国的出口翻了一番[J]. 中国经济周刊，2014(37)：45-47.

有很大进展，2014 年 9 月，中国环境保护部部长周生贤与丹麦环境大臣克尔斯滕·签署了《中华人民共和国环境保护部与丹麦王国环境部环境合作协定》。根据协定，双方将在水、大气、土壤、固体废物和化学品管理等方面开展务实合作。同时，中国水利部部长陈雷还与丹麦环境大臣克尔斯滕·布罗斯博在《中华人民共和国水利部与丹麦王国环境部在水资源领域合作谅解备忘录》框架下，签署了中丹水利合作 2014—2018 行动计划。

中国在未来一带一路的建设过程中，一方面，可以借鉴丹麦等国家在环保方面的积极政策。用严格的法规推动"一带一路"走出去的企业尽最大努力保护环境。对于空气污染、污水排放，制定严格的排放规则。同时积极支持和扶持企业环保技术研发。此外，对于那些代表最先进科技的项目，例如水供应、废水处理、水运输等，还应设有专项资金去扶持。另一方面，积极开展与丹麦等绿色产业发达国家的合作。环保产业的发展不仅关系到"一带一路"战略推进中的经贸合作，关系到中国国际形象的塑造，更是关系到中国改革开放的未来。相比于发达国家，中国的绿色环保产业还处在初步发展阶段，应以此为契机，在合作和借鉴中积极提升绿色产业，大力发展绿色经济。

(二) 丹麦生物制药业在"一带一路"中的作用

1. 中国生物制药领域发展现状——以"一带一路"政策为导向

制药和生物科技产业是典型的高新技术产业，是我国《国家中长期科学和技术发展规划纲要(2006—2020)》确定的重大专项之一。目前而言，中国在生物制药产业的研发投入以及研发强度都呈现上升趋势，随着经济、科技的快速发展，生物制药领域也取得了较为重大的突破，但从其整体来看，中国制药和生物科技产业与西方典型创新型国家有明显差距。单从研发投入角度而言，2012 年，中国医药和生物科技产业的研发投入经费占工业总产值的比例仅为 1.60%，美国和英国分别达到了 23.63%和 24.92%，韩国在 6 个国家中比例最低，也达到了 2.51%。[①] 在我国推动创新驱动发展战略的背景下，研究生物制药产业问题有重要的现实意义。

---

① 崔维军，傅宇，周彩红，王进山. 中国制药和生物科技产业研发投入的国际比较：基于全球研发投入 2 000 强企业的实证分析[J]. 科技管理研究，2015(16)：2-3.

生物制药作为一个区别于基建、航运的新兴产业,在中国"一带一路"经济带的建设中尚是蓄势待发。由于国内医药行业存在需求缺口,如何提高本国的生物制药整体水平成为首要问题。就目前政策而言,大力提升西部医药产业发展已提上议事日程。2015 年 10 月,在兰州召开的"一带一路"·中国(兰州)国际生物医药产业发展研讨会,即是在"一带一路"倡议的契机下开展的产业信息交流平台,为生物医药产业的协同创新提供机遇,推动西部生物医药产业的发展。除此之外,各个地区以生物制药为核心的企业和工业园区也逐步建立,以国家政策为导向的投资、建厂、研发初具成效。

普遍认为,中国生物制药产业目前仍存在几个亟待解决的问题:①科研成果缺乏创新性。我国的生物制药研究现在仍然是对西方发达生物制药产业的复制和仿效,在自主研发生产环节的成果比重很低。②科研成果产业化的力度不够。我国的科研成果产业化效率较低,缺乏富于经验的产业化流程和外部大环境,因此对于通过生产刺激科研、依靠科研促进生产的良性循环机制十分薄弱。③国际合作方式与途径较少。虽然我国的生物制药科研已有某些能够立足世界的领域,但是总体上和领先国家比较还是存在一定的差距,相关行业应不断扩宽国际合作的渠道、积极学习国外相关领域的经验,以达到缩小与国际先进水平之间的差距的目标。[①]

在此背景下,借助"一带一路"政策,中国可以充分利用自身在世界生物科技领域中的位置特征,建设贯穿经济带沿线的"生物制药产业链",通过双边以及多边合作实现中国生物制药的创新发展,克服自身发展瓶颈,打造富有中国特色的产业品牌。

2. 丹麦生物制药发展的成果及优势

丹麦的生物制药产业在世界遥遥领先,它拥有欧洲生物技术领域前三的资本市场,也被认为是世界第五大具备生物技术开发潜能的国家之一。目前,丹麦的生物科技类企业数量已超过 160 个,几乎与人口总数十倍于丹麦的法国持平。从数据上看,丹麦拥有 40 000 余名生物技术行业从业人员,

---

① 靳珅,李洋,李乾,范一文.我国生物制药研究进展及展望[J].现代生物医学进展,2012(2):371.

5 000 余位行业专业研发人员，300 余家生物科技服务供应商，8 所大学，7 个科技园区，4 所重要大学附属医院。生物技术公司主要包括诺和诺德（Novo Nordisk）、伦贝克制药（H. Lundbeck）、利奥制药（Leo Pharma）、Leo Pharma，NeuroSearch，Genmab，Bavarian Nordic 等。

虽然丹麦的生物科技类公司规模都相对较小，但具有区别于一般生物科技公司，尤其是中国模式的生物科技类公司的巨大优势。由于丹麦专门从事医药技术研发的公司比重较大，因此，整体产业的专业性和科技化程度均较高。同时，此类公司将新药投入临床试验的积极性也相对较高，科研成果直接转化为商业化成品的速度较快，该方面在第一节中已有详细阐述。

2014 年，安永发布了《2014 年北欧生命科学研究报告》，其中，丹麦的生物科技和制药业长期稳居欧洲前列。在投入临床试验和新药总数方面，2013 年，丹麦的新药临床试验规模在欧洲位列第一，一年内共有 107 种新药进入临床试验阶段，数量远高于北欧另一制药大国瑞典。

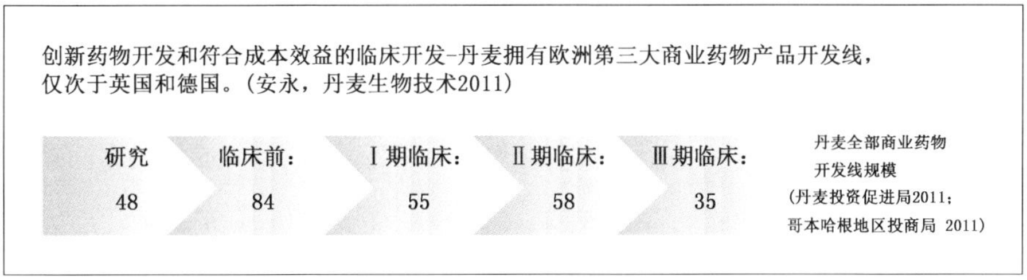

丹麦生物制药的成就能够为世界范围内的生物技术问题提供解决方案，其优势领域包括：癌症——丹麦是欧洲癌症学术及商业研究领域最佳的医疗地之一；代谢疾病——丹麦在代谢紊乱研究方面处于领先地位，并在肥胖防治及其相关疾病的治疗中有突出贡献；中枢神经系统和神经科学——以医药谷为首，丹麦拥有强大的中枢神经系统（CNS）产业群，是世界唯一一个结合强大学术研究和大型商业医药公司的产业群。

除了上述提到的治疗领域，丹麦在临床研究，生物医学信息，纳米医药、蛋白质组学和疫苗领域也具有独特优势。

3. 中丹生物科技领域合作

开放地区主义反对把自由化措施仅仅局限于成员间的内向性集团，但也并不等于必须要无条件地向外转移利益。丹麦作为"一带一路"政策辐射国家,在自身突出的生物科技领域以何种姿态参与双边以及多边合作,是两国的重要关注点。

(1) 以投资为导向的生物制药产业链

近年来,丹麦为了积极吸引外部资金入驻,从政策、法律方面改善投资环境并提供多种优惠政策,将橄榄枝更多地伸向新兴经济体,强化为外资服务的整体水平,以促进经贸发展。除此之外,丹麦也有针对性地加大了对中国招商引资以及双方互利合作力度,对于中丹两国都具有明显的经济和政治效益。

在生物医药领域,丹麦政府积极措施鼓励本国优秀的生物制药企业拓展在全球的投资,输出本国优势技术和资源。以世界最为领先的生物制药公司诺和诺德为例,它是第一家在中国建立研发中心的生物制药公司。自1994年在中国成立以来,已经形成以北京、上海、广州、沈阳、武汉、济南以及香港为中心辐射全国的销售网络,很大程度上促进了中国生物制药行业的发展。

外资企业进驻,尤其是丹麦行业优势明显的生物制药企业的直接投资,可以直接带动国内相关产业运作。在这样一种帮扶的产业发展状况下,经过二十多年的快速发展期,中国生物医药领域的发展已初具成效。尽管中国生物制药产业仍存在亟待解决的问题,但相较于其他新兴经济体,已初步具备向外输出的能力。在此条件下,产业的对外输出逐渐成为生物制药领域保持活力的重要着力点。以阿拉伯国家为例,近几年,随着中国医药卫生事业的发展,中阿卫生合作得到加强。中国对阿拉伯国家在生物医药方面的支持愈来愈多,特别是大的慢性疾病,如高血压、糖尿病等。随着"一带一路"战略的推进,中国与阿拉伯国家正在积极寻求医疗卫生领域的深度合作。

可见,无形的"生物制药产业链"正在形成,中丹关于生物制药产业的合作逐渐加深,同时丹麦领先的生物科技也不断通过中国推广至更多国家,实现多边共赢。利用中丹的大国合作优势以及中国和周边睦邻友好国家的地缘便利,生物制药行业可以找到新的发展路径。

（2）发展以科技创新为导向的产业合作

随着现代生物技术的迅猛发展，运用基因组学、蛋白质组学、生物信息学等现代生化与分子生物学技术，结合基因工程、蛋白质工程、细胞工程、酶工程、生物芯片等常用技术，在将一些疾病的发病机理的认识清楚的基础上，针对生物制药研究中存在的问题，展开综合研究是生物制药发展的趋势。[①] 同时，生物制药的发展不仅依赖于生物科学和生物技术的自身发展，同时也依赖于很多相关领域的技术进步，一些新技术的出现对于新药物的开发有着很大的推动作用。

因此，以投资带动发展的模式在未来的十至二十年内将未必是中丹生物制药产业的最佳合作方式，而以科技创新为导向的产业合作则能够在更深、更广的层面促进生物制药领域从研发到生产的更新与进步。中丹在生物制药双边合作也应遵循可持续发展的原则，促进科研人员的交流，加强最新生物技术的共享，建立一系列共建高校、研究所，打造以“知识”为核心的产业合作与科技外交。

（3）中医药成为“一带一路”的最佳载体

中医药是中华文明与世界各国文明沟通融合的独特纽带。[②] 中医药作为中国独特的经贸资源，能够成为中国对外输出的经济、文化因素，提升国家对外经济发展活力，拓展大国战略对话内容，成为中国重要的形象标志。《中医药健康服务发展规划（2015—2020年）》提出：“中医药将参与‘一带一路’建设，国务院将遴选可持续发展项目，与丝绸之路经济带、21世纪海上丝绸之路沿线国家开展中医药交流与合作，提升中医药健康服务国际影响力。”

丹麦生物医药与中国传统中医药看似相悖，却有相同的发展趋势与合作可能性。在促进西医临床诊断、加快中草药成分提取以及帮助中医药向现代化转型方面有极大的互补空间。同时，丹麦先进的现代医药科技形象将有助于中医药在国际，尤其是在“一带一路”沿线国家的推广。由于“丝绸

① 丹麦-创新国度的生物技术神话[N]. 北欧时报，2012-6-1.
② 向佳. “一带一路”合作中医药是最佳载体[N]. 人民政协报，2015-5-15(5).

之路”经济带国家均有采用传统医学的习惯，但缺乏法律与制度、医学标准的规范，中医药的发展尚存障碍。在国家政策协调、民间组织培育等大的背景下，领先的生物制药技术将有助于中医药更规范、更科学地推广和使用，也有助于中医药更成熟地走向国际市场。

(4) 发展模式借鉴——“医药谷”

医药谷(Medicon Vally)是丹麦重要的特色集群机构之一，和丹麦风能产业一样，是通过集群模式发展的高新产业群。丹麦医药谷的历史追溯到1994年，丹麦和瑞典两国政府联手成立了北欧地区第一个生物科技医药谷，包括了丹麦的哥本哈根地区和瑞典南部地区。此后，医药谷模式迅速推广到全国其他地区。

丹麦医药谷是欧洲最佳生物科技创新基地之一，是丹麦生物技术产业群的标志。医药谷覆盖了两个国家的大片地区，容纳320万人口。与硅谷类似，医药谷的核心理念是将技术、人才和资金在时间和空间上紧密地连接在一起，在这里集中了大批医院、大学、科学园和企业，分别承担了生物制药和医学技术的研究和生产的不同阶段，能够最大程度地缩小研发生产成本，刺激生物制药产业的良性发展。因此，医药谷的建立是丹麦生物医药，乃至科技创新领域的源动力。

以丹麦医药谷模式为原型的“中丹合作——南京高新生态生命科学园”项目在2012年已初步成型。

时任国家主席胡锦涛访问丹麦期间，中丹两国政府签署了在能源、环境和可持续发展方面的合作备忘录，以促进两国贸易与投资。在此背景下，2014年4月，丹麦绿色联盟与南京高新区正式签署战略合作协议，决定建设成立“中丹生命科学园”，携手共进推动丹麦和江苏在绿色发展与可持续方面的合作。目前，作为国内第一个中丹合建生态生命科学园，其规划面积达300亩，覆盖企业愈来愈多，并不断推动园区与丹麦先进企业的直接接轨，在发展环境上也给予了相当程度的政策、经济支持，努力提升园区整体水平，大力发展生物技术、节能环保等生命科学产业。

除了整体园区的规划及实施外，丹麦医药谷一整套的研发体系以及互动机制也是园区在借鉴和发展的重要环节，外壳与内在机制双环联动对于区域生物制药行业发展将会起到极大的促进作用，而“医药谷”模式在中国其他地区的推广与发展也是势在必行。

（三）丹麦海洋运输业在“一带一路”中的作用

国际海洋货物运输，简称海洋运输，是指“使用船舶通过海上航道在不同国家和地区的港口之间运送货物的一种方式”，一般运用于国际海洋货物的运输，是国际贸易的重要媒介。目前，海洋运输占国际贸易总运量的 2/3 以上，成为国际物流中最主要的运输方式。据预测，2030 年的全球海运量将在现有基础上翻一番①。而中国进出口货运总量约 90%都在利用海上运输，是必不可少的运输方式。

1. 丹麦海洋运输业概况

优越的地理位置及漫长的海岸线为丹麦发展海运业提供了得天独厚的有利条件，同时由于丹麦国土面积较小，缺乏原料，海洋运输和对外贸易于丹麦而言尤为重要，丹麦也是世界上少数几个海运业占主要位置的国家。由于造船技术在欧洲遥遥领先，丹麦凭借造船业及其相关工业曾一度位列欧洲最大的船舶生产国之一。

据统计，丹麦在全球海运业版图排名中位居世界第五，暂落后日本、希腊、中国、德国等国，而基于地理位置、国家大小和商贸水平的横向比较而言，丹麦的海运业发展程度要远高于其他国家。1980 年至 2014 年间，丹麦商船队数量涨幅长期保持欧洲第一的位置，目前已经拥有六百多艘商船，并提出建设欧洲海运中心的目标。② 其中，作为世界物流业领头羊、世界 500 强之一的马士基集团，“其领衔的丹麦海运和船舶制造业仍居世界翘楚，其国际运力和港口调度能力远超出北欧一隅，辐射全球，据不完全统计，丹麦航运业约掌控着 15%以上的全球运力”③。

长期以来，丹麦的航海业一直在船的现代化和效率方面不断更新，保持技术与管理方面的先进性。以技术为导向的海运业发展，直接促使了世界

---

① 齐中熙、赵文君. 从“海运大国”迈向“海运强国”.（2014 年 9 月 3 日）[2016 年 7 月 12 日]. 新华网，http://news.xinhuanet.com/fortune/2014-09/03/c_1112350135.htm.

② 丹麦提出追求高附加值高级海运概念[N]. 台湾新生报，2014-12-10.

③ 韩晓东. 打造北欧驿站，助力“一带一路”建设[N]. 国际商报，2015-4-16(4).

上过半数的内燃机船使用丹麦玻玛斯特·韦恩造船厂生产的低速大马力柴油机。近年来,航运界还努力在培训未来海员的方法和高级航海员的条件方面实现现代化,更为此建立了数所现代化的航海学校。因此,丹麦的油轮被认为是世界上最现代化、高技术的船队之一。

丹麦的海运业主要通过国际化运作,其收入主要来源于丹麦以外的港口间运输,丹麦国内或与邻国间运输仅占全部的 5%,75%的业务发生在欧洲大陆以外的地方。

2. 中国海洋运输业概况

随着经济的快速发展,中国海运业无论从船队运力规模,还是港口、集装箱吞吐量方面都已跻身世界前列。以港口吞吐量为例,2015 年,在全球吞吐量排名前 10 的港口中,中国大陆就占有 6 个席位,上海港更是位列全球第一,堪称世界级的港口大国。在前十大港口中,中国港口的集装箱吞吐量占到整体吞吐量的 69.53%,居世界第一,并且呈现逐年增长的趋势。据统计,全球目前有 19%的大宗海运货物运往中国,有 20%的集装箱运输来自中国;而新增的大宗货物海洋运输之中,有 60%至 70%是运往中国。

自 20 世纪 80 年代初期以来,中国海洋运输业就已呈现出不断扩张的态势,运输量及其在世界市场的比重都表现出不同程度的增长。1981 年,中国的海洋运输总量仅为 1 022 万吨,2011 年已达 5 274 万吨,增长 4 倍以上。与此同时,中国在世界海洋运输业中的地位也明显增强,自 1981 年起的三十年间,海洋运输量在世界的占比从 1.50%增长 3.78%,整整翻了一番,中国海洋运输业的发展速度明显高于世界平均水平。[①]

但目前而言,中国航运业自身能力不足问题十分突出。例如因缺少大型油船和大型油船码头泊位,租用外轮运输的情况一直存在。而在可持续发展、节能环保和管理水平上也都还具有很大的提升空间。

不过,对于中国港航业而言,此时正是发展的机遇期。随着“一带一路”战略的深入推进,与 2014 年确立的《国务院关于促进海运业健康发展的若干意见》逐步实施,将为实现海运强国的发展提供良好契机。

---

① 廖泽芳,朱坚真.中国海洋运输业竞争态势分析[J].海洋经济,2013(2):24.

3. 中国与丹麦海运合作现状

中国与丹麦海运合作历史悠久，早在1928年，丹麦著名的运输公司马士基公司就开始了与中国的业务交往，上海港是美国-远东航线中重要的停靠港口。20世纪50年代开始，香港成为其主要货运中转港，负责中国段的货物进出口。我国改革开放以来，双边合作更为密切。1974年，邓小平副总理代表中国政府与丹麦政府签署了中丹海运协定，因而成为邓小平副总理与外国签署的唯一海运协定，两国海运合作关系可见一斑。

从外经贸部欧洲司提供的资料看，1999、2000两年我国有关船厂与北欧的丹麦、瑞典、挪威三国客商已经签约建造的各类船舶达43艘，总吨位达146.6万吨。其中，为丹麦建造的船舶达28艘，总吨位达111万吨，分别占我国为北欧三国船舶建造数量和总吨位的65.1%和75.7%。[①] 我国为丹商造船的船厂计有：大连造船新厂、中华造船厂、广州广船国际股份有限公司、求新造船厂四家。我国为丹麦建造的船舶类型主要包括：成品油轮、多用途货轮、客位客滚船、车位滚装船等，其中以成品油轮为最多。

4. 丹麦海洋运输业在“一带一路”中的作用

丹麦的“西北欧桥梁”、“北欧国家”和“北极国家”等多重身份，为中国扩大对北欧乃至整个欧洲的经贸往来及进入北极事务治理提供了很多便利条件。依托地理优势的发达物流业，尤其是海洋运输业，丹麦既可以带动北欧加入“一带一路”物流网络，又可以参与“一带一路”沿途及周边区域的物流联通[②]，不仅有利于在促进“一带一路”设施联通、贸易畅通等方面发挥更加重要的作用，而且也将有利于促进“北欧地区”和“一带一路”双方事务的区域融合，打破固有的地区主义，实现相应经济体福利的提高，促进两者的资源配置效率提高，达成中丹合作的双赢格局。

(1) 中国丹麦海洋运输业基于传统实现优势互补

中国和丹麦的海洋运输业在规格和类型上，都呈现出完全不同的发展态势。丹麦是一个具有航海传统的国家，以海运业为龙头的物流业在丹麦

---

① 丹麦交通运输业[N]. 中丹经贸网，http://www.chinatrade.dk/chinese/zdjm/chanyexz/transportation.htm.

② 韩晓东. 打造北欧驿站，助力“一带一路”建设[N]. 国际商报，2015-4-16(4).

整体产业中的地位重要性不言而喻,同时也积累了丰富的经验。长期以来,丹麦的航海业一直在船的现代化和效率方面居世界领先地位。而实际上丹麦海运业的收入主要来源于丹麦以外的港口间运输,丹麦国内或与邻国间运输仅占全部的5%,显然国内市场已远远不能满足行业需要。

而中国的海洋运输业得益于经济的迅速发展,现已成为世界上最重要的海运大国之一。自20世纪80年代初期以来,中国海洋运输业快速发展,运输量及其在世界市场的比重都表现出不同程度的增长。无论对于中国国内还是海外运输公司,这都无疑是一个充满潜力的市场。但这种“被动式”增长暴露出诸如自身能力不足等诸多问题。中国海洋运输业的发展已跟不上市场需求。中国与丹麦二者在海洋运输业的互补条件明显。

中国与丹麦在海洋运输业上的合作,可以通过两种主要模式。第一,丹麦对中国直接投资。对中国海运企业进行并购重组,直接在中国市场进行运作,降低中国海运成本,迅速适应国际海运形势,从而拓展中国海运路线。第二,引进先进技术与完善的管理模式。中丹实现海洋运输行业的软合作,加强行业内部人员的交流与学习,将自身的一套技术与模式应用到中国海运行业中,实现中国海洋运输业向高效、现代化的转型。

(2) 推动21世纪“海上丝绸之路”的开辟,实现互利共赢

“海上丝绸之路”作为“一带一路”战略的重要组成部分,对于中国自身而言有着举足轻重的地位。就目前而言,“一带一路”战略中的两条主线:“丝绸之路经济带”和21世纪“海上丝绸之路”实际上处于一种发展不平衡的状态。

陆上丝绸之路经济带从东边的亚太经济圈顺由西亚一直延伸至发达的欧洲经济圈,由于历史国际关系的稳定发展以及得天独厚的地缘优势,这条庞大的“经济走廊”顺利承接了目前过剩的产能,推动一系列基础设施的建设。而与之相反,海上丝绸之路沿线国家尽管在经济上与中国有着较为紧密的联系,但由于历史上与东南亚、南亚国家在海洋边界上的争议,推进“一带一路”的合作大多停留在外交辞令,实际的合作尤其是在一些边界纠纷较为严重的国家并未取得一些实际成效。目前一系列的利好政策,大多由中国政府方面提出。另一方面,由于中国自身海运能力的欠缺,因此在基本的贸易往来中缺乏一定的主动性和战略性,处于被动的弱势状态。

丹麦作为北欧国家，在海洋边界问题上与中国以及东南亚、南亚国家都没有直接利益纠纷。而且，丹麦一直以来良好的国际形象也有利于经济层面的多边合作。在推进“海上丝绸之路”的过程中，一方面，作为发达的海运大国，丹麦可以通过第三方行为体的身份参与其中，扮演“协调者”的角色，在一定程度上有利于弱化中国与相关国家的双边政治问题，推动海上经济带的构建。另一方面，可以充分利用丹麦在海洋运输和物流领域的优势与潜力，在“一带一路”沿线进行海陆空物流网络建设、港口开发以及船舶制造等方面的新型合作，为“一带一路”基础设施联通提供新的解决方案。

而对于丹麦自身，则可通过“一带一路”战略，扩大其在亚太地区的经贸往来，对于丹麦自身的经济发展和转型有一定促进作用。

(3) 推进合作创新，实现海运行业的科技化与节能减排

尽管发达国家和发展中国家在节能问题上一直具有较大的分歧，但是可持续发展的理念一直是世界合作发展的主流。在海洋运输业方面，中丹也有一致的发展目标。

在航运领域，节约能源是丹麦海运业关注重点，丹麦船东盟会于 2008 年提出，目标到 2020 年，丹麦商船队将减少 25%二氧化碳排放量。① 2014 年丹麦商业与经济增长部长在华与中国工业与信息化部签署绿色造船合作协议，进一步强化中丹两国在海运领域的合作。

而对于中国来说，节能减排不仅关系到国际贸易，更是国际形象的塑造。相比于北欧等海运发达国家，中国的海洋运输业还处在发展创新阶段，但也因此具有发展活力和空间，可以以此为契机，促进科技化和节能减排的发展。

(4) 促进“北极航运”共同开发

随着全球气候变暖，北冰洋海冰范围及冰层厚度都在变小，北极通航的商业价值逐渐凸显。对于中国和丹麦两个分别位于北欧与东亚的近北极国家同样是利益关切。目前，每年使用北极航道的船只数量呈快速上升趋势。2010 年里，一共只有 6 艘船只通过北方海航道穿越欧洲和太平洋地区；2013

① 晋勇. 丹麦欲重振海运业[N]. 经济日报，2014-12-3(8).

年(截至9月30日)已增到42艘。①

对于中国而言,参与航道利用等北极事务,有利于保障中国经济安全和拓展海外能源供给。而新航线的开通必然使得破冰船的需求量逐渐提高,给中国造船业带来发展机遇。甚至将促进中国经济布局的改变和国际贸易的发展,有利于中国区域经济平衡发展。近年来,中国也不断重视北极的安全与利益,输送大批资金、人员。2013年,中国远洋公司进行了穿越北冰洋的商业试航,证实了北极航线的可行性。②

在极地问题日益受到关注的今天,丹麦作为"北极国家",参与北极开发与治理势在必行。随着北极海冰融化,设计通过北极地区的海上航线正更加变得具有可行性。同时,绕格陵兰岛的西北航道将能比绕巴拿马运河航线节省1 000海里航程,这与丹麦提出的发展"高附加值的海洋运输"的理念相互契合。在安全领域,丹麦更是给出开发北极船运网的建议,即通过自动识别系统,避免船只相撞,提供即时搜救以保障航运安全。

在"北极航道"问题上,中国和丹麦可以加强合作,共享机遇,迎接挑战。双方通过技术、信息上的沟通共享,达成战略合作,在北极航道的开拓中抢占先机,争取优势资源的最大化。

五、结　语

当前,中国"一带一路"建设已经成为国内外广泛关注的热点问题,关于"一带一路"的研究已初具规模,中国与沿线国家的经贸往来、政治沟通以及民间交流方面在政策支持下也在不断巩固和加强。在全球化视角下,开放性区域主义将会逐渐成为"一带一路"战略的理论依据之一,中国欢迎同时也希望更多国家加入以中国为主导的区域合作中,从而紧密沿线国家内部联系,拓展对外合作广度和深度,使得"一带一路"由国家战略不断向地区战

① Stanislav Golovinsky, "The Navigation on the Northern Sea Route Today & in the Future", Presentation at the International Workshop on the Russia's Strategy for Developing the Arctic Region through 2020: Economics, Security Environment, International Cooperation, Moscow'30 September-October 2013.

② 杨剑.北极航运与中国北极政策定位[J].国际观察,2014(1):124-125.

略、全球战略推进。因此,将“一带一路”战略版图向西延伸,尤其是将以丹麦为首的北欧国家纳入“一带一路”战略具有经济、政治等多重意义。

讨论丹麦在“一带一路”领域中的作用,能够更好地促进双方的合作,为双方的互利共赢提供理论基础,也为两国关系的提升做出贡献。对于中国而言,加深与丹麦合作往来是在开放性区域主义框架内,将“一带一路”向北欧推进的节点,也是优化“一带一路”背景下双边合作路径与方式的有效途径。学习借鉴丹麦世界领先的绿色环保、生物制药以及海洋运输行业的经验优势,能够促进中国在新经济形势下的可持续发展。而在“一带一路”领域,则可形成丹麦-中国-区域内国家的合作模式,中丹两国已有的合作基础与成果将能够被最大化利用,推广至更多的区域内国家,使得已有的区域合作机制得到完善和加强。

然而由于某些特定的历史原因,中丹两国在“一带一路”领域的进一步合作仍然存在一定障碍,而将理论研究向实践转化的过程也会遇到部分政治、经济以及技术瓶颈,仍需我们不断探索和应对。

本文将理论与实际操作相结合,分别从理论视角、实践分析以及问题规避等方面,贯彻继续坚持和全面深化对外合作的精神,寻求新的合作路径以及问题解决机制,从而建立并巩固由区域向全球推进的政治互信、经济融合、文化包容的利益共同体、命运共同体和责任共同体,为“一带一路”战略的进一步深化提供可借鉴的理论与实践思路。

参考文献

[1] 门洪华.从开放型大国到开放型强国——中国对外开放战略的总结与展望[C].国情报告·第十一卷·2008年(上).北京:党建读物出版社、社会科学文献出版社,2012.

[2] 门洪华.对中国对外开放战略的若干思考[J].开放导报,2008(3):17-23.

[3] 陈学慧.新常态,一个具有历史穿透力的战略概念——访中国社会科学院副院长李扬[N].经济日报,2014-12-10(6).

[4] 苏浩.东亚开放地区主义的演进与中国的作用[J].世界经济与政治,2006(9):44-51.

[5] 周涛.“开放的地区主义”释义[J].国际商务研究,1998(5):31.

[6] 宋玉华,阮爕富. 论开放的地区主义—APEC的最佳选择[J]. 世界经济,1996(10).
[7] 韦倩青,黄溪航. “开放的地区主义”浅析[J]. 大众科技,2004(10).
[8] 丁工. 中等强国与中国周边外文[J]. 世界政治,2014(7):25.
[9] 赵晨. 国内政治文化与中等强国的全球治理——基于加拿大的考察[J]. 世界经济与政治,2012(10):81.
[10] 王联合. 从“平民行为体”到“战略行为体”——冷战后丹麦外交与安全政策评析[J]. 国际论坛,2006(1):65.
[11] 张敏娇. 论气候变化条件下北极治理面临的挑战及思考[D]. 武汉:华中师范大学,2013.
[12] 何奇松. 气候变化与北极地缘政治博弈[J]. 外交评论:外交学院学报,2010(27):117.
[13] 朱明亚,平瑛,贺书锋. 北极油气资源开发对世界能源格局的影响[J]. 海洋开发与管理,2014(4).
[14] 白佳玉,李静. 美国北极政策研究[J]. 中国海洋大学学报(社会科学版),2009(5):22-24.
[15] 郦金伏. 美国在海外的军事基地[J]. 国际研究参考,1988(11):23.
[16] 栾国鋆. 打造中丹合作“升级版”[N]. 国际商报,2015-5-18(A01).
[17] 黄婧. 丹麦女王访华促中丹经贸合作迈上新台阶[N]. 中国联合商报,2014-05-05(B01).
[18] 郭婧. “一带一路”国家瞄准绿色经济——2015欧亚经济论坛生态与环保分会代表共议绿色丝绸之路建设[N]. 中国环境报,2015-10-08(6).
[19] 薛欢,沈良. 保护地下水资源应防治结合[N]. 中国环境报,2015-10-12(2).
[20] 陈婧. 国情虽然不同丹麦经验仍可借鉴[N]. 中国青年报,2015-11-28(3).
[21] 姚冬琴. 专访丹麦环境大臣克尔斯滕·布罗斯博:丹麦超过10%的出口来自绿色产业,过去6年,丹麦环保技术对中国的出口翻了一番[J]. 中国经济周刊,2014(37):45-47.
[22] 崔维军,傅宇,周彩红,等. 中国制药和生物科技产业研发投入的国际比较:基于全球研发投入2 000强企业的实证分析[J]. 科技管理研究,2015(16):2-3.
[23] 靳珅,李洋,李乾,等. 我国生物制药研究进展及展望[J]. 现代生物医学进展,2012(2):371.
[25] 丹麦-创新国度的生物技术神话[N]. 北欧时报,2012-6-1.
[26] 向佳. “一带一路”合作中医药是最佳载体[N]. 人民政协报,2015-5-15(5).

[27] 廖泽芳，朱坚真. 中国海洋运输业竞争态势分析[J]. 海洋经济，2013(2)：24.

[28] 韩晓东. 打造北欧驿站，助力“一带一路”建设[N]. 国际商报，2015-4-16(4).

[29] 晋勇. 丹麦欲重振海运业[N]. 经济日报，2014-12-3(8).

[30] 杨剑. 北极航运与中国北极政策定位[J]. 国际观察，2014(1)：124-125.

[31] 新华社. 推动共建丝绸之路经济带和 21 世纪海上丝绸之路的愿景与行动[DB/OL]. [2015-03-28/2016-06-28]. http://news.xinhuanet.com/world/2015-03/28/c_1114793986.htm.

[32] 王优玲. “一带一路”战略构建我国对湾开放新格局[DB/OL]. [2015-01-04/2016-04-05]. http://news.xinhuanet.com/fortune/2015-01/04/c_1113870302.htm.

[33] 习近平谈“一带一路”：欢迎世界各国参与其中[DB/OL]. [2015-09-23/2016-07-28]. http://www.chinanews.com/gn/2015/09-23/7540818.shtml.

[34] 中华人民共和国环境保护. 2014 中国环境状况公报[DB/OL]. [2015-06-04/2016-04-30]. http://www.zhb.gov.cn/gkml/hbb/qt/201506/t20150604_302855.htm.

[35] 齐中熙，赵文君. 从“海运大国”迈向“海运强国”[EB/OL]. [2016-7-12]. http://news.xinhuanet.com/fortune/2014-09/03/c_1112350135.htm.

[36] 中丹经贸网. 丹麦交通运输业[N]. http://www.chinatrade.dk/chinese/zdjm/chanyexz/transportation.htm.

[37] Charles K. Ebinger, EvieZambetakis. The Geopolitics of Arctic Melt [J]. International Affairs, 2009, 85(6).

[38] Coco C. A. Smits, Jan P. M. van Tatenhove, Judith van Leeuwen. Authority in Arctic governance: changing spheres of authority in Greenlandic offshore oil and gas developments[J]. Int Environ Agreements, 2014(14).

[39] Patrick Barkham. Why Does Denmark Think It Can Lay Claim to the North Pole? [EB/OL]. [2016-05-30]. http://www.theguardian.com/world/shortcuts/2014/dec/16/why-denmark-thinks-it-can-lay-claim-to-north-pole.

[40] Susan Joy Hassol. Impact of a warming Arctic: Arctic Climate Impact Assessment [M]. Cambridge: Cambridge University Press, 2004.

[41] Stanislav Golovinsky. The Navigation on the Northern Sea Route Today & in the Future[C]. Presentation at the International Workshop on the Russia's Strategy for Developing the Arctic Region through 2020: Economics, Security Environment, International Cooperation, Moscow'30 September-October 2013.

面向教育、科研国际合作的“一带一路”知识与文化传播研究

夏易君[1] 潘 登[2]

(1. 同济大学图书馆 2. 同济大学电信学院)

【摘要】 围绕国家“一带一路”战略,立足高校与研究院所在知识与文化传承、创新人才培养、知识与文化国际交流等方面的优势和特点,结合“万众创新、大众创业”政策,研究面向教育、科研国际合作的“一带一路”知识与文化传播问题。提出国家统筹规划、组织知识与文化国际传播工作,重视高校与科研院所在“一带一路”建设中的不可替代作用,调动高校与科研院所的主动性和积极性,遵循“知识传播以文化来统领,文化传播以知识来开辟新途”的原则,开展多层面多形式的知识、文化国际传播,加快、加大国际化各类高端人才的培养,为“一带一路”建设创建良好的外部环境和提供智力支持,同时促进高校与科研院所“综合性、研究型和国际化”发展战略的实施与深化。

【关键词】 “一带一路” 教育与科研 国际合作 知识传播 文化传播 国家文化安全 主体地位

一、项目缘起与研究意义

“一带一路”战略是建设“丝绸之路经济带”和“21 世纪海上丝绸之路”战略的简称,是对古代陆海丝绸之路的继承和发展。

2013 年 9 月 7 日,习近平主席在哈萨克斯坦纳扎尔巴耶夫大学发表题

为《弘扬人民友谊，共创美好未来》的重要演讲[1]，首次提出加强“五通”，即政策沟通、道路联通、贸易畅通、货币流通、民心相通，共同建设“丝绸之路经济带”的战略倡议；9 月 13 日，在上海合作组织成员国元首理事会第十三次会议上，习近平主席发表题为《弘扬“上海精神”，促进共同发展》的重要讲话[2]，再次谈到“丝绸之路经济带”，希望通过发展“五通”，以点带面，从线到片，逐步形成从中国、中亚到西亚、非洲及欧洲的区域大合作；10 月 3 日，习近平主席在印度尼西亚国会发表题为《携手建设中国-东盟命运共同体》的重要演讲[3]，强调中国愿同东盟国家加强海上合作，共同建设 21 世纪“海上丝绸之路”，扩大各领域务实合作，互通有无、优势互补，同东盟国家共享机遇、共迎挑战，实现共同发展、共同繁荣。

“一带一路”战略提倡合作与发展，涵盖环境、能源、交通、电信、经贸、投资、人力资源开发、旅游等领域，涉及政治、外交，文化交流和教育、科研合作等方面，旨在创造平等合作、文化交流、经济繁荣的世界新秩序，顺应了当今经济全球化、区域经济一体化的发展趋势，以及世界各国谋求和平、发展、合作的时代潮流。

(一) 国际背景

改革三十余年，我国经济飞速发展，积累了大量的物质财富，国力日益增强，不可避免对世界固有的经济、政治秩序产生冲击，引发权力结构的变革和全球利益的重新分配[4, 5]。以超级大国美国为主要代表的西方发达国家对我国的快速崛起心怀不安，提出“重返亚太”的战略，主张“亚太再平衡”，试图通过 TPP(跨太平洋伙伴关系协定)和 TTIP(跨大西洋贸易伙伴谈判)制定新的贸易规则，将中国排除在外[6]。我国邻国众多，彼此存在领土、领海和领空等诸多历史遗留问题，中国的强大令周边国家担心中国称霸而产生防范心理。美、日、澳大利亚、欧盟等，趁机而入，利用周边国家与我国的历史遗留问题，介入东海、南海、西藏、新疆和台湾等事务，挑唆争端，火上浇油，扩大矛盾，不断向我国政府施压，使得我国与相关国家、地区的争端迅速激化，且日趋复杂，如果处理不当，必将对我国和平发展崛起的良好外部环境产生负面影响。

另一方面，经济全球化和区域经济一体化深入发展，资源、资金、技术和人才等生产要素的全球流动和优化配置，如滚滚洪流，势不可挡，在经济发展和价值创造中呈现出具有强大动能和无穷推力的一种主导性力量。中国经济的可持续健康发展，离不开全球资源、资金、技术和人才等生产要素支持，必须主动地、自觉地参与世界经济发展中去，汲取营养，壮大自己，置身于外只能自我封闭，走向衰落。

自2008年美国次贷危机和欧债危机以来，世界经济增长乏力，国际政治经济格局处在深入的调整中，改革开放取得的巨大成就使得中国对世界的影响不断提升，与此同时，世界对中国的影响也不断加深。为了破解中国发展的困局，中国政府审时度势，积极、主动寻求与世界各国在政治、经贸和基础建设等领域的交流与广泛合作，特别是与"一带一路"沿线的东南亚、南亚、西亚、北非和欧洲国家的合作，为我国经济健康可持续发展，为实现中华民族伟大复兴的中国梦，努力拓展新的空间，并注入新的活力。

(二) 国内形势

我国经济发展迅猛，经济总量在2010年超过日本，成为世界上仅次于美国的第二大经济体。为此，我国付出了巨大的资源环境代价，资源消耗、环境污染、生态退化，不仅影响到我国经济的可持续发展，而且危及人民群众的日常生活与生命安全；经济结构不合理，发展方式单一，消费长期不振，资源密集型和劳动密集型产业为主的经济发展思路无法挖掘深层潜力，后劲明显不足，特别是在出口下降的情况下，以稳健的货币政策和财政政策进行投资来拉动经济发展，掠夺创业和创新所需的资金等各种资源，严重压缩了创业和创新的生存、发展空间，导致钢铁、煤炭、水泥等产能严重过剩，房地产畸形发展，制造业等实体经济发展缓慢，形成了"只有房地产投资、金融理财才能快速致富"、"劳动创造价值难以致富"的观念，进一步强化了"创业、创新找死"的思维定式，使得我国经济发展过程中一系列深层次矛盾和问题突显出来。

除了产能过剩在"一带一路"建设过程中可以用于沿线国家的经济发展之外，我国改革开放在交通运输、电站电网和现代通信、网络信息等方面所取得的技术成果，也可为"一带一路"建设所用[7]。目前中国已经拥有世界上运营里程最长、运输网络规模最大、运营速度最快的高速铁路系统，并形成了具有自主知识产权、领先世界的高速铁路建设、制造和运维技术，在基建成本、车辆质量、核心技术、运营经验上拥有绝对优势;在水力发电、火力发电装机容量和超高压电网工程建设方面,处于世界领先水平;在桥梁、公路、港口建设关键技术方面,我国也具备了世界先进水平的雄厚实力;在通信和网络信息技术建设方面,以华为和中兴为代表的全球领先的信息与通信解决方案供应商,可为世界各地通信运营商及专业网络拥有者提供硬件设备、软件、服务和解决方案。充分利用上述先进技术、装备,可为“一带一路”沿线国家之间物流、能流、人流、资金流和信息流等生产要素的快速、优化配置创造良好的条件,促进各国各族人民的思想交流,缩短文明互鉴的距离,加快“一带一路”沿线国家的经济发展,共同编织和平、富强、进步的发展蓝图,共创互信互敬、团结相助、幸福、和平的美好生活。

解决我国经济深层次矛盾和问题,需要统筹国际与国内两个大局[8],将“一带一路”战略与“大众创业、万众创新”政策有机结合起来,才能标本兼治。“一带一路”战略,从全球资源优化配置角度,提出一种“一带一路”各国互惠共赢、协调发展、共同进步的区域经济发展思路,以我国经济飞速发展积累的雄厚资金和先进技术为依托,在促进“一带一路”沿线国家基础建设和经济发展的过程中消化我国过剩产能。“一带一路”战略的顺利实施,有助于缓解、克服我国经济深层次的矛盾和问题,为我国调整经济结构和发展模式转型,赢得时间和空间,并为体制改革创造较好的环境,但并不能从根本上解决我国经济发展的内生动力问题。创业、创新作为国家、民族发展进步的灵魂,党和国家提出“大众创业、万众创新”,制定相关政策,号召全国各族人民投入创业、创新的活动和事业中去,对我国经济发展的新阶段而言,是“一带一路”战略的必要补充,旨在为我国经济改革、发展注入不竭动力,同时也给“一带一路”战略的具体实施赋予了新的内容,高校、研究院所和各行业、各领域的科学技术人员责无旁贷,理当担负起这一伟大、光荣的任务。

(三)“一带一路”建设面临的主要挑战

当前,世界经济延续疲弱复苏态势,我国经济增长乏力,旧的矛盾解决了,新的矛盾又涌现出来,这既是我国在改革开放成就的基础上在新的、更高的平台所面临的崭新局面,也是我国改革开放三十年取得举世瞩目的阶段性巨大成果之后,急需通过大力推进供给侧结构性改革,在错综复杂的外部经济环境中，主动进行国内经济的深度调整，为未来经济增长积蓄动能的体现。其主要特征就是"困难与希望同在，机遇与挑战并存"，必须以新的视野、新的思路寻求解决办法。

"一带一路"战略实施过程中所面临的挑战，主要有以下几个方面：

1. 地区动荡加剧、政局变动频繁

东南亚缅甸武装冲突、泰国政权更迭，中亚各国的"颜色革命"，西亚的"巴以冲突"、伊拉克政局混乱、叙利亚内战，欧洲希腊债务引发的政治危机，北非埃及政局动荡等，对"一带一路"建设的顺利开展势必造成负面影响。譬如，斯里兰卡科伦坡港口城项目[9]，一波三折，2015 年 1 月 8 日西里塞纳当选新一届斯里兰卡总统，以违反环保规定以及程序不透明为由，叫停中国企业投资建设的科伦坡港口城项目，后经双方政府多次沟通磋商，科伦坡港口城项目才得以顺利进行。2010 年，缅甸在由军政府转型为民选政府的民主化进程中，中国与缅甸前军政府时期签署并实施的一系列基础设施建设均遭遇不同程度的困局，密松大坝等项目甚至被政府叫停[10]。加强"一带一路"沿线国家政局的预研、预判工作，是非常有必要的。

2. 极端宗教势力、民族分裂势力和恐怖主义

在东南亚、南亚、西亚、中亚等"一带一路"沿线国家，世界不同文明、民族、宗教和发展模式在广泛交流中激烈碰撞，冲突不断发生，存在严重的恐怖主义、极端主义和分裂主义势力。

中国公民遇袭事件时常见诸报端，来自中国的商人、工程师、工人是特定的袭击目标。2013 年 8 月，5 名中国商人在阿富汗遇袭，造成 3 人遇难、两人失踪[11]；2006 年 2 月，3 名中国工程师在巴基斯坦遇袭身亡，当地一个名为"俾路支解放军"的部落武装宣称为此事负责，理由是为了反抗政府对当地人的剥削[12]；2004 年 6 月，中铁十四局集团的 11 名中国工人在阿富汗承建世界银行投资的公路修复改造项目中，遭遇武装分子袭击身亡[13]。

应当看到，恐怖主义、极端主义和分裂主义势力盛行的国家，主要集中分布于中国周边地区，为境内外恐怖分子勾结提供了地理空间上的便利。极端宗教势力、民族分裂势力和恐怖主义，对国家领土完整、生命财产安全和人民的正常生活秩序，以及"一带一路"互联互通建设均构成了重大威胁。

我国新疆境内与云南昆明发生的爆恐事件[14,15]，就是国外“三股势力”借由极端宗教向国内渗透，国内外“三股势力”相互勾结，有组织、有计划、有目的地严密策划各种反人类行为，且无所不用其极，其残忍程度令人发指，必须予以严厉打击。

3. 南海问题

南海，扼西太平洋至印度洋海上交通要冲，是通往非洲和欧洲的咽喉要道，蕴藏着丰富的石油天然气资源，具有巨大的战略价值。

越南、菲律宾、印尼等南海周边国家长期觊觎我国南海，非法抢占岛屿和海洋资源，严重侵犯了我国领土、领海主权。日本政府积极拉拢东盟国家，力促联手采取一致行动对抗中国，借此实现自身在亚洲乃至全球与中国竞争的战略目标[16,17]。印度为了实现其地区霸权的战略目标，提出“东进政策”，加强了同越南、印度尼西亚、马来西亚等东盟国家的军事联系，试图扩大对南海问题的发言权[18]。澳大利亚以及某些欧盟大国，也以“南海航行权”关系到其国家利益为由，表示“不能对此视而不见”[19,20]。美国积极强势介入南海争端，怂恿菲律宾向联合国海洋法庭提交仲裁，支持越南在西沙问题上与中国无理取闹，多次挑起新的争端，而且组织周边国家开展南海军演，在南海问题上推波助澜，削弱中国意图十分明显[21,22]。

4. 中印缺乏战略互信

印度地处南亚，南濒印度洋，是“一带一路”沿线重要国家，与中国相邻，同属世界大国，两国关系的发展对于亚太地区乃至全球格局具有重大意义，是“一带一路”建设不容忽视的一个方面。印度作为正在崛起的大国，不可能轻易表态接受“一带一路”战略，但也未明确反对[18]。由于历史遗留的边界争端和西藏等问题，以及两国近年在经济发展过程中由于资源竞争引发的诸多矛盾[23]，致使两国缺乏政治互信，两国人民长期持敌对态度，民族主义情绪强烈，由于印度国情复杂，军事冲突的风险较大，作为亚洲乃至世界的两个有核大国有责任、有义务“妥善处理分歧、共谋和平发展”，构建协调合作、正常紧密的邻国关系。

5. 西方强权政治与经济、军事霸权

以美国为首的西方发达国家，凭借军事和经济实力，凌驾国际组织之上,无视国际法和国际政治格局的现状,毫无忌惮地操纵国际事务,干涉他国内政,甚至进行武装侵略,并占领他国领土,极力扩张势力范围,妄图称霸世界、主宰世界[24]。“一带一路”战略的实施,不可避免地会触及旧有的势力范围,中国与“一带一路”沿线国家的互联互通、相互合作、优势互补,共同发展,不断壮大,势必引发世界政治、经济格局的变革[25]。尽管世界多极化不可逆转,但单极与多极的斗争依然复杂并长期存在,强权政治和经济、军事上的霸权主义决不甘心退出历史舞台,以美国为首的西方发达国家推行霸权主义,必然千方百计地维护其强权政治的单极世界。海湾伊拉克战争、利比亚战争、叙利亚内战,以及我国台湾问题、南海争端,都能看到美国的身影;美国主导建立的 TPP(跨太平洋伙伴关系协定)和 TTIP(跨大西洋贸易伙伴谈判)所制定新的贸易规则,力图将中国排除在外[6],并极力争取“一带一路”沿线国家的参与,企图分化我国友好邻邦,孤立中国。

严酷的现实表明,我国经济发展与“一带一路”战略的实施,绝不是一帆风顺的,“一带一路”建设的顺利开展,需要而且必须面对西方强权政治与经济、军事霸权,既不能不战而退,又要避免针锋相对;只有智慧地采取刚柔相济的针对性措施,相互借重又相互牵制,既相互合作又相互竞争,积极、主动地争取、创造和平、发展的外部环境,才能有力推动“一带一路”战略的实施。

6. 俄罗斯的影响

“一带一路”沿线中亚各国是俄罗斯的传统势力范围。“一带一路”建设过程中势必在中亚各国与我国之间建立更广泛、更亲密的政治、经济、军事、外交等方面的联系。居住在俄罗斯和中亚各国的中国人大量增多的现象,势必导致部分俄罗斯人担忧失去盟友和势力范围,同时对“一带一路”的实施是否强化中国对领土争端更多的诉求心存疑虑。对待上述问题不能回避,需要建立双方高层定期互访沟通机制,及时化解矛盾,共同维护睦邻友好关系,增强互信合作。

2015 年 5 月 8 日,中俄两国元首在莫斯科克里姆林宫共同签署《中俄两国关于深化全面战略协作伙伴关系、倡导合作共赢的联合声明》、《关于丝绸之路经济带建设与欧亚经济联盟建设对接合作的联合声明》,标志着中俄关系步入了新的阶段，既为“一带一路”战略与俄罗斯国家复兴战略对接创造了良好氛围，也为俄罗斯主导的欧亚经济联盟对接奠定了基础[18]。

7. 合作与博弈

“一带一路”战略的实施，离不开沿线国家的参与、合作。如何在合作中对收益进行合理的分配，如何制定合理的分配制度，需要合作各方谈判、协商，在复杂的博弈过程中确定各方均能接受的合作、分配方案。这既是“一带一路”建设长期可持续发展的前提条件，也是我国与沿线各国团结互助、携手发展、共同进步的理性均衡点所在。

“一带一路”沿线国家众多，不同国家的文明、民族、宗教各异，内外因素交织，部分地区、国家动荡加剧、政局变动频繁，使得“合作与博弈”的过程更趋复杂化。印尼、泰国高铁在基建投标、工程预算等方面反反复复[26, 27]，缅甸发生针对中资企业莱比塘铜矿项目的抗议事件[28]，中国投资的伊拉克石油项目[29]等，说明中国的海外投资策略需要被重新审视，尤其是对被投资国政治风险的评估。“一带一路”建设过程中，中国资本、技术和劳务的输出，不能只顾眼前利益，也不能畏缩于眼前的困难，更不能出了问题全部依赖中央政府保持国家层面的良好关系去解决，还需要具体的参与者在合作中寻求地方政府、社会团体和当地居民的认同。

“一带一路”建设的长期、稳定、健康、可持续发展，不仅需要从物质层面加以实质性推动，而且需要从意识形态和精神层面加强、加深各国、各民族对先进中华文化的认同，需要我国面对挑战，着眼未来，立足长远，遵循“知识传播需要以文化来统领，文化传播需要用知识来开辟新途”的原则，充分利用各种先进传播技术手段，统筹中国知识、中国文化、中国哲学、中国价值、中国故事的传播，开展多层次、多领域、多形式的教育、科研合作，加快、加大国际化各类高端专门人才的培养，努力消除政治壁垒、文化壁垒和贸易壁垒，为“一带一路”建设创建良好的外部环境和提供智力支持，确保我国在纷繁复杂、纷纭变幻的国际形势中，作为“一带一路”战略的倡导者始终处于发挥引领作用的主体性和主导性地位。

（四）项目的研究意义

“一带一路”战略的实施，需要健康、良好的外部环境，需要先进科学技术作为强大的推动力，任何时候都离不开高素质的“人”的参与，高素质的“人”的培养至为关键，必须面向“一带一路”建设开展多种形式的教育、科研国际合作，比过去更加重视“一带一路”建设过程中各种形式的知识与文化传播工作。但是，“一带一路”不同国家、不同民族具有不同的历史文化传统和各自的宗教信仰，他们的生活环境、社会环境、社会政治制度和经济发展水平存在较大差异，在经济全球化的过程中，不可避免地对知识传播产生制约作用，不能单纯地研究知识传播问题，还需要聚焦于“一带一路”沿线国家的文化及中华先进文化的传播问题。

知识与文化传播涉及不同国家、不同民族，存在跨文化传播的问题[30]。伴随着经济的全球化，现代信息与通信技术的突飞猛进，知识与文化传播呈现出繁荣的景象。在“一带一路”建设中，如何面对文化的多样性和差异性，保持清醒、冷静，以高度的文化自信和文化自觉，在冲突与融合中不断学习其他民族所创造的先进知识和先进文化，始终注意在对外交流中提升和保持我国知识创新和文化发展的主体性，很大程度上决定了我国能否在“一带一路”建设中取得主导地位和引领作用。

高校与科研院所的教育、科研资源丰富，作为教书育人与学术研究之所，担负着知识传播、文化传承和人才培养的重任，决定了高校与科研院所在国家“一带一路”战略中肩负着不可推卸的伟大历史使命。因此，有必要在道路、电信、金融等互联互通基础工程建设和经贸往来之外，基于“一带一路”建设的长期可持续发展，着眼未来，从战略高度重视和深入研究“一带一路”建设过程中“面向教育、科研国际合作的知识与文化传播”问题，使中华文化不断吸收外部养分，保持先进性和主体性，增进不同国家、不同民族的相互了解和相互理解，深化彼此之间的传统友谊，推动不同国家、不同民族共同兴旺、发达的可持续发展道路越走越宽，朝着更远大的目标迈进。

二、“一带一路”建设过程中的知识与文化传播

知识与文化是相互联系又互相区别的两个不同概念[31]：知识以物为本，具有客观性、科学性、专业性；而文化以人为本，求善求美，具有主观性、经验

性、历史性、社会性。物以类同,决定了知识无国界,具有通用性;人以群分,决定了文化有异同,具有民族性。不同国家、不同民族具有各自的发展历史与传统文化,它植根在人的内心,潜移默化地影响着人的思想与行为方式。我国作为“一带一路”战略的倡导者,必须在纷繁复杂、诡谲变换的国际形势中,面对文化的多样性和差异性,既不能妄自菲薄,也绝不能妄自尊大,需要以高度的文化自信和文化自觉,在冲突与融合中不断学习其他民族所创造的先进知识和先进文化,始终注意在对外交流中提升和保持我国知识创新和文化发展的主体性,确保我国在“一带一路”建设中始终处于主导地位,并发挥引领作用。

(一) 知识与文化传播

1. 知识传播

当今世界是知识经济的时代,创新、创业对知识传播的巨大需求,有力地促进了传播技术、传播观念、传播环境的发展与完善,知识传播活动和知识传播事业因之得以迅猛发展。如果没有与知识经济社会发展相适应的知识传播事业,大量先进成果将难以及时转化为现实的生产力,很难在较短时间内生产出巨大的社会财富。尽管知识以物为本,具有客观性和通用性特点,但由于传播者与接受者分属不同国家、不同民族,文化传统与宗教信仰不同,在知识传播过程中,难免双方发生辩论、争执,甚至矛盾、冲突[30]。因此,有必要将知识传播与文化传播结合起来,考察、分析不同文化冲突、融合下的知识传播问题,即知识的跨文化传播问题,以传播先进知识实现彼此教、学相长,以传播先进文化来赢得相互认同,在人类发展的普世价值方面凝聚共识,加快知识传播速度,提高知识传播效果,从而促进“一带一路”建设全面、健康发展。

2. 文化传播

文化不同于知识,文化传播与知识传播必然需要考虑文化与知识之间的差异。文化适应属于跨文化传播认知模式中的一种,它以文化间的关系为对象,反映了传播是否达到预期的效果,以及这种关系的发展结果怎样。在当前国际政治、经济、文化和先进技术背景下,我国的文化传播应实现传播理念、传播内容、传播形式、传播取向、传播路径和传播层次等方面的转变，强调了立体传播方式、中华文化(明)的主体性和增强软实力等建设内容之于文化传播的重要性[32]。

全球化作为由经济逻辑引发的人类现象，主要表现为：生产活动的全球化、世界多边贸易体制的形成、投资活动遍及全球，它是一种“扩张性”的实践过流程[33]。全球化进程中，经济与政治力量使跨文化传播在不断的冲突与融合中呈现螺旋式上升状态，引发全球的文化冲突与寻求文化身份认同的潮。而美国等发达国家借助其先进的科研水平和强大的经济实力使文化的全球共享成为现实。而发展中国家为实现工业化，则不得不依赖和受制于发达国家的技术和资金，形成一种依附关系[33]。然而，地域文化乃至民族主义并没有因为这种依附关系而削弱，反而日益猖獗，特别是发端于极端宗教主义的恐怖活动，导致民族、地域之间的冲突愈演愈烈。“一带一路”建设过程中，我国必须正视文化传播在不同国家和不同民族之间引发的各种矛盾，采取积极应对策略，使得对外交往中中华文化能够以先进性被其他国家和民族接受、认可，或在吸收外来文化精华并结合本土文化优势的基础上，发展壮大并做到“和而不同”，在和谐、友好的氛围中，找到合适的生存与发展空间，取得对外交流的主体性和引领性地位，建构一种具有“中国特色”的普世价值，并通过传播为社会所共享，从而形成一种共同的文化，实现文化的重建与社会的整合。

3. 知识与文化的跨文化传播

知识与文化传播，均涉及不同国家、不同民族，均存在跨文化传播的问题[30]。培养“一带一路”建设高素质、高水平人才，离不开先进科学知识与先进文化的传播，同时也为人才培养和“一带一路”建设过程中的知识与文化传播带来机遇与挑战。

尽管知识的客观属性为不同国家、地区和不同民族所认同，但由于不同国家、地区和不同民族具有各自的宗教、习俗和文化传统，对知识传播的主体、传播的途径与方式，以及知识传播的后果，在认知上可能存在巨大的差异，不可避免地会影响知识的传播速度和覆盖范围。因此，在知识传播过程中，有必要全面、深入地考查知识受众的知识水平与历史、宗教、习俗和文化传统，知识传播与文化传播并重，在知识传播中开展文化交流与传播工作，在文化交流与传播中求同存异，增进友谊，培养感情，争取彼此认同，大力促进先进科学技术的传播过程。

(二)“一带一路”建设过程中的知识与文化传播存在的主要问题

知识与文化传播能够为“一带一路”建设提供良好的舆论环境，并促进“一带一路”可持续健康发展，从战略高度重视“一带一路”战略实施过程中的知识与文化传播工作，加大基础理论研究力度，建立严密的知识与文化传播组织体系，积极开展知识与文化国际传播活动，应做到有的放矢。

1. 重视经济与基础建设，对知识与文化建设、传播及其重要性缺乏深刻认识

“一带一路”知识与文化传播，必须建立在先进知识与优秀文化的基础之上，需要从源头着手，加强我国的先进知识与优秀文化的梳理和系统性建设，增强我国科技工作者研究、发展先进科技知识的积极性和主体性，把“创新、创业”作为国家和民族进步的灵魂，从根本上进一步提升我国优秀文化的生命力，确保我国文化安全；必须深刻认识和领会知识与文化建设、传播的重要性，从创建我国和平发展环境的战略高度，着眼未来，在经济基础之上从上层建筑着手，遵循“知识传播需要以文化来统领，文化传播需要用知识来开辟新途”的原则，建设和发展与不同国家、民族的长期睦邻友好关系，促进、深化对外交往的良性互动与可持续发展。

2. 知识与文化传播基础理论薄弱，研究投入不足

知识与文化传播，涉及传播主体、传播内容、传播途径、传播方式和传播受众等诸多方面[34, 35]。国内外学术界在知识传播和文化传播方面分别做了大量研究，存在的主要问题[36]：局部研究较多，系统性研究偏少；定性分析为主，定量分析较少；思辨式研究多于实证性研究；量化和模型化的分析也较少，研究方法比较单一；宏观层面的观察和分析多，微观层面的观察和分析则较少。宜将知识与文化传播上升到国家战略高度，实现研究资源的开放、共享，组织力量，加强预研，加大投入，以先进科研成果产出指导我国对外交往的知识与文化传播工作。

3. 知识与文化的国际传播缺乏严密组织与科学指导

知识与文化传播对“一带一路”战略实施的重要性，不言而喻。当前，一

个非常突出的问题就是，知识与文化的国际传播缺乏严密组织与科学指导。除了民间企业、团体和个人遵循国家方针、政策参加“一带一路”建设应受到鼓励以外，各级政府各部门、各级行业部门、各级教育科研机构、各种传媒机构，必须统一组织、相互协调，对传播内容、传播途径、传播方式和手段等方方面面，进行有步骤、有计划、有秩序的全方位部署，为知识与文化传播创造良好的外部环境，把“先进知识与优秀文化的资源建设”与“知识与文化国际传播的技术手段和主观能动性”有机结合起来，为“一带一路”建设提供优质服务。

4. 对面向教育、科研国际合作的知识、文化传播重视程度不够，在组织性、计划性、主动性和针对性还有待增强

知识与文化传播需要考虑文化与知识之间的差异，均存在跨文化传播问题。当前最突出的问题，主要表现在西方文化和价值观念强大的传播速度和传播力度，对本土文化和价值观念造成强有力的冲击，以及发端于极端宗教主义的恐怖活动，日益猖獗，导致民族、地域之间的冲突愈演愈烈。

科学技术是第一生产力，先进科学知识的传播可以快速、有力地推动“一带一路”向前和向纵深发展；先进文化的传播可以增进理解，加强互信，消除或降低各种政治、文化和贸易壁垒，为科学技术发挥第一生产力的作用创造良好的外部环境。

高校和研究院所不仅是教书育人之地，而且是主要的学术研究之所，担负着人类知识、文化传承、传播的重任。知识与文化各自的属性，决定了高校和研究院所在“一带一路”建设中的教育、科研国际合作和知识、文化传播方面，实践“知识传播需要以文化来统领，文化传播需要用知识来开辟新途”对外交往原则，加快国际化人才的培养、促进“一带一路”建设发展，具有自身独有的、不可替代的优势。目前，高校和研究院所在对外交往中，更注重教育、科研的合作，着眼于各类高级专业人才的培养，对在教育、科研国际合作过程中知识、文化传播的重视不够，力量薄弱，形式单一，在组织性、计划性、主动性和针对性方面都还有待增强。

三、知识与文化传播过程中国家文化安全问题及其防治

“国家文化安全”乃是一个主权国家的文化在其特有的时空环境中与其他外部力量相互作用，不受严重威胁、侵犯，免于崩溃危险，并保持自身特质，发挥自身功能，且能持续生存、发展的一种健康状态，涵盖政治、经济、语言文字、传统文化和信息传播等诸多方面。确保国家文化安全，是保持我国对外交往主体性，和而不同，并发挥引领作用的前提与保障。

（一）“一带一路”战略实施过程中的国家文化安全问题

“一带一路”战略实施过程中，无论重大基础建设的国际协作与经济交往，还是教育、科研国际合作，其决策者、组织者和参与者，由于国家、民族、历史、宗教的不同，而具有不完全相同的知识水平与文化传统，并作用于各自的思维感官而形成不完全相同的价值观，他们对同一事物的认知、理解、判断或抉择，因为期望目标的不同而在行为方式、互动过程方面呈现出异常纷繁的复杂性，需要各方保持理性，相互理解，求同存异，在冲突、妥协、合作相互交织的进程中不断迈向更加光明的前途。显然，这种冲突、妥协、合作并不仅仅表现在经济利益的分配方面，往往在深层次上涉及不同国家、不同民族各自具有的不同文化。文化的碰撞、交流不可避免，且能动地作用于“一带一路”建设，处理不好不仅影响“一带一路”建设能否可持续健康发展，而且会对国际关系和作为“一带一路”建设倡导者、引领者的国家形象产生负面效果，甚至危及国家文化安全。

对我国而言，“一带一路”战略实施过程中的国家文化安全问题突出表现在两个方面：

1\. 极端宗教势力、恐怖主义和民族分裂势力

极端宗教势力和恐怖主义在当前呈一定程度的泛滥之势，其对先进知识、文化的传播大多采取抵触、拒绝和敌对的态度，随着“一带一路”建设的不断深入，不同文化的交流、碰撞，必然引发极端宗教势力和恐怖主义对“一带一路”建设的抵制，破坏已经取得的建设成果，蛊惑不明真相的群众反对

“一带一路”建设,甚至利用宗教和我国人民内部矛盾向国内进行渗透,内外勾结,不惜制造分裂和恐怖事件,严重危及国家安全[37-39]。

2. 西方发达国家的强权政治与霸权主义及文化殖民

“一带一路”建设涉及的国家文化安全问题,绝不能仅仅局限于“一带一路”沿线的各个国家和不同民族,而应放眼世界,看到“一带一路”建设对世界经济、政治、文化的影响,必然会与美国等西方国家产生利益争夺和利益冲突,使得我国在处理“一带一路”战略实施过程中的国家文化安全问题。西方发达国家,一方面利用自身的科技和经济优势,采取积极渗透、和平演变的策略,以人才培养、经济援助和经济制裁为借口,以语言、文字、影音等多种形式,积极传播腐朽的资产阶级思想与文化[40-42],另一方面依托政治、军事力量,强力推行西方意志与价值观念,南海争端、中日、中印矛盾、中东及阿富汗政局、中亚各国的颜色革命等诸多国际问题,无不看到美国等西方发达国家的身影。面对西方国家文化霸权主义这一不可回避的现实,必须从多方博弈的视角,全面考虑如何应对西方发达国家的强权政治与文化霸权主义,思考如何应对其利用自身掌握的先进信息化手段对沿线各国和我国人民群众进行意识形态和价值观的渗透,积极、主动地采取措施应对文化帝国主义的全球扩张。

(二) 国家文化安全问题的防治

1. 弘扬民族创新精神,建设具有顽强生命力的中国特色先进文化

文化是一个国家和民族的“基因”所在,一个国家、一个民族是否具有强大的凝聚力,能否在当前和在历史长河中屹立于世界与民族之林,关键取决于是否具有创新精神和顽强生命力的中国特色先进文化,创新精神是科技创新的“灵魂”和“动力”,先进文化则是科技创新的“土壤”,能够为科技创新提供充足的营养。只有大力弘扬民族创新精神,建设具有顽强生命力的先进文化,增强自身文化的健壮性和安全防范能力,才会有助于我国保持对外交往的主体性,才能发挥引领性作用,更好地促进“一带一路”建设。

2. 结合时代背景防治国家文化安全问题

在经济全球化和信息化时代,无论是与“一带一路”沿线国家、地区直接开展交流,还是在竞争与合作中与西方发达国家争夺(取)“一带一路”沿线国家、地区,“一带一路”战略实施过程中的国家文化安全问题都必须牢牢抓

住“经济全球化”和“信息化”两个时代特征[43, 44]。

我国在“一带一路”建设中面临文化安全问题，主要原因在于国家制度的不同，以及极端宗教势力及其所宣扬的恐怖主义理念。国家制度的不同主要指我国社会主义制度与西方发达国家的资本主义制度的对立性，资本主义文明的扩张性必然表现为西方发达国家利用外交、军事、宗教和先进网络通信技术等各种手段冲击、威胁我国文化安全；极端宗教势力及其所宣扬的恐怖主义理念，一方面对“一带一路”建设的顺利开展形成威胁，另一方面对我国个别地区进行渗透，不及时加以遏制，假以时日，必形成与我国主流文化格格不入的极端宗教文化氛围，以发动暴力、恐怖事件行分裂国家之实，必须始终予以严厉打击。当前，我国某些地区存在少数民族个别人群因极端宗教势力的影响，放弃优美的传统民族服饰，穿着过于隐蔽，难以与恐怖分子有效区分的问题，以及极具宗教色彩的文化标识泛滥的现象，已经引起党和国家的高度重视和广大人民群众的警觉，充分说明绝不能小觑极端宗教势力、恐怖主义和民族分裂势力的负面影响，更不能麻痹大意，对其威胁嗤之以鼻，甚至藐视，只能自食恶果。

必须以全球视野，战略与战术相结合，充分重视我国与不同国家、民族的交流中产生的文化安全问题，以及不同文化的国家、民族利用网络信息技术对我国文化安全可能造成的影响，依托先进科学技术，积极应对信息化对意识形态构建方式、舆论引导方式的挑战，坚决打击黑客、盗版等网络违法行为，维护我国文化产业的健康发展环境，对文化霸权主义和极端宗教势力、恐怖主义的渗透、威胁，以及歪曲丑化中国文化的现象，主动出击，防治结合，减少和消除西式生活方式和文化观念对我国文化安全的冲击。

3. 加强国家文化安全的综合防治工作

除了西方发达国家的文化霸权以及极端宗教势力及其所宣扬的恐怖主义理念等外部因素之外，我国文化安全面临挑战还主要体现在以下几个方面：

① 对国家文化安全的宣传比较薄弱，内容贫乏，形式简单，方式生硬，被动多于主动；

② 我国优秀文化在对外交流中富于柔性特质，未能迅速表现出应有的顽强生命力和强大吸引力，或由于经济发达程度逊于交往国家，我国先进文

化依托国际经贸、国际学术会议、教育科研国际合作等活动的传播工作与影响力尚处于比较被动的局面,亟须加强;

③ 网络信息技术相对落后,增强以安全性、可靠性等为主要特征的先进传播技术的利用,势在必行;

④ 对民族优秀文化的保护不力;民众网络安全意识淡薄;

⑤ 文化安全相关法律体系有待完善。

维护国家文化安全,必须从观念、体制机制、内容形式等方面加强文化创新,加强意识形态的网络建设,加强对民族文化的保护,提高民众网络安全意识,大力发展文化产业,加强信息化建设和文化安全法制建设,提高我国先进文化和优秀文化的生命力、吸引力和传播能力,创新文化管理体制,为国家文化安全提供技术保障。

四、促进知识与文化的国际传播和深化教育与科研的国际合作

知识与文化的国际传播,是“一带一路”建设顺利开展和加快建设速度、保证建设质量必不可少的重要手段之一,之所以将知识传播与文化传播并重,乃是将先进知识具有客观性和第一生产力的属性与中华先进文化所特有的强大感染力和争取其他国家和民族认同的凝聚力有机结合起来,遵循“知识传播需要以文化来统领,文化传播需要用知识来开辟新途”的原则开展知识与文化的国际传播工作。高校与科研院所,在先进科技知识的传承、研发,以及在开展教育、科研国际合作方面,具有自身不可替代的优势,因此发挥高校与科研院所的作用,将“教育、科研国际合作”与“知识与文化的国际传播”有机结合起来,对“一带一路”建设长期、稳定、可持续、健康发展具有特别重大的意义。

(一) 改善、加快知识与文化国际传播的应对措施

1. 以国际视野和战略高度,全面、深刻理解并重视知识与文化的建设、传播工作

知识与文化建设与传播,是国家“软实力”的重要组成部分和影响国家

安全的重要战略力量[45, 46]。个别国家、地区的极端宗教势力，利用知识与文化传播，散布极端思想，蛊惑人心，严重影响各民族之间团结与和谐共处，危及人民的财产与生命安全，破坏来之不易的国内建设环境，甚至对国家领土完整造成威胁；西方某些发达国家运用先进传播手段对我国进行文化渗透，使中华民族精神、中国特色社会主义文化、国家信息与舆论环境面临严峻挑战。知识与文化传播，不仅可以为“一带一路”经济建设培养人才，也是应对极端宗教主义和国际恐怖活动，以及西方列强国际霸权主义的重要手段之一；“一带一路”建设，既需要知识与文化传播来建立不同国家、地区之间和不同民族之间的互信和友谊，更需要知识与文化传播来创建可持续发展的良好国际环境。这也是我国物质与精神文明建设“两手抓、两手都要硬”在新时期拓展国家国际生存空间难得的机遇。

2. 组织力量，加大知识与文化传播基础理论的研究力度

从人、财、物和研究资源等方面，推动知识与文化传播的基础理论研究。国家各级政府与相关行业部门，以资金投入、方向引领和研究资源的开放、共享，促进“一带一路”知识与文化传播研究，形成“百花齐放、百家争鸣”的学术环境与繁荣局面。

3. 建立严密的知识与文化传播组织体系，积极开展多层次、形式多样的知识与文化国际传播活动

就国家战略而言，建立严密的知识与文化传播组织体系，加强党对知识与文化传播的宏观控制力，提升中国先进知识与先进文化的跨文化传播力与传播速度，促进国家“一带一路”战略的顺利实施，至关重要。知识与文化的传播，不仅需要国家政府的统一领导，而且需要各国际事务主管部门、各行业主管部门，文化传媒产销机构与管理部门，以及各级教育、科研部门与机构的参与和通力合作，积极引导教育、科研机构开展国际教育、科研合作和人才培养，依托计算机、通信和数据处理等最新科研成果，充分利用广播、电视、报纸，以及现代通信网络等先进传播技术，创新传播途径与传播方式，提倡和鼓励民间各类企事业单位、各类民间团体与个人参与“一带一路”建设中去，并在建设中自觉或不自觉地开展知识与文化传播活动，特别是具有中国特色、中国产权的先进知识与文化传播活动。

(二) 围绕“一带一路”和“创新、创业”深化教育与科研的国际合作

“一带一路”和“创新、创业”两个战略，是党中央、国务院洞察国际、国内经济形势深刻变化作出的重大战略决策。“一带一路”建设急需的领域专业人才主要涉及项目工程、技术、经济、管理、贸易、金融、法律等领域。亚洲开发银行的研究报告显示，“一带一路”建设需要数以十万乃至百万计的铁路、管道、电力、公路、港口与通信等产业的工程建设、设计施工、质量控制与保障、经济管理等人才，需要加强工程、政治、经济、管理等各领域的高端人才培养，以及各领域专家间的协作。而“创新、创业”，首要的是创新思维、创新精神和创业技能的培养，从我国自建国以来几十年的社会主义实践来看，当前经济发展进入瓶颈期，转型困难，最大的原因莫过于缺乏具有创新思维和开拓精神的创新人才，在需要转型的关键时期，由于缺乏创新人才，改革一定程度上陷入迫切寻求新的突破方向的盲动状态。人才是两个战略实施的支点和成败的关键，面对国家战略需求与国际、国内经济形势的严峻挑战，高等教育部门应因时顺势而动，奋发有为，更新观念，完善制度，优化办学条件，创新自身发展路径，切实担负起人才培养的重要使命。

1. 强化高校人才培养的国际意识和创新意识，建立与国家战略相适应的人才培养能力

与新的时代背景下的国家战略相适应，高校培养的人才应具备热爱祖国、专业、正直和尊重多样性等核心价值观，在持续学习、互相交流、团队合作、计划组织、承担责任、服务导向、不断创造、远见卓识、领导决策等方面拥有核心胜任力。因此，面向“一带一路”建设和“创新、创业”两个国家战略，培养具有国际意识与创新、创业能力的人才，是高等院校不可推卸的责任，既是适应新的时代背景下国家战略的迫切需求，也是高等院校为国家战略服务寻求自身发展的有效途径，这需要高校转变观念，结合自身特色，深化课程教学改革，谋划不同类型高校和不同学科在人才培养方面的协作，实现学科优势互补，在工程、管理、贸易、法律、语言等学科专业开发联合培养项目，加强不同学科的交叉和融合，围绕国家战略进行学科布局，探索国际化人才和创新、创业人才的培养模式，以体制创新和人才培养能力的提高促进高端人才的培养。

2. 坚持“走出去”和“引进来”作为高校人才培养的重要途径

“走出去”和“引进来”，要立足我国实际，以为祖国未来培养人才为根本出发点，面向“一带一路”和“万众创新、大众创业”的国家战略，一方面要主动走出或引进国外优秀人才，主动寻求与国内外著名高校、科研机构和企业合作，积极学习西方发达国家的先进科学技术，通过国际化高水平联合办学、合作研究和校企合作等多种举措，大幅提升高校国际化和创新性人才培养的水平；另一方面要学以致用，通过“走出去”和“引进来”，使得人才培养更符合社会需求，做到人尽其才，才尽其用，不断增强自身的社会影响力，以个体价值和社会价值的创造实现报答祖国和服务人类的目的。

3. 以专业教育国际认证推动高校国际化和创新人才培养

创新是一个民族的灵魂，是一个国家发展的不竭动力，成为时代发展的主旋律。在经济全球化的当今时代，创新已经成为一个国家、一个民族在弱肉强食的残酷、激烈竞争环境中能否具有强大生命力的最重要因素之一。以提高国际化和创新人才培养质量为目的参与国际认证，可以倒逼高校按照相关领域专业教育质量的国际标准和基本要求进行改革，使其改善教学条件、加大教学经费投入，促进教师队伍的建设和专业化发展，建立科学规范的教学质量管理和监控体系，提高高校教学管理水平，从而促进高等院校和相关专业进一步办出特色和优势；另一方面，得到国际认证的专业，其学生得到更广泛的认可，从而能够促进学生就业，提高学生就业质量，吸引国内外更优秀的学生，进一步促进人才培养的良性循环。

4. 加大知识产权人才的培养，建立知识与文化传播平台，为两个国家战略提供优质服务

面向国家战略，充分利用高校作为知识和文化产出、传承的基地作用，加强知识产权和祖国优秀文化的传播。

以知识产权学院为依托，面向“一带一路”和“创新、创业”两个国家战略，培养适应经济全球化趋势的知识产权领域高端人才。

创建知识与文化传播新型国际图书馆联盟，运用现代先进网络媒体通信技术，建立以高校图书馆为中心的国际化知识与文化流通、传播平台，加

强以专利查询、推介、交易和转化为主要内容的国际化知识传播、流通平台建设,创新国际合作理念,扩大馆员国际交流,拓展资源共享途径,变革管理运行机制,以馆员队伍的国际化和管理机制国际化实现图书馆服务功能的国际化,切实提高知识和知识产权的服务水平[47]。

由科研院牵头组织,建立有校外事、图书馆、各学院等部门参与的知识产权管理专门机构,加大对高校具有自主知识产权的科研成果的宣传和转化工作,与此同时面向校外开展知识产权服务。

五、高校与科研院所在"一带一路"建设过程中的角色、定位、作用与历史使命[48]

知识与文化传播涉及不同国家、不同民族,存在跨文化传播的问题[30]。"一带一路"建设需要正视文化传播在不同国家和不同民族之间引发的各种矛盾,采取积极应对策略,不断吸收外来文化精华并结合本土文化优势,在和谐、友好的氛围中,找到适宜扎根的肥沃土壤,寻求更广阔的生存与发展空间,使得中华文化能够以先进性被其他国家和民族接受、认可,发展壮大、"和而不同",取得对外交流的主体性和引领性地位,建构一种具有"中国特色"的普世价值,并通过传播为社会所共享,从而形成一种共同的文化,实现文化的重建与社会的整合。高校与科研院所是知识与文化传承和人才培养的基地,同时也是知识与文化的主要生产者和创造者,不仅可以从理论研究和基础建设两个方面参与到"一带一路"的伟大事业中去,而且在理论研究和基础建设中积极开展知识与文化传播活动,发挥自身独特的作用。

(一) 高校在"一带一路"建设中具有不可替代作用

知识以物为本,具有客观性、科学性、专业性;而文化以人为本,求善求美,具有主观性、经验性、历史性、社会性[31]。物以类同,决定了知识无国界,具有通用性;人以群分,决定了文化有异同,具有民族性。不同国家、不同民族具有各自的发展历史与传统文化,它植根在人的内心,潜移默化地影响着人的思想与行为方式。高校在"一带一路"建设中起到的不可替代作用,主要原因就在于知识与文化的属性不同，并且高校是知识与文化的主要生产者和创造者，是知识与文化传承和人才培养的基地。

高校与科研院所知识与文化密集、精英荟萃，除了教育与科研国际合作或直接投身于“一带一路”基础建设实践活动，其特点与学科优势还决定了自身可以在知识与文化传播方面发挥独特的作用，特别是在开展教育、科研国际合作传播知识的同时，把知识与文化作为密不可分的整体，统一布局，积极开展我国优秀文化的传播，这既是国家战略赋予高校的光荣使命，也是我国韬光养晦、刚柔并济，面对纷繁复杂的国际形势在“一带一路”建设中取得主导地位和引领作用的关键所在。

（二）高校在“一带一路”建设中的角色定位

国际学术论文的产出情况，在很大程度上反映了一个国家高等教育与学术研究的水平，以及高端人才的产出情况。通过对国际学术论文状况的分析，可以进一步把握中国与发达国家以及“一带一路”国家与地区科技合作的特征与整体态势，有助于正确理解高校在“一带一路”建设中的角色定位，从而明确自身所应承担的责任与义务，以及如何履行所承担的责任与义务，完成国家“一带一路”战略赋予自己的历史使命。

中国科学技术信息研究所 2015 年度发布的《中国科技论文统计结果》[49]表明，2014 年中国 SCI 收录的科技论文为 26.35 万篇，连续第六年排在世界第 2 位，占世界份额的 14.9%，排在美国之后(美国 2014 年 SCI 论文数量为 48.66 万篇，是我国的 1.8 倍，占世界份额的27.5%)。2005 年至 2015 年 9 月，我国科技人员共发表国际论文 158.11 万篇，排在世界第 2 位，论文被引用 1 287.60 万次，排在世界第 4 位，单篇论文平均引用次数 8.14，排在第 15 位，低于世界平均值为 11.29 次/篇。Ei 数据库 2014 年收录中国论文为 17.29 万篇，占世界论文总数的 31.6%，数量比 2013 年增长 5.8%，所占份额增加 9 个百分点，排在世界第 1 位。2014 年 SSCI 数据库收录中国论文为 10 952 篇，占世界论文总数的 4.0%，居世界第 6 位，居我国之前的国家为：美国、英国、澳大利亚、加拿大和德国。其中，收录美国论文 10.94 万篇，占世界论文总数的 39.9%。在发表 SSCI 论文的机构中，高校发表论文 5 934 篇，占 88.2%，研究院所发表论文 530 篇，占7.9%。在国际合作方面，

SCI 数据库统计,2014 年收录的中国论文中,国际合作产生的论文为 6.5 万篇,国际合作论文占我国发表论文总数的 24.7%。其中,中国作者为第一作者的国际合作论文共计 44 415 篇,占我国全部国际合作论文的 67.9%,合作伙伴涉及 144 个国家(地区)。

我国科学技术取得巨大进步,但与国外发达国家相比还存在较大差距,主要表现在高水平论文数量较少,篇均引用次数明显低于世界主要发达国家,科技成果转化为实际生产力的能力薄弱。我国学者吴建南等[50]的研究成果表明,中国与“一带一路”国家的合作论文的绝对数量、总被引频次都远远不如中国与发达国家的合作论文,中国与发达国家的合作论文无论是在数量还是质量上都远远超过了中国与“一带一路国家”的合作论文。从中,不难看出我国高校的教育、科研水平,从而不难确定我国高校在“一带一路”建设中的角色与定位:各高校在“一带一路”建设的对外交往中,应当正视与发达国家相比在科技发展水平上的差距,虚心学习、消化先进科学技术,争取迎头赶上,在教育、科研国际合作方面做好文化与知识传播的桥梁、纽带作用,这既是我国经济、社会发展水平所决定的,也是我国具备而发达国家不具备的能够承“上”启“下”的中间优势;另一方面,不能忽视我国高校在教育、科研方面取得的巨大成就,某些方面已经达到或接近世界先进水平,必须本着相互理解、互通有无、互惠互利、共同发展的原则,充分利用自身特色和学科优势,加强以国家战略为依托和导向的智库建设,开展“一带一路”建设的总体规划与策略研究,通过教育与科研国际合作在国际化人才培养、在知识与文化传播和提升科技创新能力等方面为“一带一路”建设提供智力支持和人才储备,积极参与沿线国家与地区的基础建设,促进沿线国家与地区的经济、文化与社会的和谐发展,从而在“一带一路”建设的教育、科研领域起到团结、引领与主导作用。

(三) 高校在“一带一路”建设中面临的重大战略机遇

基础建设与政治、经济、文化等方面的对外交流,均是“一带一路”战略的重要组成部分,也是“一带一路”战略向纵深发展的主要手段,而推动“一带一路”战略顺利实施的主要动力来源于“人”,必须以人为本,首先解决“人的问题”,把培养高素质的“一带一路”的建设者、传承者作为重中之重。其次,“一带一路”战略的顺利实施并取得成功,并非轻而易举之事,需要面对西方发达国家的霸权主义和沿线个别国家、地区的极端宗教势力,如何在复杂的国际形势中推进“一带一路”建设,需要全面、深入地研究。另外,作为“一带一路”战略的倡导者,如何团结广大国家、地区开展“一带一路”建设,并发挥引领与主导作用,不能仅从经济建设入手,还应从政治、外交、文化意识形态和舆论环境方面营造良好的氛围,建立有利于国家发挥引领与主导作用的长效机制。上述几个方面都与高校密切相关,必须抓住“一带一路”建设为我国高校发展提供了难得的重大战略机遇。

1. 充分发挥高校人才培养和学术研究的优势,围绕“一带一路”建设积极开展教育、科研国际合作

既要面向“一带一路”建设培养教育、科研国际合作的国内领军人才,又要通过教育、科研国际合作加大各主要国家、地区“一带一路”建设中急需的各类人才的培养力度,为“一带一路”建设提供国际化人力资源,建立并夯实互信合作的关系基础。高等院要结合自身办学特色和学科学术资源优势,整合利益关系、完善体制机制、创新大学治理,加快推进国际化办学模式,提高国际化人才培养质量,吸引“一带一路”沿线国家教师、学生来华访学,加大“一带一路”建设需要的高层次国际化人才培养力度,以满足国家“一带一路”战略对人才的需求。

2. 加强“一带一路”高校智库建设,全面、深入研究“一带一路”建设的战略与战术问题

研究的主要目标,乃是对外交往过程中如何面对西方发达国家的霸权主义和“一带一路”沿线个别国家或地区的极端宗教势力,趋利避害,团结广大国家、地区开展“一带一路”建设,并发挥引领与主导作用,为“一带一路”建设提供科学的指导意见。

充分利用现代先进传播方式,遵循知识与文化传播规律,发挥高校人才集聚、知识汇集、文化传承的优势,秉承“知识传播需要以文化来统领,文化传播需要用知识来开辟新途”的原则,开展知识与文化传播工作,为‘一带一路’建设的可持续发展,提供智力与文化支撑。建议有条件的高校成立以图书馆为核心知识与文化收藏与传播中心,由信息学科提供网络与数据处理

的技术支撑,政治、新闻、法律等学科提供后勤服务保障,搜集、整理、收藏具有历史意义、科学文化价值和时代特征的文字、图片、音频、视频等多种形式的文献资料,依托先进网络通信技术,面向“一带一路”国家与地区发展读者、研究读者,开展国际文献流通和推广服务,实现国际化文献馆际互借,同时密切关注以社交媒体、大数据、媒介融合为基本特征的新媒体,对当下知识与文化传播产生的颠覆性影响,全面、深入研究新时期知识与文化收藏与传播的特点、规律,开发先进信息资源和全方位、多层次、立体化传播技术手段,创新国际合作理念,加强馆际合作交流,变革管理运行机制,拓展资源共享途径,培养国际传播人才,以馆员队伍国际化化和管理机制国际化,推进图书馆服务功能的国际化,积极参与社会教育,实现由传统的图书服务向现代知识与文化传播机构转型[51]。另一方面,学校层面应进一步加强知识与文化传播学科的建设,遵循国际传播学科规律,跨学科整合,以综合性、全能型国际传播人才为培养目标,构建国际传播人才创新培养体系,加强国际传播人才培养的针对性、差异化和精细化,避免同质化倾向[52]。国家针对当前世界经济不景气,把“大众创业、万众创新”作为推动中国经济继续前行的“引擎”之一,可以说这是与“一带一路”战略同等重要的另一国家战略,有条件的高校可以此为契机,统筹调整相关学科,以专利的传播与成果转化为突破口,开展理论研究与多种形式的成果应用创新服务,搭建高校、研究院所与企业沟通的平台,为“一带一路”建设和“大众创业、万众创新”提供强大助力,做大做强知识与文化传播等相关学科,提升高校研究成果的转化效率,从而增强高校推动企业发展与社会进步的综合实力。

(四) 高校在“一带一路”建设中面临的主要挑战

1. 构建与“一带一路”战略相适应的国际化人才培养体系

高校是加快国际化人才培养的主要阵地,构建与“一带一路”战略相适应的国际化人才培养体系,既是加快“一带一路”建设的迫切需求,也是我国在经济全球化浪潮中永续发展、屹立不倒的根本保证。当前,主要是加强“一带一路”建设急需的各类稀缺人才的培养,特别是高素质外向型各类稀缺人才的培养。“一带一路”战略将带动沿线国家在基础设施领域的投资与建设高潮,对交通、通信、能源、建材、化工、电力以及建筑等领域基础设施投资与建设管理人才的需求必然会大量增加；国际贸易人才培养，必须适应新的形势，着力培养具备跨境电商、产业园区投资建设运营、知识产权交易、电子物流、国际采购等行业新知识技能的人才；同时，“一带一路”战略也需要货币与金融体系的支撑与推动，丝路基金的设立与亚洲投资开发银行的成立，需要高校培养出熟悉国际金融市场规则和规律，善于开展金融投资、并购、资产证券化、金融衍生品交易、互联网金融等技术的国际金融专门化人才。“一带一路”建设急需的各类稀缺人才是各层面和全方位的，从世界经济发展和全局和长远来看，需要高校立足自身优势和特点，扬长避短，统筹协作，有计划、有秩序、有步骤地开展各类人才的培养。在人才培养方面要放眼世界，一方面精心培养本国的国际化高端人才，另一方面既要“走出去”，又要“引进来”，加强教育与科研国际合作，深挖中国高等教育的亚洲市场，采取丰富多样的合作办学方式，扩大并加快“一带一路”沿线国家教师来华访学和留学生教育工作，通过学习先进科学技术和深入理解我国具有普世价值的哲学思想、先进文化、价值体系和“和平共处、互惠共赢、共同发展”的外交理念，争取培养出更多具有国际色彩的“一带一路”建设的参与者、支持者，使之成为“一带一路”建设中我国对外交往的重要组成部分。

2. 引入系统思维，实现高校优势资源的互补与协同工作，突破国际化人才培养瓶颈

国际化人才培养需要放眼世界，转变思路，与时俱进，培养具有中国情怀、勇担社会责任的国际化人才，实现人才培养从量到质的飞跃[53]。“一带一路”建设过程中的教育与科研国际合作，必须立足国内重点建设高校或科研院所，革新国际化人才培养相关的内容、课程和评价体系，深化高校内部各部门、各学科之间优势互补与协同工作，加强高校之间的优势互补与协同工作，避免资源浪费与重复建设。坚决杜绝各高校、各部门画地为牢，一哄而上所导致的千军万马过独木桥的“盛况”。

3. 围绕国家战略，抓住契机，积极参与“一带一路”建设，提升高校的综合学术实力、教育水平和国际影响力

积极参与“一带一路”建设，是高校服务国家战略的责任与义务。高校

通过参与“一带一路”建设的伟大实践提升自身综合学术实力、教育水平和国际影响力,既是出于自身发展壮大的需求,也是为了更好地给国家战略的实施提供高质量的服务。建议国家分别设立专门基金用于“一带一路”理论与实践研究、“一带一路”教育与科研国际合作,传承和弘扬丝绸之路友好合作精神,广泛开展知识与文化交流、抓物质文明建设的同时重视精神文明的建设,创新合作模式。高校积极参与“一带一路”建设,绝不能仅仅满足于在学术理论研究或基础工程建设中的重大疑难问题,还应着眼于科学知识与优秀中华文化的传播,在潜移默化中以具有普世价值的中国哲学、中国思想、中国文化,争取“一带一路”国家或地区具有不同历史、文化的各民族的认同,团结、引领各国各民族在“一带一路”建设中从一个胜利走向另一个胜利。高校人文鼎盛、精英荟萃,在服务国家战略的过程中,完全有能力把“一带一路”建设作为一个系统工程加以全面、深入研究,抓住契机,积极参与,不断提升高校的综合学术实力、教育水平和国际影响力,并承担起与高校自身特点相适应的历史重任。高校在我国“一带一路”建设中,必须准确定位,以邓小平理论和“三个代表”重要思想为指导,深入贯彻落实科学发展观,深刻领会习近平讲话精神与治国理念,紧紧围绕党和国家的中心任务,以维护国家利益为最高准则,把国内发展与对外开放统一起来,把中国发展与世界发展联系起来,把中国人民的根本利益与世界人民的共同利益结合起来,立足基本国情,从高校实际出发,抓住机遇,统筹协调,迎接挑战,把提升高校教育、科研水平落实到服务“一带一路”国家战略的行动上,积极开展教育、科研国际合作,就“一带一路”建设中重大理论与实践问题展开研究,加快先进科学知识与我国优秀文化的传播,以科学发展促进和平发展,以和谐社会推动和谐世界,奋力开拓中国特色社会主义更为广阔的发展前景,积极推进人类和平与发展的崇高事业。

六、总结与展望

“一带一路”战略和“大众创业、万众创新”政策,是党中央、国务院统筹国内、国际两个大局提出的我国经济突破当前困境的重大举措,是将物质文明建设由国内向国外拓展,与“一带一路”沿线国家不同民族的更广大的人民群众分享我国改革开放巨大成就的伟大壮举。本项目以“一带一路”建设长期、稳定、健康、可持续发展为目的，将文化传播与知识传播相结合，或寓于知识传播之中，实现知识传播与文化传播相统一，研究如何增强我国对外交流主体性和引领性作用，不仅适用于“一带一路”战略的实施，而且可以推广到其他外事活动中去，有助于通过教育、科研国际合作和知识与文化传播，实现我国数十年精神文明建设成果与“一带一路”沿线国家、民族的共享。

研究表明，“一带一路”建设，决不能仅仅局限于与不同国家、民族进行单纯的基础工程建设和经贸往来，还必须从创建我国和平发展环境的战略高度，着眼未来，在经济基础之上从上层建筑着手，遵循“知识传播需要以文化来统领，文化传播需要用知识来开辟新途”的原则，在教育、科研国际合作领域，充分发挥高校人才培养、知识传播和文化传承的重要作用，为“一带一路”建设提供智力资源，创建优势互补、互利共赢和可持续发展的国际知识经济社会环境，确保我国教育、科研在对外交流中不断吸收新鲜养分，以先进知识与先进文化保持对外交流的主体性和主导性地位，面对发达国家文化霸权侵蚀和落后地区极端宗教文化猖獗等现状，确保国家文化安全和“一带一路”建设的健康、快速发展。建设和发展与不同国家、民族的长期睦邻友好关系，促进、深化对外交往的良性互动与可持续发展。

研究还建议，加大知识产权人才的培养，依托计算机、通信和数据处理等最新科研成果，建立严密的知识与文化传播组织体系，充分利用广播、电视、报纸，以及现代通信网络等先进传播技术，建立知识与文化传播平台，创新传播途径与传播方式，加强党对知识与文化传播的宏观控制力，提升中国先进知识与先进文化的跨文化传播力与传播速度，为“一带一路”和“创新、创业”两个国家战略提供更优质的服务。

研究也有助于进一步增强高校与研究院所优势学科的国际影响力，通过“一带一路”教育、科研国际合作，形成专业、学科优势互补的教育、科研发展氛围，激发教学、科研创新潜能，全面提升高校与研究院所综合实力，积极推动我国高等教育和学术研究向“综合性、研究型和国际化”发展。

“上兵伐谋，其次伐交，其次伐兵，其下攻城”、“不战而屈人之兵”、“不战而胜。”我国人民数千年历史实践所积累的伟大民族智慧，反映了中华民族是一个尚武但爱好和平的民族，可以为新时期复杂国际形势下“一带一路”建设过程中各国和平相处、互利合作、共同发展提供指导和借鉴。“一带一路”战略的实施，必须面对以美国为首的强权政治和经济、军事霸权主义，以及发端于极端宗教主义的恐怖势力和民族分裂势力，在错综复杂、纷纭变换的国际形势下，互相尊重主权和领土完整、互不侵犯、互不干涉内政、平等互利、和平共处、合作共赢，处理好与“一带一路”沿线国家的政治、经济、外交和文化等领域的纠纷；必须全面、深刻认识“一带一路”建设过程中的知识与文化传播的重要性和高校、研究院所在教育、科研国际合作与知识、文化传播方面的独特作用。另一方面，对中国产出的先进知识、具有国际知识产权的领先技术，以及中华先进文化等方面，应组织力量加以全面、深入和系统化地研究、梳理，形成严密的、具有普世价值的中国先进知识、文化体系，此举必将进一步提高国际教育、科研合作与知识、文化传播的质量，极大地促进“一带一路”建设长期、稳定、可持续、健康发展。

参考文献

[1] 习近平在纳扎尔巴耶夫大学的演讲(全文)[EB/OL]. [2013-09-08]. 新华网，http://news.xinhuanet.com/world/2013-09/08/c_117273079.html.

[2] 习近平在上海合作组织成员国元首理事会第十三次会议上的讲话[EB/OL]. [2013-09-13]. 新华网，http://news.xinhuanet.com/politics/2013-09/13/c_117365545.htm.

[3] 习近平在印度尼西亚国会发表重要演讲[EB/OL]. [2013-10-03]. 新华网，http://news.xinhuanet.com/politics/2013-10/03/c_117591171.htm.

[4] 谭青山(美). 中国崛起与中美关系的走向[J]. 吉林大学社会科学学报，2013，53(1)：101-110.

[5] 王玮. 权力变迁、责任协调与中美关系的未来[J]. 世界经济与政治，2015(5)：58-78.

[6] 孙芳，杨丹丹. TPP 和 TTIP：美国战略与中国应对[J]. 国际经济合作，2014(9)：45-49.

[7] 吴蒙. 互联互通与中国对外战略[D]. 北京：外交学院，2015.

[8] 胡昌勇. “统筹国内国际两个大局”重大战略思想探析[J]. 中共中央文献研究室个人课题成果集，2011：764-773.

[9] 真相|中国在斯港口城项目一波三折背后[EB/OL]. [2016-03-12]. 新华网，

http://news.xinhuanet.com/world/2016-03/12/c_128794781.htm.

[10] 外媒:中方盼重启缅甸密松大坝项目[EB/OL].[2013-08-16].新华网,http://news.xinhuanet.com/world/2013-08/16/c_125183967.htm.

[11] 五位中国人阿富汗遇袭缙云商人遇难温州人失踪[EB/OL].[2013-08-13].浙江新闻,http://zjnews.zjol.com.cn/system/2013/08/13/019529762.shtml.

[12] 3名中国工程师在巴基斯坦遇袭身亡[EB/OL].[2006-02-16].新华网,http://news.xinhuanet.com/photo/2006-02/16/content_4186493.htm.

[13] 中国工人遇袭事件11名遇害中国工人身份全部确定[EB/OL].[2004-06-11].新华网,http://news.xinhuanet.com/newscenter/2004-06/11/content_1521133.htm.

[14] 昆明暴恐事件已致29人遇难习近平作出重要指示[EB/OL].[2014-03-03].联合早报,http://www.zaobao.com/forum/letter/china/story20140303-316451.

[15] 近年来新疆分裂势力制造的暴恐事件不完全汇总[EB/OL].[2014-03-02].腾讯网,http://news.qq.com/a/20140302/005359.htm.

[16] 张学昆,欧炫汐.日本介入南海问题的动因及路径分析[J].太平洋学报,2016(4):33-42.

[17] 曹云霞.南海问题及中国海洋战略研究[D].南京:南京大学,2013.

[18] 王志民."一带一路"战略推进中的多重互动关系分析[J].中国高校社会科学,2015(6):49-63.

[19] 鲁鹏.在理想与现实之间——从澳大利亚外交战略看澳大利亚南海政策[J].亚太安全与海洋研究,2015(4):11-26,124-125.

[20] 邢瑞利,刘艳峰.欧盟介入南海问题:路径、动因与前景[J].现代国际关系,2016(5):32-39,61.

[21] 金灿荣,刘宣佑,黄达."美国亚太再平衡战略"对中美关系的影响[J].东北亚论坛,2013(05):3-12,117-127.

[22] 金硕洙,王克.南海争端与中美战略博弈研究[J].南洋资料译丛,2016(2):1-11.

[23] 冯乃康,李扬."一带一路"倡议下中印能源合作前景浅析[J].当代世界,2015(11):50-53.

[24] 沈雅梅.美国霸权的历史成因及其现实问题[J].太平洋学报,2014(12):59-68.

[25] 安虎森,郑文光.地缘政治视角下的"一带一路"战略内涵——地缘经济与建立全球经济新秩序[J].南京社会科学,2016(04):5-14.

[26] 外媒曝中国承建印尼高铁项目突遭暂停[EB/OL].[2016-01-29].参考消息,

http://www.cankaoxiaoxi.com/finance/20160129/1066446.shtml.

[27] 中泰高铁一波三折还需理想看待[EB/OL]. [2016-04-19]. 中华铁道，http://www.chnrailway.com/html/20160419/1360859.shtml.

[28] 周雷:中国海外投资模式反思——缅甸莱比塘铜矿现场考察[EB/OL]. [2016-08-19]. 凤凰国际智库,http://pit.ifeng.com/a/20160819/49805856_0.shtml.

[29] 郑炯,尚艳丽,姜勇. 伊拉克石油工业发展现状及最新投资环境变化[J]. 国际石油经济,2011,19(6):66-71.

[30] 夏易君,潘登. 高校参与“一带一路”建设的知识与文化传播问题[J]. 新闻传播,2016(8):11-13.

[31] 张吉刚. 知识与文化的分离与融通[N]. 人民日报,2015-01-19(016).

[32] 李建军. 实现中国语言文化传播的六大转变[J]. 中南民族大学学报(人文社会科学版),2014,34(6):43-46.

[33] 车英,欧阳云玲. 冲突与融合:全球化语境下跨文化传播的主旋律[J]. 武汉大学学报(哲学社会科学版),2004,57(4):570-576.

[34] 陈则谦. 知识传播及其动力机制研究的国内外文献综述[J]. 情报杂志,2011,30(3):131-137.

[35] 倪延年. 知识传播学[M]. 南京:南京师范大学出版社,1999.

[36] 关世杰. 中国跨文化传播研究十年回顾与反思[J]. 对外大传播,2006(12):32-36.

[37] 刘青建,方锦程. 恐怖主义的新发展及对中国的影响[J]. 国际问题研究,2015(4):114-126.

[38] 宫玉涛. “一带一路”场域中恐怖主义与民族宗教关系辨析[J]. 国际关系研究,2016(1):92-105,156.

[39] 张春霞,蒲晓刚. 境外宗教渗透与新疆意识形态安全[J]. 新疆社会科学,2010(1):65-70.

[40] 石中英. 论国家文化安全[J]. 北京师范大学学报(社会科学版),2004(3):5-14.

[41] 韩源. 全球化背景下维护我国文化安全的战略思考[J]. 毛泽东邓小平理论研究,2004(4):9-16.

[42] 叶金宝. 文化安全及其实现途径[J]. 学术研究,2008(8):11-18.

[43] 姚伟钧,彭桂芳. 构建网络文化安全的理论思考[J]. 华中师范大学学报(人文社会科学版),2010(3):71-76.

[44] 徐龙福,邓永发. 社会信息化发展的网络文化安全[J]. 江汉论坛,2010(11):17-21.

[45] 王书道. 现代文化传播与我国文化安全[J]. 南京政治学院学报，2005，21(2)：116-120.
[46] 李月明. 对外文化传播与我国文化软实力的构建[J]. 攀登，2009，28(164)：124-128.
[47] 张汉平. 共建“一带一路”与高校图书馆国际化探析[J]. 陕西教育·高教，2014(12)：68.
[48] 夏易君，潘登. 高校在“一带一路”建设中大有可为[J]. 经济研究导刊，2016(10)：66-69.
[49] 中国科学技术信息研究所. 中国科技论文统计结果[R]. 2015.
[50] 吴建南，杨若愚，郑长旭. 中国与发达国家及“一带一路”国家科技合作态势对比分析[J]. 情报杂志，2015，34(11)：79-83.
[51] 张汉平. 共建“一带一路”与高校图书馆国际化探析[J]. 陕西教育(高教)，2014(12)：68.
[52] 相德宝. 新媒体时代国际传播人才创新培养的目标和路径[J]. 对外传播，2015(11)：16-17.
[53] 文君，蒋先玲. 用系统思维创新高校“一带一路”国际化人才培养路径[J]. 国际商务——对外经济贸易大学学报，2015(5)：153-160.

"一带一路"背景下中泰铁路合作生变原因解析

杨士忠　沙卫东

(同济大学政治与国际关系学院)

【摘要】 中泰铁路合作意义重大,影响深远,利好两国。但其突然生变,既有中国的责任,也有泰国方面的原因,还有来自第三方因素的干扰影响。合作暂时受挫,对中国固然不利,但如果中国认真分析、总结个中原因,吸取教训,找出解决问题的办法,则未来不但在泰国市场仍有机会,而且在泰国以外的世界市场也会更加宽广。

【关键词】 高铁　中泰合作　生变原因　中日竞争

2009 年,中国开始推行高铁"走出去"战略。高铁出海无疑是中国高端技术和装备的出口,意义非凡,在某种程度上可以改变世人长期以来对中国是世界低端产品生产大国和出口大国的看法,提升中国装备制造业在世界上的地位。但近期泰国单方面改变原先与中国签订的铁路合作协议,大幅缩减两国的合作规模,使中国高铁出海短期严重受挫,连带影响"一带一路"战略在东南亚的顺利实施。因此,弄清楚中泰铁路合作生变的原因,有助于中国高铁今后在海外市场耕耘,减少风险,提高成功率。

一、泰方过高利益诉求难以满足

中泰经过三年谈判于 2015 年 12 月签署政府间铁路合作框架文件。协议商定,中国向泰国提供贷款,两国通过合作,共同建设泰国境内廊开至玛塔卜的泰国第一条标准轨铁路[①]，线路全程 867 公里，投资总额预计 4 000 亿泰铢(约 122 亿美元)。但令人意外的是，2016 年 3 月，泰国突然单方面宣布，出于对贷款利率和成本因素考虑，泰国不再寻求向中国贷款，改为完全由自己筹集资金，工程项目建设仍然使用中国技术和设备，但全部以泰国本土企业作为分包商。泰国政府还宣布，限于财力，不建出境段线路，改为只建曼谷至呵叻一段，总长 250 公里。

对于泰国政府的决定，外界普遍认为这是中泰铁路合作的大幅倒退。之所以如此，与泰国过高估计自己在中泰铁路合作中的地位和价值、意图独得两国合作利益有很大关系。

(一) 泰国错误理解中国国家战略

为进一步促进改革开放，消除发展瓶颈，转变经济发展方式，2013 年中国提出"一带一路"战略，该战略的具体实施分"西进"和"南下"两个方向。其中，"南下"，中国的注意力主要集中在东南亚。而东南亚诸国中，泰国地处中南半岛中部，与东盟中的柬埔寨、老挝、缅甸、马来西亚等 4 国接壤，既连接陆上东盟，又连接海上东盟，是中国进入 6 亿多人口东盟统一大市场的天然跳板。两国建交 40 多年来，双边贸易发展迅速，国家间关系长期相对稳定，政治互信有一定基础，所以泰国成为中国推行"一带一路"战略重点开拓和培育的市场。确实，中泰开展铁路建设合作，对中国的意义非常重大，某种程度上，泰国是中国进一步发展和巩固与东盟各国关系的不二选择。但也唯因如此，让泰国有些人对中国的举动产生误解，怀疑中国的动机，认为中国到泰国投资，纯粹是出于中国自己的战略需要，铁路建成投入营运后，中国的廉价产品就可以不计成本输入泰国和东盟市场，这有可能会影响泰国的经济安全。据此，他们提出，既然中国实施"一带一路"战略有求于泰国，就应该放低姿态，充分考虑泰国的感受，在合作项目的融资和合作方式上尽可能给泰方提供优惠，不要赚取任何利润。否则泰国如果拒绝，中国"一带一路"规划战略就会受损。其实，这种看法既短视，也不符合客观现

① 整个线路呈"人"字形，由坎桂-曼谷、坎桂-玛塔卜、呵叻-坎桂及呵叻-廊开四段组成，设计时速 160～180 公里，预留 250 公里提速能力。

实。中国选择与泰国合作,固然有自己的战略考量,但也充分照顾了泰国的利益,它完全是一个互利双赢的合作项目,泰国在该项目上得到的利益比中国只大不小。

泰国目前虽然是东盟的第二大经济体,但铁路等交通基础设施相对落后,严重滞后于国民经济和社会发展需要。泰国境内现有铁路基本上都是第二次世界大战前建造的,非常陈旧,货运列车平均时速只有 39 公里,客运列车平均时速只有 60 公里[1],导致泰国现在的客、货运输主要依靠公路进行,速度慢、成本高。要改变这一状况,不建造现代化铁路根本不行。因此,不是中国比泰国更需要中泰铁路,实际情况恰恰相反。利用自己地处中南半岛核心区域的有利位置,最近十几年,泰国一直希望将自己打造成东盟交通枢纽、贸易中心和金融中心,而外界也普遍看好泰国的这一宏伟设想。但有此设想的在东盟中并非泰国一家,泰国如果自己不全力争取,机会就有可能白白流失掉。

总之,为自身长远利益计,泰国应该理性看待与中国的合作,消除对中国的误解,坚定与中国合作的信心,才能真正实现自身利益的最大化。

(二) 泰方过高的期望难于满足

原计划建设的中泰铁路是泰国历史上耗资最多、最为庞大的基础设施建设项目,它也可能是中国实施高铁“出海”战略以来从海外获得的最大规模合作项目,所以两国对其都异常重视,寄以极大的希望。

从中国方面来讲,该项目的推进表明中国政府实施的“一带一路”战略正式在东南亚开花结果。通过中泰铁路,中国可以进一步从战略上密切与东南亚大部分国家的联系,在更大规模和更高层次上与东南亚各相关国家开展经贸往来。就企业而言,中泰铁路合作总投资超过百亿美元,这是巨大的商机,中方企业自然想竭尽全力促成此项合作成功。但中国企业前往泰国投资意愿再强,在商言商,追求利润乃是首要目标。因此合作时,如果泰方提出过分要求,中国企业无奈之下也只能忍痛割爱。

与中方相比,泰国国内从上到下对中泰铁路合作寄以的希望更大。泰国政府期待通过与中国开展合作,改善国内基础设施状况,促进经济发展,提升政绩,赢得民心;泰国企业希望以这一合作为契机,要求中方转让相关技术,帮助培养人才,参与工程项目建设,积累经验,提高工程建设能力和管理水平,获取分包利润。如果双方合作得好,很有可能因此大大提升泰国工业技术装备水平。但也因为泰方企业对中泰铁路合作寄以过高预期,所以谈判期间,泰方一次又一次向中方提出不切实际要求,令中方无所适从。

对于中国帮助泰国建设现代化铁路,泰国普通民众的意见分歧更大。计划中,中泰铁路穿过泰国12个府,只有呵叻一个府的民众能够充分认识到修建现代化铁路对当地经济的拉动作用,认为中泰铁路越早开工越好。其他府的民众对修建现代化铁路要么漠不关心,要么听信谣言反对。这些分裂的意见和利益诉求经媒体报道,各相关利益集团又在其中推波助澜,致使泰国国内对中泰铁路合作一时间各种奇谈怪论层出不穷,莫衷一是。面对这一乱象,泰国政府深感为难。为此,2015年12月,泰国总理巴育专门对外发表谈话说:如果我们能实现100%的投资自然是好事,我们就不用和他人分享利润。但我们没有这一大笔钱,所以我们需要合资。[2]巴育讲话的目的是希望泰国民众理性看待中泰铁路合作的融资安排,但后来泰国政府还是在某种程度上被国内舆情绑架了。

(三)少数泰国媒体不当报道影响极其恶劣

现代信息社会,大众媒体以其快捷便利的信息传播手段和拥有巨量的受众,对政府决策和人们的社会生活产生巨大的影响,这种影响既可以是积极的,也可以是负面的。对于中泰铁路合作,有些泰国媒体站在狭隘民族主义立场上,刻意质疑中国的动机,无端猜测中国的意图,捕风捉影渲染两国铁路合作只单方面对中国有利。个别泰国媒体甚至与少数学界人士配合,恶意造谣中伤中国,妄言两国开展铁路建设合作,如果泰国出让铁路沿线土地开发权给中国,这些土地就将变成中国的"租借地",这等于"使泰国失去了自己的领土",为此,他们警告政府"不能等到泰国变成中国的一个省之后才觉醒",要求政府必须立即采取措施,对中企在泰国的投资进行限制,不能任意让人抢占泰国市场。[3]这类媒体在泰国虽然是极少数,但它们的宣传能量很大,特别是它们使用的一些"惊世言论",很容易让泰国部分不明真相的民众被蒙骗,使他们产生厌华情绪,拒绝中国投资。

二、两国对开展合作准备不足

(一) 中国企业对泰国投资环境认识不清

对于泰国投资环境的一般性情况,应该说中国铁路企业基本还是了解的,在进入泰国市场之前,或自己或请人事先专门做过详尽的评估报告。但合作谈判三年间,中国企业在泰国碰到的情况之复杂、遇到的困难之多,还是大大超出原先预想,有些问题的发生甚至令人啼笑皆非,感到莫名其妙。这从一个侧面反映了中国企业之前做的评估报告,对泰国投资环境的认识与实际情况存在较大误差。

首先,对与泰国开展投资合作可能面临的政治风险缺乏必要的防范意识。近年来,国内外学术界、企业界不断有分析报告认为泰国政局稳定。这种看法不但害已,而且害人。在东南亚各国中,泰国的政局绝称不上稳定,相反非常动荡。据统计,自 1932 年以来,泰国迄今已先后发生过 20 次政变,平均每 4 年左右发生一次。中泰铁路合作早在 2013 年 10 月两国就已经签订了“大米换高铁”协议。但 2014 年 5 月,泰国发生军事政变,英拉政权被推翻,军事强人巴育一上台即叫停了中泰合作项目,直到半年后项目才重新启动。2015 年 12 月,中泰经过新一轮努力,好不容易正式签定了两国政府间铁路合作框架文件,至此,几乎所有合作参与方都认为中泰铁路合作终将修成正果,但让人始料未及的是,仅仅三个月后,泰方又推翻了原来的协议,已经敲定的合作项目被大幅修改。对此变故,中方没有作出积极有效反应,显得相当的茫然。

其次,对泰国政商分离文化、社会民情了解不够。由于种种原因,泰国政治体系中,国家经济精英长期没有明确的参政行为,政治权力精英与经济精英关系疏淡。但这并不等于泰国的经济精英和普通民众对国家政治权力没有影响,相反,他们通过组建各种社会团体和依附于军人集团,常常能够强有力地向政府表达自身的利益诉求。加之,泰国经济基本上是被民营企业控制的,这使泰国政府对国事的处理一般轻易不敢背逆民众的意愿。中泰铁路合作,在泰国虽然主要由政府主导,但中国企业千万不要以为与泰国政府签订了合同就可以万事大吉。实际情况并非如此,倘若忽视或者得罪了泰国企业界和社会普通民众，合作照样有可能会被搅黄。因此，中国铁路企业要想真正在泰国站稳脚跟，必须既要与泰国政府打交道，还必须要做好泰国企业界和社会普通民众的工作。

再次，对泰国大规模建设和发展高铁的能力缺乏清醒认识。因建设费用长期居高不下，建成后，后续的维修保养和管理要求相对又比较高，高铁在当今世界任何国家都是"奢侈级"的基础设施，不少国家可能建得起，但不一定用得起、养得起。泰国是一个发展中国家，年国内生产总值只有 3 700 亿美元，这样的国力 5 年左右建设一条 500 公里以内的短途高铁或许尚有可能，超出这个规模，国家财政将变得非常紧张。但拟议中，今后 10 年，泰国政府规划建设的现代化铁路有四条，其中，中国帮助建设一条，日本帮助建设三条。这四条铁路每一条线路长度都超过 500 公里，以泰国今天的国力和财力无论如何都难以忍受。这是泰国在与中国进行合作谈判时千方百计压低造价，事事斤斤计较的根本原因。了解泰国面临的资金困难，洞悉泰国有转嫁资金压力的意图，中国企业就可以有针对性地提出建设性意见，而不是一味埋怨。

(二) 泰国民众对中国高铁认知度不高

自 2008 年京津城际高铁开通营运以来，迄今中国高铁建成营运里程1.9 万公里，占全球 60%。截至 2016 年 7 月 21 日，中国高铁已累计发送旅客 50 亿人次，安全营运里程 37.4 亿公里[4]。可以说在高铁技术的创新、建设和营运管理等方面，中国已远远走在西方发达国家前面，真正做到了后来居上，实现了后发优势。

但与西方发达国家相比，中国高铁毕竟还很年轻，发展时日还短，在世界上名声不显。泰国原为英国殖民地，国内现有铁路基本上是第二次世界大战前由英国帮助建造，中国高铁在泰国非常陌生。受某种偏见影响，也可能彼此缺乏沟通，泰国人对中国的看法一直停留在十几年前，他们太过于迷信高铁技术的尖端性，认为亚洲只有日本才真正有能力研发高铁，中国与泰国一样，只是一个发展中国家，是根本掌握不了高铁这种极其高端技术的。

实际上不单是泰国民众对中国高铁不了解，泰国政府高层——英拉和巴育刚上台执政时，一开始也对中国高铁将信将疑，缺乏信心，直到两人分别先后访华，亲自乘坐体验了一下中国高铁的高端、大气、舒适，感觉极好，方要求中国尽快派人前往泰国洽谈相关合作事宜。因此,中国高铁今后真要在泰国落地生根,在泰国单方面缩减两国合作规模后,中国铁路企业应该及时调整心态,努力帮助泰国建设好曼谷至呵叻段高铁,让泰国人全方位了解中国高铁。这是用事实说话的最好方式。

(三)工程造价、合作方式和贷款利率等方面的分歧

关于工程造价。自2012年中国决定与泰国开展铁路合作后,就由原铁道部组织专家深入泰国北部地区,进行艰苦的勘探调查和规划设计工作。经综合测算,中方最终报出的工程造价为5 300亿泰铢(约合950亿人民币),平均每公里1.1亿左右人民币,与中国国内高铁的平均造价差不多。这一报价应该已经照顾了泰国的实际情况及支付能力。但泰国对此报价不予认可。泰国自己对该线路勘查后认为合理造价应在3 000亿~4 000亿泰铢之间,这一估价比中方最初的报价整整低了20%~40%多,这样的造价于中国没有任何商业价值。除非出于政治因素考虑,否则中方不可能接受。

关于合作方式。由于两国合作项目投资总额超过百亿美元,泰国无力独自承担这笔巨额建设费用。经过反复协商,最后双方敲定,彼此成立一个特殊目的载体(SPV-Special Purpose Vehicle),采用合伙经营的模式。对于SPV的出资比例,泰国提出中国最好达到70%,最少也不要低于60%。泰国这么做等于是白用中国的钱为自己建设国内现代化铁路,好处自己独拿,风险主要由中国为其承担,这不是真心合作的做法,自然不可能得到中方的认同。

关于贷款利率。中方认为,两国铁路合作不是政府援助项目,而是商业行为,所以泰方向中国借款利率应该由市场确定。尽管如此,考虑到两国的友好关系,照顾泰国的实情,中方可以将贷款利率定为2.5%。实事求是讲,中方给出的贷款条件是非常优惠的,但泰国并不领情,泰国希望中方贷款利率最好降至2%或者更低。然而在提出这一要求的同时,泰国又不愿意出让铁路沿线的土地开发权。

中泰铁路合作是平等互利合作,互利共赢是关键。谈判时泰国只片面考虑自己利益的最大化,无视中方利益诉求,中方不可能无原则让步,否则泰国将永远欲壑难填。因为中方在合作方式、贷款利率等问题上没有满足泰国要求,泰国后来索性暂时叫停两国合作项目,泰国这是用任性来要挟中国。未来中泰铁路合作即使重启，两国的合作恐怕也不会一帆风顺。

三、来自第三方势力的干扰

（一）日本不惜代价与中国进行竞争

由于在历史、领土和发展战略等问题上存在矛盾和纠纷，今天的中日关系持续下滑，正日益呈现出全球竞争态势。其中，两国在泰国铁路市场上的“恶斗”就是这种全面竞争的一个缩影。

2014 年 4 月，应泰国邀请，中日同时与泰国政府接洽铁路建设合作事宜。这一局面本来并不复杂，如果日本摆正心态，与中国良性开展竞争，泰国铁路市场完全可以由中日两国共同开发，但日本不愿意。日本认为中国发展高铁虽是个后来者，但发展势头极猛，泰国铁路市场是整个东南亚高铁市场的窗口，如果让中国在泰国铁路市场顺利站稳脚跟，展示身手，中国必然会夺得泰国乃至整个东南亚高铁市场绝大部分份额，这对日本不利，因此必须坚决阻止。为了不让中国成就好事，在泰国市场与中国竞争的这几年，日本无所不用其极，举倾国之力与中国竞争。它一方面不断通过媒体重翻当年中国从日本少量引进高铁技术的旧账，突出强调日本新干线拥有 50 年成熟技术、50 年安全营运经验，个别日本媒体甚至不惜违反新闻道德，捕风捉影污蔑中国偷盗、仿制日本技术，暗示泰国政府日本才是世界高铁领域中的王者，中国技术只是个山寨货，既年青，又出过事故，安全极不可靠，企图以此影响泰国政府决策，将中国挤出泰国市场。另一方面，每当中泰合作谈判有签约消息传出时，日本总是或由国内政府、企业、媒体出面，或指使泰国国内日本控股企业散布各种虚假信息，故意歪曲中国意图，扰乱视听，浑水摸鱼，动摇泰国政府决心。

但不管日本怎样贬低中国高铁，较之日本，中国高铁在造价、建设周期、营运管理等方面拥有较大竞争优势总是不争的事实，日本很难完全抹杀。自知仅靠诽谤和玩弄小伎俩无法阻止中泰铁路合作，当 2015 年上半年眼看中泰铁路合作谈判成功在即，为避免在竞争中落败，日本不顾自己财政困难，高调宣布愿向泰国提供"官方开发援助贷款"(ODA)[①]，以拉拢讨好泰国。对此，日本政府的解释是，只要能够在竞争中战胜中国，花费再多的代价都是值得的。这就不免带有意气用事、恶意竞争的味道了。

(二) 泰国在中日竞争中寻求平衡

中日高铁在泰国激烈竞争，寸步不让，固然同两国在泰国各有战略利益有关，但另一方面也同泰国在两国之间寻求平衡、故意为之以实现利益最大化有关。

泰国的"高速铁路发展计划"最早启动于 2009 年。自那以来，泰国历届政府都把高铁的建设和发展当作与中国和日本两国讨价还价的筹码，以图从两国最大限度得到好处。为了掌控局面，这三四年，泰国分别与中国、日本签订了各种协议和协定，时不时发出要么"是中国拿下泰国高铁"，要么"是日本在竞争中占据上风"的消息，令中日两国始终神经绷紧，不敢稍有松懈。而为了把戏演得更加逼真，巴育总理还亲自出马，分别于 2014 年 12 月访问中国体验京津高铁、2015 年 2 月访问日本体验东京-大阪高铁，故意给中日两国营造一种错觉，似乎是自己在竞争中更有希望胜出。但实际情况是，几年过去，泰国之前与中日分别签订的几乎所有协议和协定至今仍属纸上谈兵，没有任何实质性进展。这一者说明泰国的确没钱，不与中日两国谈妥价钱，项目根本无法开工；二者，泰国只有这样吊足中日两国的胃口，两国在激烈的竞争中才会主动杀价，争相讨好泰国。

泰国这种做法得到的好处是非常明显的。考虑到泰国的财政忍受能力和相对不错的市场潜力，在激烈的竞争中击败对手，中日两国不但各自全力帮助泰国做好铁路建设规划，既许诺转让技术，又答应帮助培训人员，而且还各自对自己规划的铁路建设项目尽可能压低报价。中泰铁路中国原先报价 5 300 亿泰铢，后应泰国要求压到 4 000 亿泰铢甚至以下。这样的造价中国要保质保量完成，难度极大，但对泰国来说整整节省了 1 000 多亿泰铢。而日本帮助泰国规划建设的曼谷-清迈高铁，全长 680 公里，设计时速每小时

---

① 指发达国家官方机构(包括中央、地方政府及其执行机构)为促进发展中国家经济发展水平和福利水平的提高，向发展中国家或多边机构提供的赠款，或赠予成分不低于 25%的优惠贷款。

250公里，日本最初的报价也是5 300亿泰铢[5]，后被泰国一度压价低至2 730亿泰铢[6]。这一超低造价如果不是泰国放出的烟幕弹，日本要真敢这样做，那纯粹是自己贴钱帮泰国造高铁了，估计日本也不会同意。

四、合作受挫带来的启示

中国有一句古话，凡事预则立，不预则废。挫折并非总是坏事，中国如果从中吸取教训，认真加以分析总结，挫折就会变成动力，教训变成宝贵经验。就此点而言，挫折有时候也是一种财富。

第一，商海如商战，企业出海搏杀必须时刻牢记海外政治风险的冲击。这是中国企业过去走出去强调最多、看似重视但实际上也一直忽视因而始终存在的问题。因此，这么多年，中国企业付出了太多的代价。这次中泰铁路合作中国企业在泰国遭遇的政治风险具有相当的典型性：先是2014年5月，泰国发生政变使两国原先达成的“大米换高铁”协议作废。半年后项目重启，经过艰苦谈判，两国刚于2015年12月正式签约，但谁知3个月不到，该协议又被泰国同一届政府推翻。泰国政局不太稳定不是最近几年才有的事情，而是已经持续了半个世纪以上，其政府决策善变之前也多次发生过，不少外国投资者都曾经在这方面吃过大亏。了解泰国政治的这一特点，中国铁路企业在进入泰国市场之前，就应该有针对性地认真做好分析研究，制定解决问题的预案，以尽可能规避风险。如有可能，最好在双方签订协议或合同时，将违约赔偿条款写入，这样合作过程中，意外发生后，纵然不能完全规避风险，至少也可将损失降到最低限度。

第二，企业参与国际竞争必须时刻警惕西方发达国家的恶意打压。过去，中国经济开展对外交流和合作，主要形式是中低档商品出口，对西方发达国家威胁不大，它们并不太过在意。但这几年随着中国资本输出和高端技术装备出口日益增多，世界市场格局开始发生微妙变化。这引起西方发达国家恐慌和警惕，它们对来自中国的投资，或以涉及国家安全为由加以拒绝，或对中国企业投资所在国政府施加压力，迫使其取消与中国的合作，或直接运用市场手段对中国企业的海外投资行为进行阻击。如2015年5月

27 日，日本以超低造价与泰国政府签署曼谷-清迈高铁合作备忘录后，日本政府一名高级官员就露骨地对外声称，日本这么做“纯粹是为了和中国竞争者搅局”。[7]日本的这一做法极不道德，严重扰乱了泰国铁路市场的秩序，给中国企业在泰国市场的投资增加了巨大困难。对此，中国政府和企业必须要有心理准备，及时研究对策，用大毅力、大智慧努力克服一切阻力。未来，中国企业走出去做大做强，这一关总是要过的。

第三，企业开展对外交流和合作，创新融资方式刻不容缓。中泰铁路合作前后之所以一再出现变故，一个非常重要的原因就是泰国嫌中国的融资成本太高，超出了其忍受能力。这虽然更多的是泰国的一个托辞，但泰国资金短缺、渴望降低融资成本乃是实情。中日角逐，中国在高铁建设成本上有优势是全世界公认的，但当日本不惜亏本，主动大幅降低项目报价后，其在融资安排方面的吸引力就凸显了出来。泰国不傻，有好处为什么不拿？因此，说这一次中日在泰国铁路市场竞争，中国暂时处于下风，输就输在融资方式上，并没有夸大其词。其实，细究起来，对外开展经济交流和合作在融资方式上，日本有 ODA，中国虽然没有，但中国有“丝绸之路基金”。丝路基金本来就是中国为实施“一带一路”战略提供资金配套服务而设立的，中国铁路企业后续开拓海外市场完全可以尝试以丝路基金为平台，发挥其融资功能，如有必要，中国甚至还可以由政府牵头组织国内大型国企、民企，设立铁路产业海外投资基金，专门为高铁出海提供强大的资金助力。

第四，现阶段中国高铁“出海”不宜太多和政治联系在一起。因受地缘关系影响，再加上西方国家恶意宣传，最近几年，东南亚一些国家对中国崛起疑惧甚深。它们中有的国家虽然并不一定相信美、日等国的宣传，但也认为中国体量太大，好比一艘巨轮，对外政策稍有调整，即使无意也有可能将身边的小船倾覆。因此，它们明知西方的宣传是挑拨离间，不怀好意，但仍有意无意防着中国，使中国在当地的处境有时显得有点尴尬。中国对外实施“一带一路”战略，力推高铁出海，这对东南亚各国的基础设施建设本来是利好，但无论是越南、缅甸，还是泰国、印尼、马来西亚等国，都对来自中国的投资患得患失，怀疑中国的投资带有政治企图。对此，中国切不可掉以轻心。

其实，上述中国铁路企业在泰国的境遇，其他中国企业在海外投资时也经常碰到。例如，2011 年，因为西方国家对利比亚发动战争，导致中国石油企业被迫从利比亚撤资；同年，中国私企在冰岛买地开发旅游项目，因无端被西方媒体与中国军事和地缘战略挂钩而搁浅；2014 年，中国交通建设集团投资开发斯里兰卡科伦坡港口城项目因印度政府反对一度被叫停；更令人吃惊的是中缅密松水电站建设项目开工 5 年后，仍因遭少数民众误解抗议而被缅甸政府整整搁置 2 年。类似的投资挫折，过去五六年，中国企业在委内瑞拉、希腊、墨西哥、美国等国也都曾发生。短时间内有这么多中国企业在海外投资遇阻，损失动辄数以亿计，极不正常，必须引起中国政府和企业高度重视，下大决心，花大力气，组织专人、甚至建立专门机构加以研究，予以解决。否则令人痛心的一幕今后只怕还会反复上演。

中日在泰国铁路市场竞争，中国暂时受挫，诚然令人遗憾，但媒体和企业大可不必以此论英雄。风物长宜放眼量，只要中国把在泰国铁路市场碰到的问题特别是一些非市场因素的影响分析研究透彻，找到解决问题的办法，不但泰国市场不一定会丢掉，而且泰国以外的世界铁路市场将更加宽广。据世界铁路行业著名咨询企业德国 SCIVerkehr 公司 2015 年发布的报告预测，2025 年，全球高速铁路营运里程数预计达到惊人的 87 780 公里，其中计划新建里程数为 60 000 公里。按照高铁平均建设成本每公里 1.29 亿元计算，未来将近十年，全球高铁总投资额约 7.7 万亿元，每年投资额 7 000 多亿元[8]。很显然，这是一轮全球规模宏大的高铁投资建设浪潮。过去百年，因为积贫积弱，中国错失了一次又一次世界产业革命浪潮。这新一轮世界铁路产业投资浪潮，中国不但不会再充当旁观者，相反将会以巨大的热情、高昂的姿态积极主动参与国际竞争，引领时代潮流。

参考文献

［1］中泰铁路合作项目示意图曝光系泰国史上最大交通项目[EB/OL].［2015-12-21］. 环球时报，http://www.mnw.cn/news/world/1063171.html.

［2］中泰铁路谈了一年多泰方现在提出中方不要赚取任何利润[EB/OL].［2016-4-22］. 财经网，http://www.randian.cc/portal.php? mod=view&aid=81683.

［3］泰国人呼吁政府限制中国游客来泰数量[EB/OL].［2016-7-31］. 环球风云，

http://bbs. tiexue. net/post_12018828_1. html.

[4] 中国高铁动车组发送旅客突破50亿人次[EB/OL]. [2016-7-21]. 人民网—社会频道,http://society. people. com. cn/n1/2016/0721/c1008-28573456. html.

[5] 泰高铁不赚钱日本建议分段修[EB/OL]. [2016-7-23]. 人民网,http://japan. people. com. cn/n1/2016/0723/c35463-28579159. html.

[6] 泰日签高铁合作备忘录中日博弈泰国高铁白热化[EB/OL]. [2015-6-5]. 新华网,http://news. xinhuanet. com/world/2015-06/05/c_127879693. htm.

[7] 日本在亚洲与中国抢高铁大单日官员称纯粹为搅局[EB/OL]. [2015-5-28]. 环球时报,http://finance. huanqiu. com/cjrd/2015-05/6542312. html.

[8] 全球高铁市场规模及未来市场增长空间投资前景预测[EB/OL]. [2015-12-8]. 产业信息网,http://www. chyxx. com/industry/201512/366616. html.